臺灣歷史與文化 研究輯刊

十 二 編

第 12 冊

從傳統到現代
——新竹地區詩社研究（上）

武麗芳 著

花木蘭文化事業有限公司

國家圖書館出版品預行編目資料

從傳統到現代——新竹地區詩社研究（上）／武麗芳 著 — 初版 — 新北市：花木蘭文化事業有限公司，2017〔民 106〕
序 4+ 目 4+222 面；19×26 公分
（臺灣歷史與文化研究輯刊 十二編；第 12 冊）
ISBN 978-986-485-164-5（精裝）
1. 臺灣詩 2. 機關團體
733.08   106014106

ISBN-978-986-485-164-5

9 789864 851645

臺灣歷史與文化研究輯刊
十二編　第十二冊　　　　　　　ISBN：978-986-485-164-5

從傳統到現代
——新竹地區詩社研究（上）

作　　者　武麗芳
總 編 輯　杜潔祥
副總編輯　楊嘉樂
編　　輯　許郁翎、王筑　美術編輯　陳逸婷
出　　版　花木蘭文化事業有限公司
社　　長　高小娟
聯絡地址　235 新北市中和區中安街七二號十三樓
　　　　　電話：02-2923-1455／傳眞：02-2923-1452
網　　址　http://www.huamulan.tw 信箱 hml 810518@gmail.com
印　　刷　普羅文化出版廣告事業
初　　版　2017 年 9 月
全書字數　386825 字
定　　價　十二編 13 冊（精裝）台幣 26,000 元

從傳統到現代
——新竹地區詩社研究(上)

武麗芳　著

作者簡介

武麗芳，1960 年生於台灣省新竹市，祖籍安徽省宿縣。

臺灣省警察學校、靜宜大學、玄奘大學中文研究所畢業，文學博士。結業於台灣師範大學中等學校教師教育學分班、交通大學管理科學研究所、美國加州州立大學長隄分校（社會福利）研究。服務公職卅六年，擔任公路警察、社會工作員、股長、課長、區公所秘書、區長、社會處處長。現爲中華民國古典詩研究社理事長、大學兼任講師、竹社總幹事。著有《日治時期塹城詩社淺探》、《崧嶺居吟稿》、《風城柳絮詩文集》、《合作社場 GMP 研究》，另編有《螢光燭火》社工叢書等。

提　要

從清領、日據、臺灣光復到現在，新竹詩壇始終騷風持續，縱使到了今天塹城諸詩社已汨沒於時代洪流裡，但「竹社」這個已經在竹塹地區活動了一五四年的傳統詩社，卻依舊屹立於迎曦夕照當中，他是臺灣詩壇的傳奇亦是新竹的驕傲。咸豐七年（1857）七月七日，鄭景南邀集好友，祭祀奎星，組織「斯盛社」，並請祖父開台進士鄭用錫主盟；此爲新竹文獻資料史上所記載最先出現的詩社之名。

同治二年（1863）「竹社」、「梅社」先後成立；「竹社」集曾得意科舉功名者，以「北郭園」爲雅集之地；而「梅社」成員多半爲未成名之童生，以「潛園」爲聚會場所。是時兩社詩風之盛與吟客之眾，亦不分軒輊；當時即有「內公館、外公館詩文若拼館」的時諺，流傳風光於全臺。光緒十二年（1886）「竹社」、「梅社」及竹城各詩社合併爲「竹梅吟社」；乙未滄桑詩人紛紛內渡或跡隱，但傳統古典的漢文詩社，不僅未曾消聲，反卻奇蹟似的在日據時期，百家爭鳴於全臺。

如今卻因時移境轉，再加上社會價值否變，傳統詩社與詩學的功能幾近沒落；幸而於「竹社」耆老們的努力與號召之下，「竹社」再度注入新血，並依政府「人民團體法」之規定，重新籌組立案且完成法定程序。期間「竹社」始終秉執著「溫柔敦厚詩之教」的百年社訓，一直以來持續的推廣及辦理古典詩學、鄉土語文、雅韻薪傳等教學研習，並以文化傳承爲己任，希冀爲斯鄉斯土盡一分讀書人應有的本事與責任；在詩學的道路上，不止曙光再現，更讓人們感受到了別有眞意的赤子心鄉土情。本論文主要即針對從傳統到現代新竹地區詩社的發展脈絡作一梳理，以爲他日更進一步詳研之楔子。

從傳統到現代
——新竹地區詩社研究　序

羅宗濤教授

　　臺灣詩社林立，在全盛時期，幾乎所有文史和社會學科的讀書人，都能寫作、吟詠古典詩。可是，想用書寫通史的方式敘其大略，卻也不容易，因為以往的詩社往往組織鬆散，所謂社員流動性很大，誠如連雅堂先生在《臺灣通史・序》所言：「顧脩史固難，脩臺灣之史更難，以今日而脩之尤難。」然後他歸納出種種困難之所在。武麗芳博士在撰寫《從傳統到現代—新竹地區詩社研究》時，就真切體會到連先生的心情與困難。

　　麗芳君熱愛鄉土，熱愛古典詩學是她研究這個題目的動力。多年來她投入「竹社」，並為「竹社」重新立案，完成法律程序。在「竹社」總幹事期間，她積極收集、保存、整理相關資料，這時她的基本身分是家庭主婦和公務員。在主婦方面她對家人的照顧，無微不至。在公務員方面，她擔任過新竹市東區區長和新竹市政府社會處處長，公餘就從事詩社的研究。她本擬將資料整理妥當後，才開始論文的撰寫，可是她的老師和耆宿陸續凋謝，這令她悚然驚覺必須儘速著手為整體研究，先作奠基的工作，所以這篇論文乃及時問世。

　　雖然是初步的奠基工作，但首先面對的是來源不一龐雜豐富的資料。為了壓縮篇幅，麗芳將許多資料改以表格呈現。如此壓縮，全篇論文仍有 488 頁，將近四十萬字之譜。這是麗芳多年來辛勤收集的成績，也是她撰寫論文的重要依據。

　　接下來的工作，就是如何把這個課題加以深化和廣化。深化和廣化是交互影響，相輔相成的，深盼麗芳和同好的學者能夠在這厚實的基礎上，為臺灣詩社的研究，建起雄偉的巨構。

民國一零六年七月廿五日於台北　木柵

自　序

　　終於完成了，當電腦鍵盤敲下最後一個字時，范進中舉的影像，忽然浮現在我的腦海中，且久久未能退去。五十年來的求學歷程，如同滄海泛舟載浮載沉，但終究還是靠了岸。然而這也只是一個階段性的任務完成，在整個過程當中，一路走來，我遇到了許多貴人如：李威雄教授、董金裕教授、莊雅洲教授、陳惠齡教授等，真的很感謝他們的指導。特別是我的恩師羅宗濤教授，也是我博士論文的指導老師；他不止在學問上指導我，更不時的給我鼓勵、關懷與支持，老師學識淵博溫文儒雅，誠如《論語・子罕篇》中所述「仰之彌高，鑽之彌堅；瞻之在前，忽焉在後！夫子循循然善誘人：博我以文，約我以禮。欲罷不能，既竭吾才，如有所立，卓爾；雖欲從之，末由也已。」我，何其有幸，在半百之年蒙師不棄而能有如此的機遇；除了「謝天」再「謝天」之外，就只能繼續努力做學問了。

　　新竹，自清領、日據乃至臺灣光復，從傳統到現代，一直都是文風鼎盛，這期間不只人才濟濟，更是枝繁葉密於全臺各地。時至今日，雖說是科技掛帥，但在質文厚實的民風下，仍有一群為數不少的有心人士，正默默的在這塊生養我們的地方，竭心盡力為鄉土文化的發揚與紮根而努力。「竹社」的師徒們代代相傳，為的是延一線斯文於不墜，從未放棄也未曾間斷，此即是以文化傳承為己任的文人風骨；身為「竹社」子弟的我自然亦責無旁貸。我生在新竹長在新竹，多年來仕途於新竹、臺北、臺中、彰化、南投乃至公費考察於菲律賓、日本、美國、荷蘭、比利時、德國、土耳其、西臘、埃及、新加坡等國家，除公務心得外，無論是社會科學還是人文藝術，我深深的體會到，只有重視固有文化及鄉土倫理的地方，才會有真正宏觀的國家作為與民

族尊嚴。從「北郭煙雨」到「潛園探梅」，竹塹地區的翰墨因緣，成就了北臺文教的興盛與人文的累積。從臺灣「矽谷」到文化科學城，新竹這個地方，正如前輩詩人蒲延年與鶴亭先生在竹塹竹枝詞中所寫：「百里畿疆竹幾叢，少於松柏少於桐；竹南竹北皆稱竹，竹塹從來著勁風。古城新意露台修，晨賞曦光夜唱遊；漁港煙波尖嶺翠，周環勝景固金甌。文風獨盛百餘年，只靠精勤不靠天；富庶原由勞力積，山川鍾秀少關連。垂青科技設園區，電子尖端展壯圖；培育人材興教育，譽馳國際燦如珠。」詩中對新竹的自然風貌與人文的描繪，已非常清楚的紀錄與說明了。

「為官有時盡，文章無窮時。」這是父親常說的話，也一直影響我至今。而自小喜讀文史的我，及長更將之生活化於日常，此應與父親每天晚上，都會講忠孝節義的故事給我聽有關。父親是一位盡忠職守的軍人，他隨部隊移防來到臺灣，因緣際會落地生根，在那個物質缺乏生活困苦的年代，父親從不會在我們這些子女包括我的母親面前抱怨；相反的，他總是正向陽光的教導我們姐弟，直至今日，父親在我的心目中，永遠都是一位頂天立地的大丈夫。回顧過往這些年來，無論是工作、家庭、還是求學，父親對我的教誨「不吃這口飯，要賭這口氣；為學要認真，處世要信實…」，以及他那對文化與道統的殷殷眼神，始終印記在我的腦海之中。

本書得以順利出版，除了自幼承自父親給我的影響外，首先要感謝的就是我的恩師羅宗濤教授對我的指導與鼓勵；此外，更要謝謝我的漢文師傅竹社社長，也是我們新竹地區的文史專家蘇子建老師；要不是蘇老師他無私的提供大量資料，我想靠我自己的能力是很難完成的。當然這期間也受到很多傳統詩學界的前輩、詞長們的協助如：中華民國傳統詩學會已故理事長張國裕老師、國寶級吟唱大家已故天籟吟社莫月娥老師、苗栗國學會（前栗社）的創會長陳俊儒老師、黃冠人教授以及我竹社第三屆理事長蔡瑤瓊女史……等，我真的非常感謝他們。即便如此，本書仍難免或有瑕誤，還請大雅先進不吝給予指教；我將衷心的感謝，也會繼續努力於文史詩田的耕耘與傳薪，以盡作為一個儒門子弟的責任。

武麗芳 謹識於塹城崧嶺居
2017 年 7 月 26 日

第一章　緒　論

　　文人結社締盟是很自然的雅事，而蘭亭曲水流觴的故事更是千古流傳；古人刻燭限時敲缽立韻的擊缽吟會，本是一種交流聯誼與讀書人間，相互激勵的生活小品。但沒想到的是，南明的沈光文於清康熙廿四年（1685）與諸同好，在諸羅（今嘉義）成立臺灣第一個詩社——「東吟社」後，「詩社」這個名詞，就已不再只是單純的，文人風流雅事的聚會與聯誼了；特別是在清廷甲午（1894）戰敗，乙未（1895）年之後的臺灣，傳統「詩社」於禮義教化風花雪月的背後，則是兼負著保存固有文化延續民族氣節的重大使命了。

第一節　研究動機與目的

　　從小就常聽人說竹塹文風冠北臺，且此地的詩社人文更是風華絕代；而從傳統到現代，新竹地區究竟有多少個詩社呢？之前筆者曾以「日據時期竹塹地區詩社研究」作為撰寫碩士論文的題目，完稿之時尚頗為得意；但這些年來著實也因興趣使然，頻頻往來全臺各地詩社參與各項詩文活動，他山之石可以攻錯，午夜夢迴總覺不足，也許是父親的精神召喚，也許是責任的驅使，於是鼓起勇氣，決定要將這個主題繼續探究與擴大延伸。

　　想要撰寫「從傳統到現代——新竹地區詩社研究」，不禁就會馬上想起日據時期的臺灣三大詩社：臺北瀛社、臺中櫟社、臺南南社；特別是幾年前，臺北的林正三理事長與洪淑珍老師，才辦過一場轟轟烈烈的瀛社百週年社慶與學術饗宴，個人有幸獲邀參與，回來之後心中更是波濤洶湧，久久不能自

已。因爲自己參加傳統詩社多年，除本身是職業婦女外，公餘之時，亦一直以從事鄉土語文推廣教育爲畢生志業，創作（古典詩詞）與教學（雅韻薪傳——詩詞吟唱）三十年來始終持續不輟，未曾中斷；而在恩師蘇子建先生與幾位詩壇前輩的指導與提攜，往來於傳統詩學界，但我並不因此自滿，反而越是覺得空虛，誠所謂學然後知不足吧！又筆者加入曾經有過輝煌歷史，獨領北臺風騷的「竹社」，而如今的「竹社」業已一五四歲了；老成凋謝〔註1〕，歲月逼人，爲了傳承與責任，於是我不揣個人實力，大膽以「從傳統到現代——新竹地區詩社研究」作爲自我的挑戰，也想利用現存的資源（學校、老師、自己有限的知識、中研院、臺灣文學館——），特別是目前傳統詩壇的前輩與尚在的耆老，抓緊時間趕快來做，然而倉促之間必有疏漏與不足之處，但無論如何先做再說，不然以後一定就會遺憾。

臺灣從明朝末年太樸少卿沈光文入臺後，將文教深耕於南臺，並創立全臺第一個古典詩社—「東吟社」，除以詩文會友外，也將地方文事科考舉業教育等大力推廣。到清朝甲午戰敗簽訂馬關條約割讓臺灣給日本（1895）爲止，全臺已然成型的詩社前後間亦有十二個〔註2〕；而從日本統治的第一天開始，全島各地的士紳與知識份子多已瞭解，大勢不可爲的現實，昔日努力科舉之遺儒們，此時學已無用，功名無望生活坎坷，在傷今弔古之餘，唯有藉詩酒以消遣平生，他們更不甘淪爲順民；但爲了生計，爲了保存祖國固有的優良文化與傳統，於是紛紛競相設立私塾、書房與組織詩社；而這些人亦多爲飽學之士與地方領導人物，故渠等登高一呼則群聚而起，同時各地詩社與詩社之間，也藉此互通聲息相濡以沫，更以此作爲保存國粹的憑藉。日本治臺五十年間，全省詩社數目之多竟達空前〔註3〕；從康熙二十四（1685）年東吟社成立，到光緒二十（1894）年間，全臺僅有十二個詩社；而其中新竹（竹塹）地區就占了三分之一〔註4〕，文風之盛可見一斑。而從光緒二十一（1895）年到民國三十四（1945）年，五十年間，全臺詩社根據連橫〈臺灣詩社記〉所載：民國十三年（1924）全臺詩社有六十六所，又《臺灣通誌稿》學藝志文學篇則記載民國廿五年（1936）全臺詩社

〔註1〕個人於民國八十七年加入竹社時，當時的新竹市竹社僅餘七老。
〔註2〕廖一瑾（雪蘭）《臺灣詩史》（臺北：文史哲出版社 1999 年 3 月）頁 33～34。
〔註3〕廖一瑾（雪蘭）《臺灣詩史》（臺北：文史哲出版社 1999 年 3 月）頁 32～66。
〔註4〕廖一瑾（雪蘭）《臺灣詩史》（臺北：文史哲出版社 1999 年 3 月）頁 33～34。

有一百七十八所。但實際上並不止這個數目，至一九四五年日本戰敗爲止前，全臺詩社有名、有實、有活動的，已達近三百社；在高度皇民化的壓力下，這個數量不可謂不驚人，是以當時的詩社與書房（1897 日本據臺之初有 1127 所，1941 年全消失）對臺灣的漢文教育與鄉土文化的傳承，眞的是居功厥偉。

我國的詩歌本是音樂文學，讀詩必透過朗誦或吟唱的方式，才能使詩歌的文字由靜態的平面，轉化爲立體生動的圖像，如此詩的活潑之美，自然便能充分的表露無遺。中華民族本就是一個「詩的民族」，根據文獻記載，從上古先秦時代的《詩經》、《楚辭》，到其後的「漢賦」、「樂府」、魏晉南北朝的「古詩」、「唐詩」、「宋詞」、「元曲」，乃至現代的「新詩」，都是可吟、可唱、可誦可以入樂的，實可說是源遠流長、美不勝收。而詩的意象，更是作者個人的情志表現，與對社會現象的反映、紀實及期許。

筆者自幼因家學之故，再加上興趣使然，期間雖因求學歷程曲折與就業職場多變（說穿了只是爲了家庭經濟）；但始終對傳統文化古典詩學未曾忘情。特別是在大學畢業後，由於恩師廖醒群教授的引進加入天聲詩社（今時的中華民國古典詩研究社），其後更因緣際會加入了臺灣最古老的詩社——「新竹詩社——竹社」，同時更有幸跟隨了幾位民間的「漢文先生」如國寶級吟唱大家「莫月娥老師」、中華民國傳統詩學會前理事長「張國裕」老師、河洛語音韻的「黃冠人」教授，以及筆者的恩師新竹地方文史專家詩書畫三絕的「蘇子建」先生……等人；這才使我對傳統詩社有了更新的認識，也激發了我內心深處對古典詩文與傳統詩社的使命。

傳道、授業、解惑，立德、立功、立言，雖然我不及前人於千萬一，但我仍希望能夠將從傳統到現代的新竹地區詩社，特別是如今碩果僅存的「竹社」這一百六十餘年來〔註5〕對文壇、社會、地方的貢獻與影響，予以深入的研究、探討；除是對文獻歷史的保存目的外，還要對後世有所交代；更希藉此燎起固有優質文化的傳承薪火。這不只是我個人的終生職志、興趣（與詩文爲友），更是我要肩負的責任與使命。

〔註 5〕竹社雖名於清同治二年（1863）成立，而實際上竹塹地區的詩文活動記事則早於「潛園——道光 29 年～1849」、「北郭園——咸豐元年～1851」興築之間。

第二節　研究範圍與題目、方法、限制

一、研究範圍與題目

本論文以臺灣地區詩社概況起始，研究從傳統到現代的新竹地區詩社並以竹社爲考察對象；期間復以「新竹詩社──竹社」從清同治二年（1863）成立迄今民國一〇六年（2017）爲範圍，這一五四年間雖偶有合併其他詩社，或延伸、或萎縮、或政治因素而消音，但其生命力並不因此而歇息；相反的卻是生生不息，代代相傳至今。又新竹地區的詩社與文學活動本應從「潛園」「北郭園」兩大名園談起，然而時代的變遷，確是會影響到文史資料的蒐集與考證；如一八九五年中日雙方於春帆樓簽定了馬關條約，這個歷史性的條約，切斷了臺灣與中國──滿清政府形式上的官方關係，但卻切不斷臺灣人民，與祖國大陸的血脈，臺灣的文人、仕紳在當下主客觀的意念波動中，紛紛內渡或避居海外、或跡隱山林，一時間臺灣各地詩社的活動也暫時休眠；但在日本登臺後，無論是臺民武力的流血反抗，或是文士書生的消極的抵制，都的的確確給日本人在統治上製造了阻礙與麻煩。爲了一勞永逸，於是日人他們便採取一邊武力鎮壓〔註6〕，一邊文事收攏〔註7〕的兩面手法。

一九三七年中日戰爭爆發，「竹社」活動訊息也就更難以考察了。而臺灣在光復之後，又因爲種種因素的阻礙〔註8〕，於全省各地傳統詩社相繼消失之際，在新竹地區挺而撐起漢文教育傳承使命便是「竹社」，我的老師蘇子建先生是前清舉人鄭家珍、秀才葉文樞的高足周德三與張奎五先生的入室弟子。雖然光陰不再，哲人日遠，身爲塹城子弟與竹社的一員，希望用「從傳統到現代──新竹地區詩社研究」這篇論文作爲索引，繼續追尋歷史的記憶，好爲傳統的漢文教育鄉土文學盡一份心力。

本論文之研究內容範圍，係以光緒元年（1875）之前稱「竹塹地區」，之後則統稱「新竹地區」，而「塹城地區」即是以範圍縮小的城中區而言。易言之，詩社的活動範圍係以新竹地區爲主軸，隨著歷代政府組織與行政區域劃分調整而有所伸縮變更；即是以竹塹、淡水海防廳、竹塹（城）、新竹縣、新竹廳、新竹州、新竹市役所、新竹縣政府、新竹市政府爲範圍。

〔註6〕如「西來庵事件」、「北埔事件」。
〔註7〕參加或成立漢文詩社與臺民知識士份子交流、舉辦「揚文會」「饗老典」收攬人心。
〔註8〕如「二二八事件」後的「國語推行運動」。

依據近人研究的推論，「竹塹」〔註9〕原是居住在新竹平原平埔族道卡斯族「竹塹社」的音譯；明永曆十五年（1661），承命左先鋒楊祖〔註10〕駐屯竹塹；清康熙五十七年（1718），閩人王世傑正式率族人由同安來臺〔註11〕，首先開墾的地方便是竹塹埔，這也是漢人開墾竹塹之開始。淡水廳的成立，係由於北部地區的漸次開發，雍正元年（1723），清廷設立淡水海防廳（淡防廳）於半線（彰化），這是管理虎尾溪以北海防、理番和捕盜等治安事宜的分防廳。雍正九年（1731），清廷將大甲溪以北地方各項事務交由淡水廳同知管理，淡水廳改制為屬廳，二年後淡水廳同知「奉文移駐」竹塹，竹塹城正式成為廳治所在。

「新竹」〔註12〕之名，則是由於淡水開港後，華洋雜處，臺灣北部又日漸繁榮，淡水同知「半年駐竹塹衙門，半年駐艋舺公所」，疲於奔命。光緒元年（1875），為了新的因應，督辦臺灣防務的沈葆禎〔註13〕奏請撤淡水廳，分設為新竹縣、淡水縣，並增設臺北府（轄淡水、新竹、宜蘭三縣）。新竹縣範圍北以頭重溪（今桃園社子溪）、南以大甲溪為界，係取竹塹之「竹」，加「新」字而為「新竹」，意即新的「竹塹城」，但仍以竹塹城為縣治。自此以後，「竹塹城」漸被改稱為「新竹城」，竹塹地區亦漸改名新竹地區。「竹塹城」是北臺灣最早開發的城市，曾經出現三種名稱，分別是「竹塹城」、「淡水廳城」、「新竹城」。此亦為反映出不同時代的行政轄區名稱。是以本論文中才會有於光緒元年之前稱「竹塹地區」，與之後則稱「新竹地區」之差異。

新竹市建城歷史，於雍正十一年（1733）始准植竹為城，後興建土城以防海盜，清道光六年（1826），以開臺進士鄭用錫為首的竹塹士紳呈請興建

〔註9〕　張德南《新竹區域社會研究》新竹：新竹市文化局，2010年12月。

〔註10〕　楊祖，本名「姐」；年籍欠詳，卒於明永曆十五年（1661）順治十八年三月，楊祖隨鄭軍大舉東征台灣，在澎湖集結會師，六月間，楊祖奉派率領左先鋒鎮官兵屯戍台灣北路新港仔（在今苗栗後龍）、竹塹（今新竹）一帶，成為明鄭治台期間，首任派駐新竹地區的將領。

〔註11〕　一說康熙五十年，一說康熙五十七年。參見《新竹市誌》、《竹塹開拓先賢王世傑派下族譜》。

〔註12〕　張德南《新竹區域社會研究》新竹：新竹市文化局，2010年12月。

〔註13〕　沈葆禎（1820年～1879年），字翰宇，又字幼丹。福建省侯官縣（今福州市區）人，晚清重臣，諡文肅。沈葆禎曾於光緒元年（1875）年二月奏請解除臺灣之各種禁令，並獲得朝廷允許，對臺灣有重要影響。

石磚城，並於道光九年（1829）完工，此時竹塹始擁有完整的城廓規模。到日本據臺明治天皇後期，則相繼拆除城牆，一九○五年實施「市區改正」後，僅保留東門。日人統治期間，新竹歷經臺北縣新竹支廳（1895）、新竹縣新竹辦務署（1897）、新竹廳（1901）、新竹州新竹郡新竹街（1920）。昭和五年（1930）將新竹街升格為市，置市役所，這是新竹設市之始。昭和十六年（1941）合併香山莊全部及舊港、六家莊之一部分，擴大行政區域，下設廿五個區會協助推行市政。

民國卅四年臺灣光復，臺灣行政長官公署新竹州接管委員會，於十一月九日開始接收原新竹州之機構。同月十七日接收新竹市役所，遂成立新竹市政府，隸屬於接管委員會，十一月卅日接收原各郡役所。翌年元月接管委員會結束，成立新竹縣政府，暫借原新竹州廳辦公。新竹縣政府於二月廿八日遷往桃園，新竹市亦因全省行政區域調整，正式設為省轄市，成立新竹市政府，下設東、西、南、北、竹東、寶山、香山等七個區公所，並遷入原州廳辦公室。此時全省設五大縣、三小縣、九省轄市計十七縣市〔註14〕。

民國卅九年十月廿五日，臺灣省政府依據《臺灣省地方自治實施綱要》，調整全省行政區域，改設廿一縣市。原大新竹縣分設桃園、新竹、苗栗三縣，新竹地方乃將原省轄新竹市併原新竹縣轄關西、新埔兩鎮、湖口、紅毛、竹北、橫山、芎林、北埔、峨眉等七鄉及尖石、五峰兩山地鄉等合併成立為新竹縣，縣治設於新竹市。

民國四十年十二月一日，復將原東、西、南、北等四區合併成立縣轄市，新竹市公所址置於中正路原東區區公所，四十四年夏遷入林森路原縣立中學（舊孔廟）辦公。民國七十一年六月奉總統71年6月10日（七一）臺統（一）義字第三四四一號代電，准予自七十一年七月一日起將原屬新竹縣之香山鄉併入縣轄新竹市改制升格為省轄市，省轄市新竹市政府於七十一年七月一日正式成立。民國七十九年十一月一日新竹市下設東、北、香山等三個區公所，正式分區治事；綜上之言，本論文之研究範疇仍以界定在舊竹塹（約今桃園南崁至苗栗後龍等地）與新新竹（今新竹市的東區、北區、香山區）〔註15〕之間。

〔註14〕詳見新竹市政府新竹市沿革介紹。
〔註15〕依據現行政府「人民團體法」第五條：人民團體之組織區域以行政區域為原則……。

二、研究方法與限制

　　一般來說文史資料的取得，本來就不容易，這也是現今臺灣文學研究者的共同困難，筆者在撰寫「從傳統到現代——新竹地區詩社研究」時，透過歷史研究法與文學研究法的交互運用，更能深切地體會此一問題的嚴重性與困難，而此一體會，正如同連雅堂先生於《臺灣通史》序裡所言：「顧脩史固難，脩臺之史更難，以今日而脩之尤難。何也？斷簡殘編蒐羅匪易，郭公夏五疑信相參，則徵文難；老成凋謝莫可諮詢，巷議街譚事多不實，則考獻難。重以改隸之際，兵馬倥傯，檔案俱失，私家收拾，半付祝融，則欲取金匱石室之書，以成風雨名山之業，而有所不可。」〔註16〕是以無論是徵文之難，或考獻之難，甚至是資料的分析比對，筆者在研究本論文時，即特別有此深刻的感受。

　　在詩社組織的研究方面，由於新竹地區詩社可供參考的具體文獻資料極少，筆者僅能試從《臺灣詩薈》、《詩報》、《臺灣日日新報》、《詩文之友》、《臺灣心聲》……等文獻中蒐尋，但因舊報紙的破損與殘缺不全，以及日據末期日本政府對輿論界的管控，諸多主客觀因素的限制，所得成果仍相當有限，致使新竹地區詩社的部分時期，其活動實況仍多呈空白狀態。而查訪社員哲嗣，又礙於年代時間久遠，當年的一些事務已記憶模糊，導致資料查證困難。而在社員名單的確認上，更令筆者倍感棘手；例如：竹社從清同治二年（1863）創社到現在，先後究竟有多少人入社或退社，也因竹社原只是一個鬆散的文人社團，故無明確的社務史可據，筆者只能以蘇子建老師《塹城詩薈——竹社沿革考》中所列的名單為主，再輔以《詩報》、《臺灣日日新報》、《詩文之友》……等資料刊載舉辦竹社例會的值東者（當值主辦者）及參與社員的名單，加上《新竹市志、縣誌·人物志》、《新竹叢志》及其他相關文獻線索，才能從中歸納整理出——社員表。但這種方式可能涉及部分參與例會的人士，僅是臨時與會參加，並未入社的問題，為了力求論文的嚴謹性，筆者也曾依名單就教於耆老及師長，幾經過濾後，其中可確定的是，凡生平事蹟詳實為竹社社員應無誤者，將在本研究文中，列於社員名單表上，而生平事蹟不詳者，筆者僅保留其姓名，留待將來的後續研究。此外，詩社社員們的詩文作品，亦常有隨寫隨棄的狀況，故而蒐集起來也甚為困難；除了耆老提供

〔註16〕　見連橫《臺灣通史》（臺北：黎明文化事業股份有限公司出版 2001 年 4 月），頁 19〜20。

筆者具體的詩集及手稿之外，筆者再從研究新竹地區詩社社員的單篇文章裡去採集，並且從詩歌總集及日據時期舊報紙及刊物中（如詩報等），將登錄的詩社同人詩作，盡可能地蒐羅記錄，但缺漏仍多，甚至有些社員的詩作僅得一、二首而已，其餘闕如。然而，有了詩作之後，卻無法為每一首詩，作準確的繫年，這也是研究過程裡的另一項問題，也因無法明確繫年，致使每件作品背後所扣合的時代問題也就無法十分掌握，影響所及，便很難藉由詩作來完全清楚勾勒新竹地區詩社，階段性的社務發展，及所反映的時代問題。

儘管如此，本論文為第一本以「從傳統到現代——新竹地區詩社研究」為主題研究的學術論著，在資料蒐集上著實困難重重，但每每念及「然及今為之，尚非甚難，若再經十年二十年而後脩之，則真有難為者。」〔註17〕，使筆者益發覺得此一研究實刻不容緩。因此，本論文的研究，除了企望對臺灣文學史有補葺之力，更期盼能為將來有心研究的人，提供較實質性的資料作為參考。

第三節　臺灣地區傳統詩社概況

一、源起

《論語・季氏篇第十三章》孔子曰：「小子何莫學乎詩？詩可以興，可以觀，可以群，可以怨。邇之事父，遠之事君，多識於鳥獸草木之名。」我國詩文源遠流長，從上古的歌謠到《詩經》（北方）、與楚騷（南方），從「漢賦」、「樂府」、「駢體文」、「唐詩」、「宋詞」、「元曲」到明清的「章回小說」，已迄於今，上下流變四千餘年；而傳統詩文在流金歲月的浩瀚文海裡，卻始終保持著——無限的生命力；特別是在朝代興替與社會動盪的世局中，他始終維繫著民間華夏文化薪傳的血脈。

在中國歷史上，談到文人的雅集，大家就會想到——蘭亭曲水流觴的故事。根據南朝劉義慶的《世說新語》及《蘭亭考》〔註18〕等書記載：永和九年三月三日，正是風和日麗、百花競放的春天。王羲之和太原孫統、

〔註17〕見連橫《台灣通史》（臺北：黎明文化事業股份有限公司出版2001年4月），頁20。

〔註18〕宋朝・桑世昌《蘭亭考》（浙江人民美術出版社2013年9月）此書是最早關於《蘭亭序》研究與資料整理的專著。

孫綽、陳郡謝安及其子凝之、徽之等共四十二人，到會稽山陰之蘭亭舉行修禊之禮；祓除不祥，祈降福祉。事後他們列座溪邊的兩岸，用羽觴盛酒，放在彎彎的小溪上任它飄流，羽觴停在誰的跟前，誰就得飲酒賦詩；他們曲水流觴，賦詩盡興。當時有羲之等二十六人，吟成了詩篇（有四言和五言），其他尚有十六人未能成詩，各罰酒三大觥。他們還將這些詩篇匯集在一起，共推王羲之寫序，於是羲之趁著酒興，用鼠鬚筆和蠶繭紙寫出一篇〈蘭亭集序〉。因為辭句優美、書體遒勁，王羲之將它視為傳家之寶留付子孫。

宋秦觀〈蘭亭後記〉說明〈蘭亭序〉墨蹟傳到羲之七世孫智永和尚的弟子辯才和尚時，已經是唐太宗李世民做皇帝的年代。因為太宗銳意學習二王書帖，遍集墨蹟，摹搨殆盡，唯獨尚缺〈蘭亭集序〉；太宗雖然傳召辯才，但是辯才始終否認藏有該帖，於是太宗只好派御史蕭翼微服前往永欣寺〔註19〕一探究竟。蕭翼想盡辦法與辯才親近，終於查出該序的下落，太宗也如願以償，將〈蘭亭集序〉墨蹟收入禦書房，並令人摹拓，賜予近臣；經過太宗的酷愛與渲染，甚至遺言要它陪葬，於是「曲水流觴」的韻事就流傳下來，成為千古美談。此與竹林七賢、建安七子、竹溪六逸〔註20〕一樣，均成為後人相率仿效的對象，而蔚成詩人文士雅集的詩社流風，自此綿延不絕。

至南北朝時，詩人集會，常常刻燭限時，用以表示他的捷才。後來更敲銅缽立韻，流行一種所謂的「擊缽吟會」。盛行於閩、粵一帶，傳入臺灣更風靡一時。清康熙廿四（1685）年，明朝遺老—沈光文在諸羅（嘉義）邀集季麒光、華袞、韓琦、陳元圖、趙龍旋、林起元、陳鴻猷、屠士彥、鄭廷桂、何士鳳、韋名渡、陳雄略、翁德昌等十四位流寓諸公〔註21〕，首創「東吟社」〔註22〕，這是臺灣詩人結社的濫觴。「東吟」二字意取臺灣位處中土之東，且臺灣東部山高穀深，罕有詩文，詩人有意藉此「東吟」〔註23〕推廣。他們每月聚會，擇勝尋幽，分題拈韻，各抒性情，不拘體格。

〔註19〕位於今中國浙江省湖州市。
〔註20〕唐，天寶年間，李白、孔巢父、韓準、裴政、張叔明、陶沔等六人在竹溪結社（山東濟南府祖徠山），詩酒流連時號竹溪六逸。
〔註21〕王文顏《臺灣詩社之研究》，政治大學中文所碩士論文，1979年，頁15～19。
〔註22〕見廖一瑾（雪蘭）《臺灣詩史》（1999.3 臺北：文史哲出版社初版）。頁32。
〔註23〕龔顯宗主編《沈光文全集及其研究資料彙編》〈東吟社序〉，臺南：臺南縣立文化中心，1998年，頁138～。

季麒光曾在〈題沈斯菴雜記詩〉起首即言：「從來臺灣無人也，斯菴來而始有人矣；臺灣無文也，斯菴來而始有文矣。」〔註24〕如此的說法雖然過於「漢人中心主義」，但是，也的確是如此；沈光文確實開啓了臺灣漢人文學的先河，也是第一個將中土華夏文學移植、播種到臺灣的文人。沈光文，他與一批大陸的移民（盧若騰、徐孚遠、陳永華、朱術桂、孫元衡、藍鼎元、高拱乾……），因緣際會於明末清初來到金門、澎湖、臺灣，他們用詩文漢學與行醫濟世，來教化生民深耕鄉土於南臺灣〔註25〕，爲臺灣詩學與文學奠下了根基，實可謂是臺灣漢學文化的開山祖。

（一）沈光文與東吟社

沈光文（1613年～1688年），字文開，號斯菴，浙江鄞縣（今浙江省寧波市）人，是明朝末年的文人、官吏；當皇族朱由崧自立爲福王時，他與史可法共同抗清，後再隨魯王退守浙江。魯王兵敗後，他隱居普陀山爲僧。其後得知桂王在廣東肇慶一帶另立朝廷，乃前往投奔，累遷爲太僕寺少卿。鄭成功據守廈門、金門時，他本想從金門搭船去泉州，不料船隻因風漂流到宜蘭，後輾轉到臺南，此後他便以教讀行醫往來於南臺，而當時的臺灣正爲荷蘭人所佔領。光文的後半生則是終老於臺灣，並且留下許多紀錄當時臺灣風土民情極其珍貴的第一手資料。

永曆十五年（1661），鄭成功率軍攻下臺灣，明朝遺老紛紛入臺隨鄭；鄭成功得知沈光文也在臺灣後，曾加以接見，並賜予田宅，且以國士待之。然而鄭成功死後，繼位的鄭經其若干施政，令沈光文不滿，曾爲文譏諷，而幾遭迫害，於是沈氏在不得已之下，只得輾轉避居於目加溜灣〔註26〕、大崗山〔註27〕、羅漢門〔註28〕等地一帶。清朝領臺〔註29〕（1683）後，沈光文年事已高，又是前朝遺臣中碩果僅存者〔註30〕，當時諸羅知縣季麒光對他非常禮遇，並且照顧他的生活起居。康熙廿四（1685）年在沈光文等人的倡議之

〔註24〕見臺灣文獻叢刊/一四一　諸羅縣志/卷十一　藝文志。
〔註25〕當時從荷蘭到明鄭，臺灣的開發僅至於中南部。
〔註26〕位在今臺灣臺南市善化區溪美裡一帶。
〔註27〕爲今高雄市岡山區。
〔註28〕羅漢門，今高雄市內門區，是台灣開發最早地方之一。
〔註29〕清康熙廿二年（1683），清廷派施琅渡海攻克臺灣。
〔註30〕時盧若騰（1664）、王忠孝（1666）、徐孚遠（1665）、陳永華（1680）朱術桂（1683）均已故去。

下，臺灣第一個詩社——「東吟社」成立，從此漢文深耕推動詩運，對臺灣影響深遠。

東吟社序〔註31〕　前太常寺少卿沈光文（鄞縣人）

昔孟嘉落帽龍山，因作解嘲；文詞超卓，四座嘆服。恨今世不見此文，蘇長公戲爲補之，嘲答並臻絕妙。若夫金穀一序，人亦惜其不傳；至明時，楊升庵雲得宋人舊石刻，有「金穀序」在焉，實爲「蘭亭」之所祖，錄以示人，刊於集內。雖莫辨眞贗，而文亦典雅古茂。乃知古人當勝會雅集，必著之詞章，以垂不朽；誌其地、記其人、錄其詩文、載其年月，不使埋沒當時、失傳後世。王右軍之茂林修竹、石季倫之流水長堤，良有以也；而「春夜宴桃李園序」，尤盛稱於千古。

閩之海外有臺灣，即「名山藏」中輿地圖之東港也。自開闢來，不通中國。初爲顏思齊問津，繼爲荷蘭人竊據。歲在辛醜，鄭延平視同田島，志效扶餘；傳嗣及孫，歸於聖代，入版圖而輸賦稅。向所雲八閩者，今九閩矣。名公奉命來蒞止者多，內地高賢亦渡海來觀異境。余自壬寅〔註32〕，將應李部臺之召，舟至圍洋頭遇颶風，飄流至斯。海山阻隔，慮長爲異域之人，今二十有四年矣。雖流覽怡情、詠歌寄意，而同志乏儔、才人罕遇，徒寂處於荒野窮鄉之中，混跡於雕題黑齒之社！

何期癸、甲之年，頓通聲氣；至止者人盡蕭騷，落紙者文皆佳妙。使餘四十餘年拂抑未舒之氣、鬱結欲發之胸，勃勃焉不能自已。爰訂同心，聯爲詩社。人喜多而不嫌少長，月有會而不辭風雨；分題拈韻，擇勝尋幽。金陵趙蒼直乃欲地以人傳，名之曰「福臺閒詠」，合省郡而爲言也。初會，餘以此間東山爲首題。蓋臺灣之山在東，極高峻；不特人跡罕到，且從古至今絕無有題詠之者。今願與諸社翁，共創始之。次，陳雲卿即以「賦得春夜宴桃李園」命題。余嘗惜李青蓮當年僅留序而眾詩不傳，雖不若金穀園並序失之，似獨幸「蘭亭序」與詩迄今傳誦也。鴻溪季蓉洲任諸羅令，公餘亦取社題

〔註31〕龔顯宗主編《沈光文全集及其研究資料彙編》〈東吟社序〉，臺南：臺南縣立文化中心，1998 年，頁 138～。
〔註32〕即清康熙元年南明桂王永曆十六年（1662）。

相率倡和，扶掖後進；乃更名曰「東吟社」。曩謝太傅山以東重，茲社寧不以東著乎？會中並無絲竹，亦省儀文，飲不葢夜。詩成次晨，各攄性靈，不拘體格。今已閱第四會矣，人俱如數，詩亦無缺。雖已遍傳展閱，尚當匯付殺青，使傳聞之。隔江薦紳先生，亦必羨此蠻方得此詩社，幾幾乎漸振風雅矣。

夫龍山解嘲可補，金穀失序又傳；茲社友當前，詩篇盈篋，使無一序以記之，大為不韻。華蒼崖以餘馬齒長，強屬操觚；因不揣才竭，乃僭擬焉。頹然白髮混入於名賢英畏中，而且妄為舉筆，亦多不知量已。爰列社中諸公姓名、籍貫，而不紀其官號、庚甲云。

季蓉洲（名麒光），無錫；華蒼崖（名袞），無錫；韓震西（名又琦），宛陵〔註33〕；陳易佩（名元圖），會稽；趙蒼直（名龍旋），金陵；林貞一（名起元），金陵；陳克瑄（名鴻猷），福州；屠仲美（名士彥），上虞；鄭紫山（名廷桂），無錫；何明卿（名士鳳），福州；韋念南（名渡），武林；陳雲卿（名雄略），泉州；翁輔生（名德昌），福州；沈斯菴（名光文），寧波。

康熙二十四年乙丑歲梅月，甬上流寓臺灣野老沈光文斯菴氏題。時年七十有四。

由此可見「東吟社」成員並沒有年齡的限制，也不分老少；然因江、浙、閩沿海近臺灣，由於地緣而交通頻仍，是以「東吟社」社成員仍以沿海省份流寓者居多，他們每月大多會選在風景幽勝處吟詠，以抒性靈，且體裁不拘。明亡後，遺民不逃於禪，則託於詩，詩社之立，除以文會友外，還可切磋琢磨，互通聲氣，保存民族文化。「東吟社」的成立，不僅為臺灣播下詩的種子，也播下民族文化的種子，對後世臺灣文學的影響是很大的。可惜的是除了沈光文、季麒光、林起元、陳元圖外，其餘「東吟社」的發起人等的生平事蹟多已失傳。

沈光文此篇，言及把聯合閩臺〔註34〕等地俊彥的「福臺閒詠」名字改為「東吟社」即隱含著有東山之志的意思，因為臺灣的山都在東邊，且是非常的高而險峻；不只絕少有人去過，而且從古至今也絕對不曾有過以「東山」為詩題而吟詠；所以沈光文認為這個詩社，以東為名是應該的。

〔註33〕今安徽省宣城縣。
〔註34〕即福建省台灣府。

　　雖然會中並無絲竹的管弦之樂，也無行禮如儀的應酬之文，有飲酒時也不會選在晚上。詩成的隔天早上，則每人朗誦自己的詩作表白各自的性靈，同時也不拘限於體制或格式。文中說到今天已經進入了第四次會了，參與的人還是一如以往，詩也無人沒有交付的。雖然彼此作品都已遍傳展閱，但大家還是認為應當集中起來付諸印刷，才能讓更多人更久遠的後世都能知道，並繼續流傳下去。其實此刻的沈氏年事已高，流寓臺灣也近四十年了，回首望鄉已無望，面對的是他鄉即故鄉的臺灣，而他也確是認同本土，終其後半生無私無我的奉獻行醫、教育、詩文推廣。是以他也自我期許與安慰，才會說那隔江對岸廟堂上的諸公大人先生們，大概也一定羨慕此間蠻夷之邦有了這麼個詩社，而且也幾幾乎已經重振了往日的風雅──臺灣東吟。

　　沈氏在他的詩文中始終流露著自己思鄉的愁緒，以及對命運的感嘆。（並著有《臺灣輿圖考》、《草木雜記》、《流寓考》、〈臺灣賦〉、〈東海賦〉、〈桐花芳草賦〉、《文開詩文集》等），他死後葬於善化里東堡（今臺南善化火車站附近）。當時在明鄭降清以後，清廷福建總督姚啟聖，曾答應要助沈光文回歸故里，唯最後並未實現〔註35〕。沈光文晚年定居目加溜灣社──即今臺南市善化區；他為當地的原住民及漢人做出了許多醫療、文教方面的貢獻；後人建有紀念碑〔註36〕來紀念他。

　　沈光文以及後來隨鄭軍入臺的儒士們，例如王忠孝、辜朝薦、沈佺期、郭貞一、李茂春、許吉景等人──以詩文寫下了臺灣第一批書面的文學作品，在文學史上具有特殊的意義。尤其沈光文本人獨自在臺流寓多年，更留下許多感懷傷時和記述當地風土民情的詩文；其中後者尤為可資研究十七世紀以前臺灣島上情形，是極為珍貴的第一手文字資料。沈光文可說是一生坎坷，先有「亡國之恨」，後又「流亡海外」，但到了臺灣以後，他卻不辭辛勞，遺愛人間。光文不用刀槍，卻以教育和文化融合了漢人與原住民，的確令人敬佩。是以沈光文被稱為臺灣「詩社」之祖、「開臺文化祖師」，實在當之無愧！此外沈氏的詩作亦深沉有致，從漂泊流離到認命的安身臺灣，其情感之豐富與觀察力之敏銳深刻；由下列幾首詩即可看出：

〔註35〕康熙廿二年（1683）施琅攻克臺灣封侯爵，姚啟聖無封，同年十一月，姚啟聖患背疽而逝。
〔註36〕後人為紀念沈光文事蹟，除了在台南建有紀念碑外，還有以其為名的道路、橋樑等等以資紀念；台南一中的校歌歌詞亦中有「思齊往哲光文沈公」句以紀念沈光文。

感遇

暫將一葦向東溟，來往隨波總未寧。忽見遊雲歸別塢，又看飛雁落前汀。
夢中尚有嬌兒女，燈下惟餘瘦影形。苦趣不堪重記憶，臨晨獨眺遠山青。

思歸

歲歲思歸思不窮，泣歧無路更誰同。蟬鳴吸露高難飽，鶴去凌霄路自空。
青海濤奔花浪雪，商飆夜動葉梢風。待看塞雁南飛至，問訊還應過越東。

思歸

颯颯風聲到竹窗，客途秋思更難降。霜飛北岸天分界，月照家園晚渡江。
荒島無薇增餓色，閒庭有菊映新缸。夜深尋友沿溪去，怕扣柴門驚吠尨。

懷鄉

萬里程何遠，縈紆思不窮，安平江上水，洶湧海潮通。

山居

長松不可俯，遠視立亭亭，月色來窗曙，山光到海青。
荒村餘古意。老鶴愛修翎。正發臨池興，憂來筆又停。

番婦

社裡朝朝出，同群擔負行。野花頭插滿，黑齒草塗成。
賽勝纏紅錦，新妝掛白珩。鹿脂搽抹慣，卻與麝蘭爭。

釋迦果

稱名頗似足誇人，不是中原大穀珍。端爲上林栽未得，只應海島作安身。

番柑

種出蠻方味作酸，熟來包燦小金丸。假如移向中原去，壓雪庭前亦可看。

沈光文比鄭成功來臺時間早，他最初搭船時，是意外漂流到達臺灣，起
先一直有著歸鄉的念頭。荷蘭時期的沈光文所生活的，是一個榛莽待啓的海
島；所面對的，是以經濟剝削爲手段的荷蘭統治政權，四周則是與自己思想
型態不同、生命層次迴異的墾荒漢人，以及生活方式、風俗習慣、語言、種
族、信仰等截然不同的臺灣原住民。「番柑」非臺灣原生，據方志記載，其種
移自荷蘭，肉酸皮苦，荷蘭人在夏天時取來搗汁和鹽加水飲用。成熟時黃橙
橙果實嬌小的番柑，形似金桔，夏天來時或許可學荷蘭人來一杯酸酸鹹鹹的

金桔汁！沈光文身在臺灣，看見冬天結實纍纍的番柑，卻引動了他的鄉愁，想像著這麼可愛的果物若移到故鄉的庭院中，應該也很值得一賞。他內心深處有著家國殘破的憂戚、漂泊羈旅的悲涼、水土不服的煎熬、悲鬱的情緒，交織而爲沈光文的心靈世界。

及至鄭成功打敗荷蘭人，中原遺老相隨而至，才使臺灣在文化層面上增添了一支生力軍。而沈光文亦因鄭軍的領臺，以及與同儕人等的重逢，而倍感振奮。當時隨鄭成功來臺，聲名最著者，爲明末幾社六子之一的徐孚遠。徐孚遠與斯菴交情甚篤，二人亦時有吟哦唱和之作。但鄭成功來臺不到一年即抱病身亡，南明朝廷內部出現鬥爭；也曾傳聞是因爲沈光文當時曾極力反對鄭經即位，所以鄭經爲肅清反對勢力，放話非得除去沈光文，從此沈光文便開始了流亡生涯，遠離漢人聚集的中心，窮苦潦倒，遂也留下許多抒發內心鬱悶之詩作；直到清人入主臺灣後，沈光文的生活情況才開始有所改善。

沈光文七十六年的生命歲月中，在臺時間將近四十年，他歷經荷蘭、明鄭、滿清諸政權統治，在鄭成功之前即將中華文化帶來臺灣，晚年並創臺灣第一個詩社，可說是中華文化在臺灣的第一個播種者。不只是一般性的漢文化，沈光文在臺有開創之功，就詩歌文學方面而言，由於沈光文身處陌生的環境，再加上濃厚的故國之思，使他寫下大量的詩文作品，不僅對臺灣各種風物的描寫是始於沈光文，而臺灣之鄉愁文學亦濫觴於他的詩作。清朝的全祖望（史學家、文學家）稱他爲「海東文獻，推爲初祖」〔註37〕，也確實是實至名歸的。又因沈光文倡學有功，臺南民眾感念其德遂於民國七十一年（1982）將其神像入祀，與善化鎮慶安宮「五文昌」合祀，成爲全臺獨一無二的六文昌廟。

（二）「海外幾社」的精神領袖徐孚遠

徐孚遠（1599～1665），字闇公，晚號復齋，明末江蘇松江府華亭縣人，家住南門內新橋河西，爲萬曆首輔徐階小弟徐陟的曾孫。幼能詩文，才氣橫溢。與陳子龍、夏允彝交厚，爲「幾社」〔註38〕創始人之一，並加入「復社」

〔註37〕見清全祖望（1705～1755）《鮚埼亭集》·〈沈太傅傳〉。
〔註38〕幾社，明末時期的文社，崇禎初年創立於江蘇松江，主要成員爲夏允彝、杜徵、周立勳、徐孚遠、彭賓、子龍等，這六人又號爲「幾社六子」。

〔註 39〕。崇禎十五年（1642）舉人，時民變迭起，天下大亂，乃研習兵法，有救國利民之志。魯王〔註 40〕監國時授左僉都御史，永曆五年（1651），從魯王至廈門。後由鄭成功迎至金門，甚受倚重。順治十五年（1658），桂王（永曆 12 年）派使者來，升孚遠爲左副都御史。冬，奉鄭成功命隨使者入滇進謁桂王，迷失道路，至安南；安南王遣送他還至廈門。次年，鄭成功進攻南京失敗後，退據金廈。永曆十五（1661）年鄭成功東平臺灣，從入東都（今臺南），但僅短暫〔註 41〕停留後，即退居廈門，往來閩廣沿海一帶，與多處義軍根據地聯繫，繼續從事抗清復明活動。永曆十七年（1663），清師攻陷金門、廈門，孚遠擬攜眷歸鄉而不果，遂滯留廣東饒平，兩年後（1665）病故於此；後由其次子扶棺歸故里安葬。

　　宛如辛棄疾般滿懷壯志豪情的徐孚遠，一生爲家國山河流離，無怨無悔，其詩風蒼勁雄渾，豪宕忠義之氣貫注其中，更擅長以壯語寫悲情，面目鮮明。當他移居廈門等待來臺時，其心情正如〈東行阻風〉詩中所寫：「擬將衰鬢寄東濛，頻月東風不得東。身世何堪常作客，飄搖難禁屢書空。攜兒兼載黃牛嫗，農作應追阜帽翁。稍待波平陽月後，一舸須放碧流中。」徐孚遠歷經戰亂，將飄零渡洋來臺，有可能從此長居茲島；面對陌生的環境心中志忑也要自安。在他過往從事耕讀時，亦曾悲酒吟詩，與張煌言、盧若騰、沈佺期、曹從龍、陳士京等創設「幾社」，互相唱和，時稱「海外幾社六子」，而以闇公爲首。他的詩作又如〈書懷〉〈東寧詠〉〈桃花〉，多寫久居困頓的人生感觸，大都眷懷君國，獨抱忠貞，雖在顛沛流離之時，仍寓溫柔敦厚之意。其詩格調高古，不愧爲「幾社」六子之首。

書懷

昔日衣冠今渺茫，島居一紀又寒裳。移家不惜鄉千里，種秫何嫌水一方。
地理未經神禹畫，醫書應簡華陀囊。餘年從此遊天外，知是劉郎是阮郎。

〔註 39〕復社，明末時期的一個政治「學術團體」，創建於崇禎初年，早期領袖爲張溥與張采。初期的成員多是江南一帶的讀書人，後來發展爲全國性社團，前後入會者超過兩千人。復社以「興復古學」爲號召，故而得名，又因爲早期成員多爲東林黨人的後裔，號稱「小東林」。

〔註 40〕魯王，朱以海（1618 年 7 月 6 日～1662 年 12 月 23 日），明朝宗室，是南明抗清的重要領袖之一。字巨川，號恆山，別號常石。辛於金門。

〔註 41〕康熙元年（1662.5.8）鄭成功辛於東都安平鎮。

東寧詠

自從飄泊臻茲島，歷數飛蓬十八年〔註42〕。函谷誰占藏史氣，漢家空數子卿賢。

土民衣服眞如古，荒嶼星河又一天。荷鋤帶笠安愚分，草木餘生任所便。

桃花

海山春色等閒來，朵朵還如人面開；千載避秦眞此地，問君何必武陵回。徐孚遠在明末文名甚著，詩文作品相當可觀。著有《釣璜堂存稿》詩集二十卷，共收入古今體詩二千七百多首，臺灣文獻叢刊第二八〇種《臺灣詩鈔》，收有徐孚遠詩作五十一首，爲目前較易見之選本。而連橫原本輯有《東寧三子詩錄》，其中亦有《徐闇公詩鈔》一卷，惜今已佚；又連橫《臺灣詩乘》卷一上收錄有徐孚遠詩作十首。雖然徐氏終究是壯志未酬，但其精神值得感佩，而其所留下來的作品與來臺短暫的機緣，亦成爲研究明末清初那個年代，臺澎金廈與兩廣福建間的史料見證。

（三）赴臺未酬的盧若騰

盧若騰（1599 年～1664 年）字閑之，一字海運，號牧州，福建同安金門人。明崇禎八年（1635）舉於鄉，十二年進士。累升武選司郎中，總京衛武學。福王立，薦擢鳳陽巡撫，以馬阮專政，辭不赴。逮南都破，鄭芝龍擁立唐王於福州，號隆武，起若騰於家，單騎赴召，授浙東巡撫，駐節溫州，後加兵部尚書銜。清兵入浙東，長驅南下，若騰率師次平陽，缺糧六月，七次請援均不報，城破，率親兵家人巷戰。腰臂中矢，遇水師救出。旋唐王遇難，憤而投水，被同僚救起；鄭成功舉兵金、廈，勢甚熾，以若騰宿望名儒，加賓禮焉，後徙鷺江，居浯島，自號留菴。成功既取臺、澎，明之遺臣多東渡者，永曆十八年（1664）春三月若騰與進士沈佺期〔註43〕等同舟渡海，舟次

〔註42〕 清順治二年（1645），清兵下江南，華亭知縣舉城降於清。孚遠與陳子龍、夏允彝等在松江起義抗清始：東寧即台灣。又明永曆十八年（清康熙 3 年西元 1664 年），改東都爲東寧。

〔註43〕 沈佺期（1608 年～1682 年），福建省泉州府南安縣人。崇禎十五年（1642 年）壬午科舉人，次年聯捷進士，明亡後絕意仕進。永曆元年（1647 年），鄭鴻逵與鄭成功於福建泉州的桃花山會師。沈佺期與鄉紳林橋升、郭符甲、諸葛斌舉兵響應，十八年（1664 年）退守銅山，來到臺灣。鄭成功禮遇之，被尊稱爲「中丞」沈佺期曾與陳士京、張煌言、徐孚遠、盧若騰、曹從龍六人一同組成「海外幾社」詩詞唱和。

澎湖而疾作，乃僑寓太武山下〔註44〕。臨終，遺命題其墓曰「有明自許先生盧公之墓」，以明其志，享年六十六，延平嗣王鄭經親臨其喪，以禮葬太武山南。若騰風情豪邁，學者稱牧州先生，生平著述甚富，有《留菴文集》二十六卷、《方輿互考》三十餘卷、《島噫詩》、《島居隨錄》、《浯州節烈傳》、印譜各若干卷。

甘蔗謠（移種植物·草名一年生·可做香料·俗稱小茴香）

嗟我村民居瘠土，生計強半在農圃。連阡種蔗因地宜，甘蔗之利敵黍秫。

（糯稻）

年來旱魃狠爲災，自春徂冬暵不雨。晨昏抱甕爭灌畦，辛勤救蔗如救父。
救得一蔗值一文，家家喜色見眉宇。豈料悍卒百十群，嗜甘不恤他人苦。
拔劍砍蔗如漁艸，主人有言更觸怒。翻讒加蠆恣株連，拘繫榜掠如命縷。
主將重逢士卒心，縱而縱之示鼓舞。仍勸村民絕禍根，爾不蒔蔗彼安取。
百姓忍饑兵自靜，此法簡便良可詡。因笑古人拙治軍，秋毫不犯何其腐。

番薯謠

番薯種自番邦來，功均粒食亦奇哉；島人充飧兼釀酒，奴視山藥與芋魁。
根蔓莖葉皆可啖，歲凶直能救天災；奈何苦歲又苦兵，遍地薯空不留荄。
島人泣訴主將前，反嗔細事浪喧豗；加之責罰罄其財，萬家饑死孰肯哀！
嗚呼！萬家饑死孰肯哀！

　　盧若騰曾在其詩集前寫下小序，其中特別提出「以作工詩爲恥」。「工詩」即精美的詩句，即爲對仗、押韻整齊亦或多用典故之詩。盧若騰認爲創作工詩是可恥之事，因若自稱亡國詩人，則被迫離鄉、心情慘澹的狀況下，又何來餘閒與心力可精煉詩句？盧氏之詩作多描寫人民生活之苦，以及政府衰敗無力管束軍人壓迫百姓之悲，如上詩〈甘蔗謠〉描寫他居住在金門時所見，農民細心栽培甘蔗，豐收時卻只能任由軍隊〔註45〕入侵甘蔗田大肆破壞，萬般無奈；而〈番薯謠〉則點出當時軍隊與百姓共處〔註46〕，人口爆增而糧食嚴重不足，導致飢荒的慘狀。盧若騰對漢語文學觀點與當時一般文人不同，其甚看重內容而非形式，並強調抒發內心情感與社會關懷及人文紀實。

〔註44〕　昔澎湖太武山高約42公尺，位於太武山麓而得名，有澎湖八大奇景中的「太武樵歌」之稱，因東北季風強盛，又無高山抵擋，樹林難以生存，如今不知是詩人的想像之作，或是眞有其景，已經不可得知。

〔註45〕　暗指鄭氏軍隊，軍紀敗壞。

〔註46〕　若騰借此以述金門苦歲又苦兵。

（四）宦遊文士季麒光

　　季麒光（生卒年不詳），字昭聖，號蓉洲，江南無錫縣人，清朝官員。順治十七年（1660）中舉人，康熙十五年（1676）丙辰科進士，榜姓鄭，一說姓趙，其後復姓季。由內閣中書出知梅縣。康熙二十三年（1684 年）由閩清縣遷臺灣府諸羅縣知縣，於該年十一月初八（12 月 13 日）到任。時縣治初設，人未向學；季氏至，首課儒童，拔尤者而禮之，親爲辨難。士被其容光者，如坐春風，在任踰年，與沈光文等十三人發起詩社「東吟社」相與唱酬，並致力於傳統舊文學的播種與傳承，培養了許多詩人。而其本身除文采揚溢外，更是一位認眞付出的優質公務人員，初到任即下鄉探訪以瞭解地方。誠如其〈視事諸羅〉一詩所述：「西風輕拂使臣車，諭蜀相如舊有書。細譯番音誠異域，喜看野俗尚皇初。自來窮海無遺雁，從此荒村有市魚。漫向空天長倚望，黃雲晚日接扶餘。」本詩是當時諸羅剛設縣，季麒光爲首任知縣，他在觀風省俗後闡述對該縣未來的遠景，其中充滿了理想和抱負；用詞典雅，意境深遠。

　　康熙廿二年（1683）明寧靖王朱術桂殉國，捨宅爲祠，爲「東寧天妃宮」。季麒光〈募修天妃宮疏〉謂：「東寧天妃宮者，經始於寧靖王之捨宅，而觀成於吳總戎〔註47〕之鳩工也。」翌年（1684）因施琅之奏請，朝廷敕封爲天后，改制官廟，爲媽祖受封「天后」之始。此天妃宮，即現今臺南市中西區永福路二段的大天后宮。季麒光於康熙廿三年（1684）來臺，爲首任諸羅縣令，在敕封爲天后之前，該廟已經因爲受損嚴重需要整修，因此季麒光才有〈募修天妃宮疏〉等文；而其〈題天妃宮〉詩中，所描述者爲敕封爲天后前的天妃宮，當時稱爲東寧天妃宮；

題天妃宮

　　補天五色漫稱祥，誰向岐陽祝瓣香？幾見平成踰大海，自知感應遠重洋。

　　遐方俎豆尊靈遠，聖代絲綸禮數莊；是處歌恩欣此日，風聲潮影共趨蹌。

　　此外季氏極其重視鄉土的檔案文獻整理與保存，復以文獻未修，久而荒落，乃撰志稿，總其山川、風物、戶口、土田、阨塞，惜未及終篇，於康熙二十四年（1685）以丁憂去職。後高拱乾因其稿而編修《臺灣縣志》。蓉洲勤

〔註47〕　吳總戎即吳英（1637～1712）隨施琅攻臺，並在施琅離開臺灣後仍繼續留守，並於留守期間進行東寧天妃宮的改建。

勉好學著作頗豐，對臺灣的風土、地理、民情觀察入微深刻，有《臺灣郡志稿》六卷、《蓉洲文稿》四卷、《蓉洲詩稿》七卷、《臺灣雜記》、《山川考略》、《海外集》、《華陽懷古》、《三國史論》各一卷。《諸羅縣志》評其作：「博涉群書，爲詩文清麗整贍」。

（五）陳元圖

陳元圖號易佩（生卒年不詳──僅知其康熙年間在臺灣）浙江會稽人，他在「東吟社」中其詩文聲望頗高，爲時所重。其所留下的〈明寧靖王傳〉、〈輓寧靖王〉詩與宋永清〔註48〕的〈過寧靖王墓〉相互呼應，對當時的臺灣而言，堪稱民族氣節書生風骨的知音。

明寧靖王傳　陳元圖（會稽縣人）

寧靖王，名術桂，字天球，別號一元子；明太祖九世孫遼王後，長陽郡王次支也。始授輔國將軍，配公安羅氏女。崇禎壬午（1642年），流寇破荊州，王偕惠王暨藩封宗堂避湖中。甲申（1644年）京城陷，崇禎帝殉社稷。福王嗣立於建業，王與長陽王入朝，晉鎭國將軍，令同長陽守浙之寧海縣。乙酉（1645年）夏，浙西郡邑盡歸我大清，長陽率眷屬至閩中，王尚留寧海。而鄭遵謙從紹興迎魯王監國；時傳長陽入閩存亡莫測，監國封王爲長陽王。

鄭芝龍據閩，又尊唐王爲帝，建號隆武；王奉表稱賀，隆武亦如監國所封。後聞其兄尚存，已襲遼王；王具疏，請以長陽之號讓兄次子承之；隆武不允，改封寧靖，仍依監國督方國安軍。丙戌（1646年）五月，我師渡錢塘，王乃涉曹娥江奔避寧海，覓海艇出石浦；監國亦由海門來會，同至舟山。十一月，鄭彩率舟師北來，因芝龍與隆武未洽，知越州不守、監國出奔，故遣迎之。王與監國乘舟南下，歲杪抵廈門；而芝龍已先歸命北行矣。是時，鄭鴻逵迎淮王於

〔註48〕宋永清，號澄菴，山東萊陽人，生卒年不詳。清漢軍正紅旗人。監生出身。康熙四十三年（1704年），宋永清由汀州府武平縣知縣調補台灣府鳳山縣知縣。同年秋至次年以及康熙四十七年（1708年）曾兩度代理諸羅縣知縣。期間，他擇地興建諸羅縣縣學，重修縣治興隆莊鳳山縣縣學，添建明倫堂與教官廨舍，新建興隆莊鳳山縣義學，並置義學田。且於鳳山縣、諸羅縣廣設社倉，疏濬興隆莊蓮花潭池水以利灌漑。秩滿後，陞任直隸延慶州知州。著有《溪翁詩草》傳世。

軍中，請寧靖監其師；合芝龍子大木兵攻圍泉州，經月不下。鴻逵
乃載淮王、寧靖同至南澳。值粵東故將李承棟奉桂王之子稱帝肇慶，
改元永曆；王因入揭陽，永曆令居鴻逵師中，月就所在地方支膳銀
五十兩。戊子（1648 年）春，命督鴻逵、成功師。庚寅（1650 年）
冬，粵事又潰。辛卯（1651 年）春，王仍與鴻逵旋閩，處金門。

　　及成功取臺灣（1661 年），王輒東渡。成功事王，禮意猶有可
觀。成功死，授餐之典廢，視等編戶，無以資衣食；乃就竹港墾田
數十甲，以瞻朝晡。鄭氏又從而徵其田賦，悉索募應，困甚。戊午
（1678 年），聞靖海將軍調集水軍樓船進討，鄭氏諸臣燕雀處堂，
晏如也；王獨蒿目憂之。常言『臺灣有變，我再無他往，當以身殉』。
癸亥（1683 年）六月，我師克澎湖。二十六日，鄭兵敗回。王向媵
妾曰：『我之死期已到，汝輩或為尼、或適人，聽自便』！妾侍衾云：
『王既能全節，妾等寧甘失身！王生俱生、王死俱死，請先賜尺帛，
死隨王所；從一而終之義，庶不忝耳』。王曰：『善』！妾袁氏、王
氏（或云蔡，誤也）、媵妃秀姑、梅姐、荷姐，俱冠笄、被服，齊縊
於堂。王乃大書曰：『自壬午流賊陷荊州，攜家南下；甲申避亂閩海，
總為幾莖頭髮，保全遺體，遠潛外國。今四十餘年，六十有六歲；
時逢大難，全髮冠裳而死，不負高皇、不負父母！生事畢矣，無愧
無怍』。

　　次日，校役昇主人柩，王視之無他言，但曰：『未時』。即加翼
善冠、服四圍龍袍、束玉帶、佩印綬，將寧靖王麐鈕印送交鄭克塽，
拜辭天地、祖宗；耆士老幼俱入拜，王答拜。又書絕命詞曰：『艱辛
避海外，總為幾根髮。於今事畢矣，祖宗應容納』！書罷，結帛於
梁，自縊；且曰：『我去矣』！遂絕。眾扶之下，顏色如生。越十日，
槁葬於鳳山縣長治里竹滬，與元妃羅氏合焉；不封不樹。妾媵五棺
埋於文賢里大林邊，去王墓三十裡；擬表為五烈墓。王無嗣，繼益
王裔宗位之子名儼鈘為後；時年七歲，安置河南開封府杞縣。其平
生，得諸臺之故老云。

雖然我們不知陳元圖為寧靖王立傳的確實時間，但可確定的是，在那滿
漢糾纏的民族情結裡，大義春秋的使命，依舊深植於入清後的臺灣士民心中。
而長存天地之間王道守節精神，也成為千百年來國之昌盛與衰敗的指標。元

圖的〈輓寧靖王〉詩云:「匿跡文身學楚狂,飄零故國望斜陽。東平百世思風度,北地千秋有耿光。遺恨難消銀海怒,幽魂悽切玉蟾涼。荒墳草綠眠狐兔,寒雨清明堪斷腸。」這是何等的憤怒,悲壯,但天實爲之,又能謂之奈何呢?最後也只能安身立命於海島;不再新亭對泣,認分守節終其大漢魂魄的一生。其後善體民情雅意文教,山東籍的臺灣府鳳山縣知縣宋永清也寫下一首〈過寧靖王墓〉與之呼應,惺惺相惜於民族氣節與大時代的變遷之間。

過寧靖王墓　宋永清

刮地西風古墓門,馬啼衰草感王孫。道旁密佈桃椰樹,竹裡深藏番檨園。

滄海無情流夜月,乾坤有恨弔忠魂,深秋尚有啼鵑血,十裡紅花染淚痕。

二、詩社成立的背景原因

由於傳統的八股制藝與科舉盛行,文人全力博取功名,因此自康熙二十四(1685)年東吟社之後,到道光六年(1826),長達一百四十一年之久,臺灣未再有其他詩社出現。這期間的遊宦詩人中,亦不乏高手,雖有許多個人詩集付梓,然多屬自吟自聆與自賞;或傳之同好,或藏之名山,或登高狂嘯,或斗室沈吟,並沒有群集結社聯吟的行爲。

東吟社雖爲臺灣詩社的濫觴,但其後也因時代背景的差異,與參加成員的不同,從道光六(1826)年到光緒廿一年(1895)間,也才陸續有十二個詩社誕生;再從光緒廿一年(1895)日本據臺始至民國卅四年(1945)期間,本土傳統詩社卻如雨後春筍般的蓬勃發展起來〔註49〕,探究各詩社成立的性質與背景成因,大抵分爲以下幾類:

(一)讀書人之間的即興雅集

臺灣文化之興,起於明鄭,來臺文士,謹守中國傳統之精神,其文學內容與形式完全相同。清初以來,遊宦漸集,省籍人士以文名者亦不乏其人。以文會友,詩酒吟唱,已成時尚;沈光文之「東吟社」中,參加者有諸羅縣令季麒光、臺灣縣令沈朝聘及遊宦諸公。唐景崧創立「斐亭吟會」〔註50〕於臺南,創「牡丹吟社」〔註51〕於臺北,公餘之暇,與僚屬爲文酒之會,實是士人官家之平日應酬與雅集。

〔註49〕見廖一瑾(雪蘭)《臺灣詩史》(1999.3 臺北:文史哲出版社初版)。頁 28〜29。
〔註50〕「斐亭吟會」光緒十五年(1889)成立。
〔註51〕「牡丹吟社」光緒十七年(1891)成立。

（二）地方人士與上流階層園林大家之名士雅集

　　清嘉慶年間彰化知縣楊桂森，捐資建文昌祠於當時縣屬之虎尾鎮，其後地方人士林高全、林定寬、陳掄元及各村塾師乃共創「鐘毓詩社」〔註52〕；一則主持文昌祭典，一則獎掖後學。臺南諸生許南英邀集同里人士，於竹溪寺鬥韻敲詩，創「崇正社」〔註53〕。晉江蔡德輝設帳於彰化，集門人及地方人士創「荔譜吟社」〔註54〕。日據初期澎湖蔡汝璧、陳梅峰、陳錫如等邀集地方人士創「西瀛吟社」〔註55〕多爲類也。此外塹城巨室林氏家族創建「潛園」〔註56〕，開臺進士鄭用錫建造「北郭園」〔註57〕，海內外高才飽學之士，或宦遊官吏，或詩壇名士時相過從詩酒酬唱，乃有「梅社」、「斯盛社」、「竹社」、「潛園吟社」、「北郭園吟社」等諸詩社之成立。

（三）相濡以沫兩地以上士人詩社之聯吟

　　宜蘭林星樞於大正二年（1913）與地方人士創「仰山吟社」後，時與大正十五年（1926）成立的頭城「登瀛吟社」、昭和九年（1934）成立的羅東「東明吟社」及蘇澳詩人等舉辦聯吟。明治卅年（1897）鹿港許劍漁與苑裡蔡啓運以地爲名，共創「鹿苑吟社」。大正十二年（1923）澎湖宿儒陳錫如，設帳於高雄，廣邀「旗津吟社」、東港「研社」、屏東「礪社」，共設「三友吟會」。昭和十一年（1936）臺北縣雙溪鄉張廷魁邀地方人士創「貂山吟社」、瑞芳九份吳如玉創「奎山吟社」，與基隆「大同吟社」合組成「鼎社」，復與頭城「登瀛吟社」四季輪值聯吟。而臺南「新柳吟社」則爲新營、柳營兩地詩人所共設。

（四）儒學塾師與書房弟子之切磋雅集

　　高雄陳梅峰〔註58〕集其弟子陳皆興等創「旗津吟社」〔註59〕，又率女弟

〔註52〕「鐘毓詩社」道光六年（1826）成立。
〔註53〕「崇正社」光緒四年（1878）成立。
〔註54〕「荔譜吟社」光緒十六（1890）成立。
〔註55〕「西瀛吟社」明致卅七年（1904）成立。
〔註56〕潛園，塹城林氏家族於道光年間興築，於道光廿九年（1849）初成。
〔註57〕北郭園，開臺進士鄭用錫與其次子鄭如樑於咸豐元年（1851）興築。
〔註58〕陳梅峰（1858～1937），字精華，清澎湖湖西鄉人。通經史，善詩文，曾遊歷閩粵各處，於廈門、高雄旗後設館授徒，歸澎湖後，設杏園堂私塾授徒；。明治四十四年（1911）與陳錫如、蔡汝璧倡設「西瀛吟社」。昭和八年（1933）與學生吳爾聰發起重刊《澎湖廳誌》，以保存地方文獻；晚年曾任《臺灣日日新報》記者。陳梅峰爲澎湖地區重要詩家，生平著作卻不曾結集出版。
〔註59〕「旗津吟社」民國九年（1920）成立。

子創「蓮社」。臺北稻江「礪心齋書房」塾師林述三，集其門人創「天籟吟社」。
板橋趙一山在其懸壺之稻江永樂市場邊劍樓書房，設「劍樓吟社」。臺北「國
語（日語）學校」教師劉得三與其塾師林冠文，共創「淡北吟社」等等，此
皆為塾師與弟子之雅集吟會。

（五）讀書人面對滄桑之變家國之痛的結盟

臺灣之文士與大陸相同，終年累月潛心學業，多冀望能得意科場飛黃騰
達以光耀門楣。日人據臺，制度遽變，廢科舉，興學校，數百年來士子進身
之階斷矣。功名路絕，仕宦無望，昔日所習已不能用，失落之情轉而流連詩
酒。林幼春〔註60〕於〈櫟社二十年間題名碑記〉〔註61〕中云：「世變以來，山
澤臞儒，計無復之，遂相率而遊乎酒人，逃於蓮社，有一倡者，眾輒和之；
迄於今，島之中社之有聞者以十數。」又云：「櫟社者，吾叔父癡仙之所倡也。
叔之言曰：『吾學非世用，是為棄材，心若死灰，是為朽木。今夫櫟，不材之
木也，吾以為幟焉，其樂從吾遊者，志吾幟。』連雅堂《櫟社第一集》〔註62〕
序云：「嗟乎，櫟為無用之材也，詩亦無用，而眷眷於此者，何也？……海桑
之後，士之不得志於時者，競逃於詩，以寫其任俠無聊之感，一倡百和，南
北並起‧其奔走而疏附者，社以十數，而我櫟社屹立其間，左縈右拂，蜚聲
騷壇，文運之存，賴此一線，人物之蔚，炳於一時，詩雖無用，而亦有用之
日，莘莘學子，又何可以其不材也而共棄。」〔註63〕傅鶴亭〔註64〕亦於《櫟

〔註60〕 林幼春（1880～1939），名進，字南強，譜名資修，號幼春、老秋，通稱林幼
春。臺灣臺中霧峰人，霧峰林家成員，日治臺灣文學家、社會運動家。

〔註61〕 日據時期，台灣詩社林立；光緒二十八年（1902），林癡仙與林幼春等組櫟社，
與臺北瀛社、臺南南社鼎足而三，是當時在台灣影響力最大的三大詩社。位
於萊園的「櫟社二十年間題名碑記」是林幼春在大正十年（1921）所撰，是
在櫟社成立二十年之後寫刻在建立的紀念碑上。

〔註62〕 《櫟社第一集》為慶祝成立二十週年所出版，其時間有三種說法，據《櫟社
第一集》、傅錫祺《櫟社沿革志略》所言，出版於大正十三年（1924）；許雪
姬《臺灣歷史辭典》與台中市政府編《臺中詩乘》認為是大正十一年（1922）；
然王文顏《臺灣詩社之研究》則認為是大正十年（1921）此書作者三十二人，
詩六百十七首。

〔註63〕 見臺灣文獻叢刊／二○八雅堂文集／卷一／序跋〈櫟社同人集序〉。

〔註64〕 傅錫祺 1872～1946 字復澄，一字薰南，號鶴亭，晚號澹廬老人，臺灣臺中潭
子鄉人早年從謝道隆讀詩古文辭，造詣深厚。日據後，設館授徒。嗣應聘為《臺
灣日日新報》漢文欄主筆。後又應聘臺中《臺灣新聞》社之聘，主該報漢文版筆
政。鶴亭舊學深邃，工書法，喜吟詠，1906 年加入櫟社，為創社九老之一，執
臺灣騷壇牛耳。晚年退隱「澹廬」，日以詩書自娛。生平所作，除分載櫟社第

社第一集》中亦云：「滄海栽桑之後，我輩率爲世所共棄之人，棄學非棄人不治，故我輩以棄人治棄學。」由於家國之變，文人學士感於昔日所學盡皆無用，霧峰林癡仙〔註65〕乃成立「櫟社」於「萊園」取《莊子—人間世》「櫟社樹」爲不材之木之義。

（六）以傳承詩藝為宗的市井書生

臺中櫟社詩人林少英（1878～1954）於民國十二年，創立「樗社」，辦理中嘉南聯吟會，其招募社員啓事云：「今也小人得志，富者爲賢，異說浮言，儼以蠅聲之聽耳，俗氛銅臭，等於癉癘之中人。僕等名場療倒，試遍酸鹹；藝苑詞章，別尋況味。」則其立社原因即可知矣。

板橋趙一山在稻江永樂市場邊設「劍樓吟社」（1921），誘掖後學，於每年秋天，師生舉行祀孔盛典，禮成開同窗會，並作文字飲；專作詩學指導，不重擊缽。嘉義布袋鎭蔡文忠，邀集地方人士創立「鶯社」（1921），並於民國十六年（1927）附設讀書會，他在社址置備各種詩集，以供吟友切磋。嘉義新港鄉林翰堂，也邀集地方青年創「鷇音吟社」（1923），寓意小鳥破殼將出，勉勵青年從早學詩。高雄鼓山之「鳳毛吟社」（1930），乃由「紅毛港青年研究會」與「大林蒲青年研究會」合併而成，以授詩文爲主要活動。高雄鳳山之「藏修吟會」（1936），取「蘊藏進修不敢炫耀」之意；社員均以「修」字爲號。

（七）為保存民族氣節提倡漢文而結社

臺灣詩社，自康熙二十四年（1685），沈光文首創「東吟社」，至光緒二十一年（1895）日人據臺，其間二一〇年，臺灣詩社之成立可考者僅有十二社。然日人據臺五十年間，詩社成立者卻有三百餘社；考日據時期詩社紛紛成立之主要原因，乃是爲了民族文化之延續。清人割臺，巡撫唐景崧在官紳擁立下，就任「臺灣民主國」總統，建元永清，並檄內外：

　　今已無天可籲，無人肯援，臺民惟有自主，推擁賢者，權攝臺政，事平之後，當再請命中國，作何辦理。倘日本具有天良，不忍

一、二集外，生前未嘗結集；其外孫林雲鵬將遺稿重新整理，繫年爲次，上起光緒三十三年（1907），下迄民國三十五年，後附文十七篇及所撰〈櫟社沿革志略〉、〈生平紀要〉二文，總名曰《鶴亭詩集》，於民國五十六年排印出版。

〔註65〕林朝崧（1875～1915），字俊堂，一字峻堂，號癡仙，又號無悶道人，臺灣臺中霧峰人，名詩人，清光緒年間秀才，日據時期創建傳統詩社「櫟社」。

相強，臺民亦願顧全和局，與以利益。惟臺灣土地政令非他人所能
幹預。設以干戈從事，臺民惟集萬眾禦之，願人人戰死而失臺，決
不願拱手而讓臺〔註66〕。

是時豪商巨室，傾實助軍，臺民搥胸泣血，誓死同守。及日軍登陸，中
樞瓦解，宰相有權竟能割地，孤臣卻無力可以回天。其後唐景崧、丘逢甲相
率內渡，劉永福獨撐殘局於臺南，奮戰四月亦歸內地。殷富之家，紛紛歸籍。
依據馬關條約第五款：

> 本約批准互換之後限二年之內，日本準中國讓與地方人民願遷居
> 讓與地方之外者，任便變賣所有產業，退去界外。但限滿之後尚未遷
> 徙者，酌宜視為日本臣民。又，臺灣一省應於本約批准互換後，兩國
> 立即各派大員至臺灣限於本約批准後兩個月內交接清楚〔註67〕。

光緒二十三年（1897）五月八日為「臺民退去」之最後期限。是日，離
臺赴內地者，臺北縣一千五百七十四人，臺中縣三百零一人，臺南縣四千零
五百人，澎湖八十一人。然而大多數的臺人在悲憤之餘，依舊選擇留在生於
斯，長於斯的故土；生活的壓力與社會的現實，漢文化的傳承，以及未來的
不可確定性〔註68〕應為主要因素。誠如連雅堂所言：

> 臺灣詩學，於今為盛。文運之延，賴此一線。而眷顧前途，且
> 欣且戚，何也？臺灣固海上荒土，我先民入而拓之，手耒耜，腰刀
> 鎗，以與生番猛獸相爭逐，用能宏大其族。艱難締造之功，亦良苦
> 矣。我先民非不能以詩鳴，故不忍以詩鳴也。

> 夫開創則尚武，守成則右文。昔周之興，陳師牧野，一戎衣而
> 大定。及成康繼祚，棫樸作人，制禮作樂，為後王範。雅頌之聲，
> 詩人美焉。臺灣當鄭氏之時，草昧初啟，萬眾偕來。而我延平郡王
> 以故國淪亡之痛，一成一旅，志切中興，我先民之奔走疏附者，漸
> 忠勵義，共麾天戈，以挽虞淵之落日。我先民固不忍以詩鳴，且無
> 暇以詩鳴也。三百年來，士墜其德，農捐其疇，滄桑劫火之餘，始
> 以吟詠之樂，消其抑塞磊落之氣。一倡百和，南北競起，吟社之設。
> 數且七十。臺灣詩學之盛，為開創以來所未有。此不佞之所以欣也。

〔註66〕1895 年 5 月 25 日巡撫唐景崧發布「臺灣民主國獨立宣言」。
〔註67〕1895 年 4 月 17 日，中日雙方在日本馬關春帆樓簽訂馬關條約的原文
〔註68〕是時清廷國貧民弱中土不寧。

　　然而今日之臺灣，非復舊時景象也。西力東漸，大地溝通，運會之趨，莫可阻遏。重以科學昌明，奇才輩出，爭雄競智，迭相抗衡。當此風雨晦明之際，聞雞而舞，著鞭而先，固大丈夫之志也。且彝倫攸斁，漢學式微，教育未鹹，民聽猶薄，傍徨歧路，昧其指歸，差之毫釐，謬以千里。此又士大夫之恥也。夫以新舊遞嬗之世，群策群力，猶虞未逮，莘莘學子，而僅以詩人自命，歌舞湖山，潤色昇平，此復不佞之所爲戚也。夫以臺灣山川之奇秀，波濤之淵洄，飛潛動植之變化，固天然之詩境也。涵之、潤之、收之、蓄之、張皇之、鼓吹之、發之胸中，驅之腕底，小之爲挖雅揚風之篇，大之爲道德經綸之具，內之爲正心修身之學，外之爲齊家治國平天下之道，我詩人之本領，固足以卓立天地也。

　　不佞，騷壇之一卒也，追懷先德，念我友朋，爰有詩薈之刊。不佞猶不敢以詩自囿，然而琴書之暇，耕稼之餘，手此一編，互相勉勵，臺灣文運之衰頹，藉是而起，此則不佞之幟也。孔子曰：「詩可以興，可以觀，可以群，可以怨」。尤願與我同人共承斯語，日進無疆，發揮蹈厲，以揚臺灣詩界之天聲〔註69〕。

由此可見連氏爲了保存民族命脈苦心積慮的創辦這份刊物，以作爲延續臺灣詩學及傳統文化的香火，這是當時臺灣社會有識之士的共同的聲音，也是他之所以要文化傳承的最主要的動機。

（八）日人為懷柔社會人心的雅集結社

　　一千四百多年前，隋唐文化已東傳日本，而在「大化〔註70〕革新」後，日人來華朝貢之使節與留學生始終絡繹於途。此後數百年間，日本之漢化運動，並未中斷，特別是在明末清初之際，更是加大仿效中國。直至明治維新之前，中國文化一直爲日本文化之泉源。而漢學文化發展於日本，更是源遠流長；當時的日本貴族社群與讀書人，皆已能博通中國經史爲尚爲榮。乙未

〔註69〕　見《臺灣詩薈創刊號》序文，大正十三年（1924）二月十五日出版；該刊物爲大正十三年（1924）二月十五日創刊，大正十四年（1925）十月十五日停刊，起迄卷期第1～22號。

〔註70〕　西元646年元旦，日本孝德天皇頒布《改新之詔》，推行政治改革，史稱「大化革新」；其主要內容是廢除當時豪族專政的制度，並效法中原唐朝皇帝體制成立中央集權國家，對日後日本歷史與文化發 展影響深遠。

之後日本治臺之初，寓臺日人，多能詩文；而初來之官吏，不但能詩，且對各地之士紳詩人，更多時與唱酬，以圖溝通彼此感情並以懷柔手段來佐其政教。當時日人又見臺灣各地詩社競起，乃紛紛參與聯吟，其後日人亦有自創詩社或雅集或吟會。

　　光緒二十四（1898）年，加藤雪窗自日來臺，卜居臺北，與臺北民政局長水野大路、陸軍郵政局長土居香國、伊藤天民、白井如海等，創立「玉山吟社」。其後磯貝蠻城、伊藤天民、中村櫻溪等人，與臺籍李石樵、陳淑程、黃植亭暨當時來臺應〈臺灣日日新報〉聘為論說記者之國學大師章太炎等三十餘人，相繼入社，每月會集，擊缽催詩，此為日人在臺設有詩社之始。其後，館森袖海、小泉盜泉與省籍人士另立「淡社」，時相會吟。隔年臺灣日日新報漢文主筆籾山衣洲，復創「穆如吟社」於南荼園〔註 71〕。民國十八年四月（1929）文學博士久保天隨〔註 72〕來臺，執教於臺北帝國大學〔註 73〕，由於他精工漢詩，遂集同好於民國十九年（1930）成立「南雅吟社」每月雅集聯吟聚會一次，這也是日人在臺的最後一個漢文詩社。

三、一八九五之前與之後的臺灣各地詩社

　　道光六年（1826），彰化「鐘毓詩社」成立，是為臺灣第二個詩社。此後到日本據臺（1895）前，這長達七十年期間，臺灣僅有十二所詩社陸續成立；即計：竹塹城的「斯盛社」、「竹社」、「梅社」、「潛園吟社」、「北郭園吟社」、「竹梅吟社」；臺南的「崇正社」、「斐亭吟社」、「浪吟詩社」，彰化的「荔譜吟社」、臺北的「牡丹詩社」、「海東詩社」，以上，當中新竹地區，即佔有十分之四強，足見光緒末年的北淡水廳，新竹文風之盛。

表一：西元 1895 年之前臺灣各地詩社概況

社　名	年　代	記載於何書	作　者	說　明
東吟社	康熙廿四年（1685）	《文開詩文集》臺灣詩史（臺灣詩社繫年）	沈光文 廖一瑾	

〔註 71〕南荼園，是台灣總督兒玉源太郎的別墅，位於當時的台北市兒玉町四丁目，建於 1899 年（明治三十二年），型式為儉樸的木造房屋，由總督親自命名。
〔註 72〕久保天隨是日治後期在臺最為重要的日本漢學文人，1929 年來臺擔任臺北帝國大學教授，1930 年創設「南雅吟社」於臺北，1934 年病逝於臺灣。
〔註 73〕即今臺灣大學。

鐘毓詩社	道光六年（1826）	臺灣詩史（臺灣詩社繫年）	廖一瑾	
斯盛社	咸豐元年（1851）	新竹縣志	黃旺成	用錫晚年退休，建北郭園從事吟詠締結斯盛社。
	咸豐七年1857年以後	北郭園詩鈔	鄭用錫	七年七月七日景孫祭奎星招七友爲斯盛社。鄭進士主盟。
竹社	咸豐八年以後（1858）	新竹縣志	黃旺成	用錫建北郭園，海內外名人時相過從，詩酒酬唱乃成立竹社，參加者多爲得意科場之人。
	同治二年（1863）	竹社沿革誌	范根燦	
	咸豐元年至咸豐十一年（1851～1861）	臺灣詩史	廖一瑾	
梅社	咸豐八年以後（1858）	新竹縣志	黃旺成	占梅建潛園，結交海內外名人，成立梅社，參加者多爲未成名之童生。
	咸豐元年至咸豐十一年（1851～1861）	臺灣詩史	廖一瑾	
潛園吟社	同治元年（1862）	臺灣詩史（臺灣詩社繫年）	廖一瑾	戴萬生亂平，占梅詩酒琴歌於園，舉人林豪、閩縣林亦圖，乃創潛園吟社。
崇正社	光緒四年（1878）	臺灣詩史（臺灣詩社繫年）	廖一瑾	
北郭園吟社	不詳1885年以前	友竹詩文集（偏遠堂吟草跋）	王松	友竹自述，弱冠參加北郭園吟，受香谷如蘭青睞。
竹梅吟社	光緒十二年（1886）	臺灣詩史（臺灣詩社繫年）	廖一瑾	
斐亭吟社	光緒十五年（1889）	臺灣詩史（臺灣詩社繫年）	廖一瑾	
荔譜吟社	光緒十六年（1890）	臺灣詩史（臺灣詩社繫年）	廖一瑾	
牡丹詩社	光緒十七年（1891）	臺灣詩史（臺灣詩社繫年）	廖一瑾	
浪吟詩社	光緒十七年（1891）	臺灣詩史（臺灣詩社繫年）	廖一瑾	
海東詩社	光緒廿年（1894）	臺灣詩史（臺灣詩社繫年）	廖一瑾	

　　光緒二十一年（1895），日本據之後，本島文士、讀書人功名路斷，在弔古傷今之餘，乃藉詩酒消愁。這時，臺灣詩社急速膨脹。大正十三年（1924），全臺詩社已有六十六所〔註74〕。昭和十一年（1936），已達一七八所〔註75〕，但實際數目不止這些〔註76〕，從《詩報》《詩刊》《臺灣詩史》等資料的盤整比對後，應是超過三百個以上。這在臺灣文學史，或中國文學史上，的確是從未有的現象。

　　我們考其原因，其首應是臺民不甘異族統治，有意延續民族文化。附帶的現像是：在全臺皇民化之前，臺灣的私塾（漢文書房）就有1707所〔註77〕。甚至有老一輩的臺灣人，禁止子弟入公學校（如新埔陳朝綱）〔註78〕。其次，基於士大夫觀念詩人寫詩，除了自娛遣愁之外，尚以集會唱和，應酬交遊，提高其社會地位。不過，主因仍在日本對於詩社，未加禁止。一方面籠絡這些地方上有影響力的文人，（有的頒予紳章），一方面也營造臺灣的昇平氣象。

　　日本據臺廢止科舉，辦理日式學教育，壓迫臺胞學習日本語文，並控制思想。而有識之士知道：要維繫祖國文化，就必須設法使漢文不被消滅。所以文人相率結成詩社，藉詩社活動鼓勵青年學子學習漢文；另從文化的角度來看，日文原來自漢字，日本的人名、地名、百分之九十九用漢字，當時的日本人也以能讀漢文為榮，日本書法，也以漢字為主。雖說日本政府曾有意廢止漢字，（如韓國），但最後都失敗。而溫柔敦厚的詩教，有教化人心安定社會的功能，且詩社的擊缽吟可以說是一種帶有趣味性的文化活動，因此詩社便如雨後春筍相繼成立。日人據臺五十年，後期大肆推行「皇民化」運動，卻終未得逞。詩社的林立、詩風的普及，對維繫漢學之功實不可抹殺。

四、臺灣光復之後的傳統詩社

　　一九四五年第二次世界大戰結束，日本投降交還臺灣，許多由大陸來臺的文人、官員，如賈景德、于右任、李梅庵、成惕軒、李漁叔等人，也和民間詩壇有密切往來，他們共同參與聯吟大會，合組詩社，創辦刊物，為光復

〔註74〕連雅堂〈臺灣詩社記〉。
〔註75〕《臺灣通志稿》〈學藝志文學篇〉。
〔註76〕參見《臺灣詩史》、《詩報》。
〔註77〕見《新竹市志·文教志》〈教育設施篇〉書房義塾之設施。
〔註78〕《台灣省新竹縣志》記載：「陳朝綱字佐卿，新埔鎮五分埔人，祖籍廣東，遷台年代未詳。父超學、別號勤創逸叟，累世業農，家富裕」，日據時期配授紳章1902年去世。

初期的臺灣傳統詩壇加入了一股新的力量；是以臺灣傳統文壇在當時確實也有一段繁茂興盛的時期。然而，國民政府遷臺之後，生活型態和教育型態日益改變，學校取代了詩社和私塾；國語取代了原本較接近古音古韻的閩南語、客家語；繁忙的工商社會取代了步調較悠閒的農業社會，傳統詩風日益衰微早已是不爭的事實。

其後國民政府積極從事各項建設，普及人民義務教育，強力推行「國語運動」；從民國卅五年起政府陸續頒令：教育處規定各級學校一律授國語及語體文，廢除報紙、雜誌的日文版，並禁止臺籍作家用日文寫作，二二八事件後全面禁講日語，禁用日語唱片；民國卅六年政府電令各級學校禁用日語，授課以國語教學為主，暫酌用本省方言；日常用語盡量以國語交談，不准以日語交談，若有違背情事決以嚴懲；民國四十年政府頒令：各級學校凡舉行各種集會口頭報告，必須使用國語；並公佈臺灣省各縣山地鄉推行國語辦法；民國四十二年政府查禁「方言」歌曲唱本。民國四十五年政府開始全面推行「說國語運動」，學校禁止臺語，學生在學校講臺灣話會被老師處罰。民國五十二年政府訂定〈廣播及電視無線電臺節目輔導準則〉，而其第三條規定廣播電視臺對於國內的播音語言，以國語為主，「方言」節目不超過百分之五十。民國五十五年臺灣省政府令各級學校「加強推行國語計畫」。民國六十年政府規定辦公室及公共場所應一律使用國語。民國六十四年政府規定「公眾集會及公共場所與公務洽談應使用國語」。民國六十五年政府通過「廣電法」，所有的電臺廣播及電視節目臺語的時間均受限制……，此後再加上時代的變遷，傳統文學古典詩文似乎也就很快速的遠離了我們。

如今在現實的社會中，文學創作已是日趨小眾的活動，傳統詩則更是小眾中的小眾，各地的詩社成員幾乎都有青黃不接的現象，詩作的品質也有日漸衰微的憂慮。但是，無疑的，傳統詩社仍是目前臺灣民間為數最多的文學社團，吟詩寫詩的活動仍然經常在舉行，傳統詩作者與作品的數目仍然遠超乎一般人的想像，只是傳統詩社往往缺乏媒體傳播的觀念和管道，也較欠缺新時代行銷推展的理念，所以一般大眾對傳統詩社瞭解認識甚少；就連大學中文科系也逐漸不再強調傳統詩的創作。民國九十一年（2002），連續舉辦二十週年的全國大專學生聯吟活動〔註79〕，也暫告一段落，停止舉辦了。這正

〔註79〕中華民國大專青年聯吟大會，一般慣稱「大專聯吟」，由財團法人陳逢源先生文教基金會主辦，曾為台灣大專青年最盛大的古典詩創作及詩詞吟唱競賽，由1983年起，至2002年止，每年由各大學中文學系輪流承辦，共計舉辦二十屆。

意味著臺灣的傳統詩已面臨到更大的挑戰，似乎也就是在告訴我們，臺灣的傳統詩社已完成階段性任務，看似將走入歷史，其實不然，臺灣的詩社命途在山重水複疑無路之際，也拜電子網路之便，而柳暗花明又一村了；這應說是在不同時空，自有不同時空的角色扮演與時代意義啊！

　　而目前在各大學仍有活動的校園詩社也僅剩下淡江大學「驚聲古典詩社」、臺灣師範大學「南廬吟社」、台灣大學「望月詩社」與「詞話人生社」、東吳大學「停雲詩社」、輔仁大學『「東籬詩社」、文化大學「鳳鳴吟社」、中興大學「中興詩社」、彰化師範大學「雁門詩社」、實踐大學「玉屑詩社」、中央大學「鳴皋詩社」了。

表二：目前仍在民間活動的詩社與電子詩網概況（本表製於 2016.12.1）

編號	所在地	詩社名	主持人與秘書長（總幹事）	備　註
1	新北市	中華民國傳統詩學會	李丁紅 吳忠勇	全國性的古典文學社團，社員最多，等於是全臺各地傳統詩社的聯合會。每兩個月即辦理一期的徵詩活動，並於每年 5 月與 12 月舉辦全國詩人聯吟大會；另每兩個月發行一次雙月刊《中華詩壇》。
2	臺北市	臺灣瀛社詩學會 即「瀛社」	周福南 陳漢津	2006 年立案為現在名稱，每年每季持續各組例會。出版《鄉土吟懷　附：瀛社題襟集第二輯》，105 年在臺北市第一大飯店舉辦 105 週年社慶祝活動、在臺北市社教館舉行瀛社百五周年詩書展、在中正紀念堂舉辦「當代傳統詩暨書法風華大展」、在基隆市議會舉行「鄉土吟懷詩書巡迴展」。
3	臺北市	臺北市天籟吟社	姚啓甲 陳淑惠	每年持續舉辦四季例會與古典詩學講座，並開設「詞選」、「杜甫古體詩」、「古典詩詞寫作及吟唱」等課程，辦理「日本吟院嶽精會暨天籟吟社詩詞吟唱交流雅集」與「天籟吟社詩詞吟唱比賽」。
4	臺北市	臺灣松社詩學會	翁正雄 劉美惠	亦即「松社」，社長，年度持續擊缽例會活動。
5	臺北市	龍山吟社	張錦雲 陳碧蘭	參與國內外詩詞活動，並於 105 年 3 月舉行全國暨國際詩人邀請聯吟大會。
6	臺北市	臺北市文山吟社	劉秋惠 蔡久義	指導教授：黃冠人.洪澤南
7	新北市	新北市灘音吟社	洪世謀 賴隆信	參與各項詩會活動，並持續辦理詩詞研習班。指導老師：洪淑珍。
8	臺北市	中華民國古典詩研究社	楊君潛 陳茂弘	每月發行一期《古典詩刊》。

9	臺北市	中華大漢書藝協會附設「大漢詩詞研究社」	耿培生	每月固定編輯《大漢詩壇》，刊載於中華大漢書藝協會《大漢通訊》月刊。指導老師 楊君潛。
10	臺北市	中華詩學研究會	吳大和	每季出刊《中華詩學》，並舉辦第詩學講座。
11	臺北市	春人詩社	江沛	
12	臺北市	臺北瀛社	莫月娥	仍依慣例與桃園縣德林詩學研究會、新竹市竹社每2個月輪值主辦「瀛竹蘆三社聯吟」。瀛社慣例不設社長，現任聯絡人爲莫月娥老師。
13	新北市	新北市貂山吟社	吳慶添 連嚴素月	持續舉行各項活動，104年度承辦年度臺灣東北六縣市擴大全國詩人聯吟大會。
14	新北市	瑞芳詩學研究會		
15	基隆市	基隆市詩學研究會	李晨姿 葉碧	名譽理事長：簡華祥. 社員，多屬中壯年，平常授課、四季例會等。
16	基隆市	雙春詩社		社員年齡較高，純屬社員藝文聯誼的團體
17	宜蘭縣	宜蘭縣仰山吟社	程滄波	
18	桃園市	桃園市以文吟社	陳國威 朱英吉	持續舉辦課題與擊缽活動。原名「桃園縣以文吟社」2014.12.桃園縣改制爲直轄市後，社團名稱改爲桃園市以文吟社。
19	桃園市	桃園市德林詩學研究會	楊東慶 周秀香	原名「桃園縣德林詩學研究會」位於蘆竹德林寺。每個月舉辦社內課題，每半年輪值主辦「瀛竹蘆三社聯吟」一次。桃園縣改制爲直轄市後，社團名稱改爲「桃園市德林詩學研究會」。名譽理事長：林鎮銘.
20	新竹市	竹社即「新竹詩社」	李秉昇 武麗芳	社長蘇子建，每週三、五持續舉辦鄉詩俚諺漢文研習。每半年輪值主辦「瀛竹蘆三社聯吟」，承辦全國徵詩活動，出版詩集《松筠集》一、二、三輯《古雅寄鄉詩》等。
21	新竹縣	新竹縣陶社詩會 即「陶社」	羅慶堂 徐玉鏡	位於新竹縣關西鎮，持續課題創作與吟唱活動，並依慣例舉辦關西詩人節藝文活動。
22	苗栗縣	苗栗縣國學會	陳俊儒 曾毓彬	持續辦理每月課題評選，出版《栗社流韻》合集，並辦理客家文化節全國詩人聯吟大會。
23	臺中市	中國詩人文化會	胡順隆 鐘麗娟	原名「中國詩經研究會」，2003年改爲現在名稱，亦屬全國性詩社團體，原任理事長陳國卿，10月19日在彰化舉辦「文化復興節全國詩人聯吟大會」，並改選第17屆理監事，
24	臺中市	臺中市鄭順娘文教公益基金會附設綠川漢詩研究學會	劉清河	指導老師 劉清河
25	臺中市	臺中市寄漚詩社	社長朱家豐	指導老師黃宏介（2016去世）。
26	臺中市	蘆墩詩社		首屆社長邱坤土（敦甫）
27	臺中市	臺中市宗儒文化會	胡順隆 鐘麗娟	舉辦全國詩人品評會。
28	彰化縣	彰化縣詩學研究協會	謝秋美	維持課題與擊缽活動，並在3月、7月、11月舉辦3次中部四縣市聯吟大會。
29	彰化縣	彰化縣興賢吟社	林劍鏢 邱燈昌	持續舉辦社課與擊缽，並舉辦「三絕齊輝──彰化縣興賢吟社書畫聯展」和「麟動田中藝飛揚──彰化縣興賢吟社詩書畫聯展」。

30	彰化縣	彰化縣國學研究會	巫漢增	持續舉辦每月課題與擊缽,。2月承辦員林鎮櫻花文化季活動,11月辦理會會員書畫聯展
31	彰化縣	彰化縣二林香草吟社	陳佳聲 陳建得	持續辦理每月課題。
32	彰化縣	彰化縣文開詩社	張玉葉	設於鹿港。
33	南投縣	南投縣國學研究會	楊耀騰	持續辦理徵詩活動。
34	南投縣	藍田書院詩學研究社	歐禮足 陳輔碧	持續舉辦例會擊缽活動,並舉辦「文昌獎」全國徵詩比賽。歐禮足理事長於2016年11月5日赴召修文。
35	南投縣	南投縣玉風樂府	黃宏介 黃圓婷	黃宏介老師於2016年赴召修文
36	南投縣	草屯「登瀛詩社」	許賽妍 徐炎村	每年持續各項活動,並辦理第五屆「登瀛詩獎」,出版詩獎專輯。
37	雲林縣	雲林縣傳統詩學會	李仁忠 李清源	持續舉辦課題徵詩與擊缽聯吟活動,舉辦雲嘉三縣市擴大全國詩人聯吟大會
38	嘉義市	嘉義市詩學研究會	林瑞煌	
39	嘉義縣	嘉義縣詩學研究會	柯慶瑞	
40	嘉義縣	嘉義縣梅嶺美術文教基金會附設「樸雅吟社」	社長王朝榮 黃哲永.	3月13日舉辦《樸雅吟社詩集》發表會(2013年12月出版),每月持續辦理課題活動。 指導老師:黃哲永.
41	臺南市	臺南市鯤瀛詩社	林振輝 洪高舌	原任社長吳登神,105.1.12改選第7屆理監事。持續辦理各項活動,並於11月舉辦「鯤瀛全國詩人聯吟大會」
42	臺南市	南瀛詩社	陳進雄	
42	臺南市	延平詩社	陳進雄	
44	臺南市	臺南市國學會	吳登神 洪高舌	持續辦理各項活動
45	臺南市	臺南市「玉山吟社」	邱瑞寅	104年12月11日應邀參與「水火同源300年紀念碑」揭碑儀式詩詞吟唱活動。
46	臺南市	西港「慶安詩社」	徐松淮 黃華堂	
47	高雄市	高雄市詩書畫學會	王仁宏	105年度仍持續例會與活動,並承辦第二屆獎卿詩學獎,出版《第二屆獎卿詩學獎得獎作品集》。
48	高雄市	高雄市詩人協會	劉福麟	持續辦理雅集與課題活動。
49	高雄市	高雄市林園詩社	張簡樂場 林永欽	
50	屏東縣	屏東詩學研究會		1969成立2010解散。
51	屏東縣	屏東縣國學會		1991成立2010解散。
52	花蓮縣	楚騷詩學研究會	姚植.	
53	花蓮縣	花蓮縣洄瀾詩社	余國強 陳煒勳	105年度持續承辦「議長盃傳統詩暨新詩比賽」,3月與6月分別辦理「福馬奔騰迎吉祥全國名家暨社員詩書畫作品聯展」、「洄瀾樂府古調新曲種籽教師研習活動」。6月與8月分

			別出版《花蓮縣議長盃傳統詩暨新詩比賽詩作專輯》第八集、《花蓮縣洄瀾詩社 103 年福馬奔騰迎吉祥全國名家暨社員詩書畫作品聯展專輯》。
55	澎湖縣	澎湖縣西瀛吟社	陳仁和	第 18 任社長陳仁和，持續每月課題，9 月與新北市貂山吟社到訪並舉辦兩社聯吟，10 月舉辦「103 年鷗鷺戲墨詩書一家展」。
56	臺東縣	寶桑吟社	蔡元直	開詠。
57	新竹市	竹塹社區大學 雅韻薪傳班	武麗芳	每週五晚上研習漢文、俚諺、詩詞吟唱、與習作古典詩。
58		網路古典詩詞雅集		2002 年 2 月 26 日，開版成立，創始會員為李德儒、南山、卞思、子惟、維仁、望月、碧雲天、小發、子衡、寒煙翠。
		其餘網站或部落格		屬性多元即不再羅列。

（本表資料來源：105 年中民國傳統詩學會及 105 年中華詩壇雙月刊）

　　在一九九八年之前，符合傳統音韻格律的古典詩很少在網路上出現。但自一九九八年《藝文聚賢樓》網站創設之後，這個狀況就開始改觀了；一九九九年，《雅軒畫廊》、《環球詩壇》和《古典詩圃》先後成立，更與《藝文聚賢樓》一起開始推動了網路古典詩詞的風氣〔註80〕。二○○○年以後，網際網路的古典詩詞已脫離孤芳自賞的草創時期，《藝文聚賢樓》、《雅軒畫廊》、《古典詩圃》、《磺溪傳統詩壇》、《環球詩壇》、《紫誼穀》、《沁園春》這些網站，都有不少詩友張貼詩詞創作，但是網路詩作往往在上述這些網站重複張貼，造成人力物力重疊的浪費。這幾個網站的站長有鑑於此，便在二○○○年九月共同成立「詩詞討論發表區」，約定《雅軒畫廊》負責登載一般的古典詩作；《沁園春》負責登載一般的古典詞作；《環球詩壇》負責登載初學者的詩詞作品；《磺溪傳統詩壇》負責當代詩人介紹；《紫誼穀》負責藝文訊息登錄；《古典詩圃》負責古典詩詞學理的探討；《藝文聚賢樓》則負責共同留言板。此時，這幾個網站利用各自的網站討論板分工合作，等於是網站聯盟的雛形〔註81〕。二○○一年十月十六日，《藝文聚賢樓》、《雅軒畫廊》、《古典詩圃》、《磺溪傳統詩壇》、《環球詩壇》、《紫誼穀》、《沁園春》等七個網站正式成立「古典詩詞網站聯盟」，簡稱「詩盟」，並成立「詩盟共同發表討論區」網頁，不同於之前「詩詞討論發表區」的各網站分工模式，「詩盟」擁有獨立的網頁作為共同發表討論區，共同發表討論區劃分為「藝文訊息」、「新秀鍛鍊場」、

〔註80〕詳見網路古典詩詞雅集網站《網路古典詩詞簡介》。
〔註81〕詳見網路古典詩詞雅集網站《網路古典詩詞簡介》。

「詩板」、「詞板」、「大家來作對」、「詩詞論述」各板，各板板主不再限定於各站站長，詩詞網站聯盟的形式正式成立，在網路詩友間也有頗高的評價。其後因故改組〔註82〕，二○○二年二月，適逢壬午年上元節正式開版成立，內容則包含「詩薈」、「詞萃」、「新秀鍛鍊場」、「詩詞小講堂」等四個單元，與「南山詩社」、「興觀網路詩會」兩個詩學組織〔註83〕。雖然古典詩學已不再如過往風光，然而透過網路的傳遞天地視野展開了，交流討論也將無遠弗屆，相信未來必定大有可觀。

第四節　文獻檢討

一、相關報刊雜誌部分

由於目前並沒有研究完整的從傳統到現代的新竹地區詩社研究學位論文，因本文之整理與撰寫，則是以搜尋相關資料、訪談及筆者參與的「竹社」第一手資料為依據。日據時期漢文版的《臺灣日日新報》及《詩報》均按日按月刊載了許多文人的詩文作品，以及報導全臺各地詩社的活動情形，尤其以臺中州、新竹州、臺北州最為頻繁；我們可由刊載的訊息中，瞭解到當時新竹地區詩社間的聯吟活動盛況與詩人們的深厚情誼。關於新竹地區詩社的文獻資料，筆者是依據現存「竹社」內部社務檔案與《詩報》、《臺灣日日新報》所刊載活動訊息為主要依據，而這兩大報刊均刊有新竹地區詩社，社內多次聚會的記錄，以及參與社會活動的情形，尤其是連續兩次的全臺五洲詩社聯吟在新竹地區舉辦……。

然而自昭和十二年（1937）四月一日《臺灣日日新報》漢文版被廢除後，全臺詩社的活動情形，就少了此一重要與重大的管道來傳遞，因此在各地詩社方面的活動訊息所得，也就相當有限了；幸而還有其他報紙雜誌如：《詩報》《臺灣詩薈》《風月報》《臺南新報》……等的刊載傳遞與保存，經一一的搜尋整理，才得以獲得一個較為完整的大要。臺灣光復後新竹地區詩壇的活動情形，則以「竹社」范根燦社長、劉進社長、李春生社長、蘇子建社長的口述歷史為主；此外報紙雜誌刊載的訊息可作為資料補充的，則有《臺灣新生報》自一九七七年開始，闢有「傳統詩壇」專欄，其後則陸續更名為「傳統

〔註82〕 詳見網路古典詩詞雅集網站《網路古典詩詞簡介》。
〔註83〕 詳見網路古典詩詞雅集網站《網路古典詩詞簡介》。

詩苑」、「新生詩苑」、「臺灣詩壇」，除了刊載詩作也有詩友動態及詩壇活動消息。

　　另外在雜誌方面，則有《臺北文獻》、《臺北文物》、臺灣歷史文獻叢刊《新竹縣志初稿：新竹縣制度考》、《新竹縣采訪冊》、《臺灣文獻》、《新竹文獻》等，多有對傳統詩壇介紹的專論可供參考；此外有些論文則從日據時代開始探析，對於新竹地區詩社、詩壇的發展脈絡也提供了有價值的參考；但因為部分史實與各家記載如《臺灣日日新報》有出入，故僅供參考而已。此外賴子清的〈古今臺北詩社〉（一）（二）、廖漢臣的〈臺灣文學年表〉、《文訊月刊》有〈傳統詩社的現況與發展〉（座談）、〈現階段臺灣傳統詩社概況〉……等，也提供許多珍貴的參考資料，但是以上的論文，因部分詩社創社時間與《臺灣日日新報》不同，有出入之處，筆者則以《臺灣日日新報》為依據，至於《詩文之友》、《中國詩文之友》、《中華詩苑》、《中華藝苑》、《臺灣古典詩擊缽雙月刊》、《中華詩壇雙月刊》、《中華民國古典詩月刊》、《中華詩學季刊》等皆有零星的消息刊載。

二、相關學位論文部分

　　近年來拜鄉土文學抬頭之賜，研究與討論傳統詩壇的篇章，如雨後春筍般的出現了百餘篇，沉寂許久的臺灣傳統詩壇，漸漸為現代人們所瞭解與認識，筆者整理近年來相關臺灣傳統文學與詩社研究的部分論文如下：

表三：部分臺灣傳統詩社與古典文學研究的相關學位論文

（依年代先後）

1. 洪銘水《日治初期重要的臺灣詩人》東海大學中文所碩士論文，1961 年。
2. 王文顏《臺灣詩社之研究》政治大學中國文學研究所碩士論文，1979 年。
3. 廖一瑾《臺灣詩史》，文化大學中文所博士論文，1981 年。
4. 鍾美芳的《日據時代櫟社之研究》東海大學歷史研究所碩士論文，1986 年。
5. 徐慧鈺《林占梅先生年譜》政治大學中國文學研究所碩士論文，1992 年。
6. 施懿琳《清代臺灣詩所反映的漢人社會》臺灣師範大學國文所博士論文，1991 年。
7. 陳丹馨《光復前臺灣重要詩社作家作品研究》東吳大學中文所碩士論文，1991 年。
8 廖振富《櫟社三家詩研究—林癡仙、林幼春、林獻堂》臺灣師範大學國文所博士論文，1995 年。

9. 高嘉穗《臺灣傳統吟詩音樂研究》臺灣師範大學音樂研究所碩士論文，1995 年。
10. 吳毓琪《臺灣南社研究》成功大學中國文學研究所碩士論文，1997 年。
11. 李世偉《日據時代臺灣儒教結社與活動》文化大學歷史研究所博士論文，1998 年。
12. 潘進福《吳濁流的詩論與詩歌》政治大學中文所碩士論文，1998 年。
13. 黃美娥《清代竹塹地區傳統文學研究》輔仁大學中文所博士論文，1999 年。
14. 陳虹如《郁永河──裨海紀遊研究》 臺灣師範大學國文研究所碩士論文，1999 年。
15 張作珍《北港地區傳統詩社研究》南華大學文學研究所碩士論文，2000 年。
16. 曾絢煜《栗社研究》南華大學文學研究所碩士論文，2001 年。
17. 蘇秀鈴《日治時期崇文社研究》國立彰化師範大學中國文學教育研究所碩士論文，2001 年。
18. 王幼華《日治時期苗栗傳統詩社研究──以栗社為中心》中興大學中國文學研究所碩士論文，2001 年。
19. 陳芳萍《彰化應社及其詩作研究》國立清華大學中國文學系碩士論文，2002 年。
20. 張淑玲《臺灣南投地區傳統詩社研究》中國文化大學中國文學研究所碩士論文，2002 年。
21. 蔡玉滿《林占梅詩形賞析》新竹師範學院臺灣語言及語文教育研究所碩士論文，2003 年。
22. 徐慧鈺《林占梅先生園林生活知研究》政治大學中國文學研究所博士論文，2003 年。
23. 張端然《日治時期瀛社之研究》中國文化大學中國文學研究所碩士論文，2003 年。
24. 武麗芳《日據時期竹塹地區詩社研究》玄奘人文社會學院中國語文研究所碩士論文，2003 年。
25. 王玉輝《日據時期高雄市詩社和詩人之研究─以旗津吟社為例》國立中山大學中文所碩士論文，2003 年。
26. 謝崇耀《日治時期臺灣詩話比較研究》國立彰化師範大學中國文學教育研究所碩士論文，2004 年
27. 陳琬琪《張純甫儒學思想研究》政治大學中國文學研究所碩士論文，2004 年。
28. 何美慧《大陸地區之文學研究》玄奘大學中國語文學系碩士論文，2004 年。
29. 吳淑娟《臺灣基隆地區古典詩歌研究》中國文化大學中國文學研究所碩士論文，2004 年。
30. 潘玉蘭《天籟吟社研究》臺灣師範大學國文所碩士論文，2004 年。
31. 張瑞和《雲林興賢吟社研究》國立雲林科技大學漢學資料整理研究所碩士論文，2006。
32. 黃宏介《南投地區民間現存傳統詩社研究》中興大學中文所碩士論文，2009 年。

　　從上表即可粗略得知，有針對臺灣傳統詩社作全區域研究的如：王文顏的《臺灣詩社之研究》、廖一瑾的《臺灣詩史》……；亦有部分區域性的研究如：黃美娥的《清代竹塹地區傳統文學研究》、黃宏介的《南投地區民間現存傳統詩社研究》、吳淑娟的《臺灣基隆地區古典詩歌研究》……，也有單一標的的研究如：張瑞和的《雲林興賢吟社研究》、潘玉蘭的《天籟吟社研究》、何美慧的《大陸地區之文學研究》、曾絢煜《栗社研究》、張端然《日治時期瀛社之研究》……；或以詩人及其詩文為研究對象的如：廖振富的《櫟社三家詩研究—林癡仙、林幼春、林獻堂》、潘進福的《吳濁流的詩論與詩歌》……；雖然研究的都是傳統的漢文領域，但也因地域、主題、內容、對象等的有所不同，其所展現的成果，多能互補且相得益彰，這對臺灣文學的發展，無論新與舊，或現代與傳統，以及對後學者來說，都是有極大的助益與參考價值，更增加了可開拓的空間。

三、相關專書與詩集部分

　　由於有學者專家的積極投入，在區域文學史等相關專著的出版方面，已有很不錯得成果，如：施懿琳、許俊雅、楊翠撰寫的《臺中縣文學發展史》1995 年出版，施懿琳、楊翠撰寫的《彰化縣文學發展史》1997 年出版，江寶釵撰寫的《嘉義地區古典文學發展史》1998 年出版，陳明臺主編的《臺中市文學史初編》1999 年出版，莫渝與王幼華撰寫的《苗栗縣文學史》2000 年出版，龔顯宗撰寫的《臺南縣文學史》上編 2006 年出版，彭瑞金撰寫的《高雄市文學史》2008 年出版，遊建興撰寫的《清代噶瑪蘭文學發展史》2008 年出版，陳青松編撰的《基隆古典文學史》在 2010 年出版，李瑞騰等人撰寫的《南投縣文學發展史》上卷在 2009 年出版，下卷則在 2011 年出版。

　　以上文獻資料均有助於瞭解臺灣古典文學發展的情形，此外尚有傳統詩人的作品集編纂出版；如在新竹地區則有鄭家珍的《雪蕉山館詩集》1983 年出版，鄭火傳的《指薪吟草》1990 年出版，蘇子建的《雅懷詩興》1991 年出版，范根燦的《元暉詩草》1993 年出版，徐慧鈺彙編的林占梅《潛園琴餘草》1994 年新竹市立文化中心出版，黃美娥主編的《張純甫全集》六冊 1998 年新竹市文化局出版，詹雅能與黃美娥編輯的林鍾英《梅鶴齋吟草》1998 年新竹市立文化中心出版，新竹縣文化局編印的《陶社詩集》2000 年出版，武麗芳的《風城柳絮詩文集》2000 年出版，詹雅能編校的鄭用鑑《靜遠堂文鈔》2001 年新竹市政府文化局出版，新

竹縣文化局編印的《大新吟社詩集》2001 年出版，劉芳薇校釋的鄭用錫《北郭園詩鈔校釋》2003 年出版，新竹詩社編纂的《松筠集》第一輯 2003 年出版，新竹詩社編纂的《桃李春風》2008 年出版，詹雅能的《竹梅吟社與竹梅吟社詩鈔》2011年新竹市文化局出版，新竹詩社編纂的《松筠集》第二輯 2013 年出版，新竹詩社編纂的《松筠集》第三輯 2014 年出版等。

　　這些詩集無論是學者或專家、是私人或公部門的出版或問世，都是確確實實有助於後學的研究者，對當時的詩社概況，與詩人詩作的時空背景，及其特色的瞭解。

小結

　　古典詩曾經是士人的「全民運動」，但隨著新文學的發展，古典詩雖然沈寂卻仍不曾斷絕。「詩」，本來就是人類情感的發抒，求其美化的語言藝術。這些藉以抒發情感的感懷或詠景之作，大都是屬於自我表現的孤吟獨詠。但是詩人為了要尋求共鳴，邀集吟侶，交流詩句，逐漸發展成為詩酒唱酬的雅集聯吟與結社。這種活動自古就有蘭亭修禊、竹林七賢等流傳千古的風雅韻事。而這股風氣隨著南明〔註84〕諸士進入臺灣，也因緣際會著地生根於臺灣，其後傳統詩社更於日據時期，肩負起傳承一脈斯文與延續的重責大任，且百家〔註85〕爭鳴於全臺。二次世界大戰結束，臺灣光復重回祖國懷抱，傳統詩社階段性任務完成而轉型回歸正統的雅集聯吟；但隨著時勢的轉變與國語運動的積極推行，傳統詩社逐載浮載沉於時代洪流當中。直至八零年代鄉土意識抬頭與開放，電子網路興起，一些老詩社〔註86〕紛紛變革圖存重新出發。也許是責任使然，除保有原來的擊缽聯吟例會與詩文閒詠外，更以中原雅韻鄉土文化為號召，透過研習與授課，招收青年學子以注入新血；紮根鄉土，深耕未來，為的也只是想以民間的微薄之力，以博上者關愛的眼神，要把固有優質的詩教薪火繼續傳承下去；也由於大家的共識與努力，在傳統詩社與漢文詩學的道途上，我們終於才又看到了曙光。

〔註84〕南明（1644 年～1662 年，亦稱後明）是李自成攻陷明朝首都北京後，明朝皇族與官員在大陸南方建立的若干政權的統稱，為時十八年。加上台灣的鄭氏政權（1662 年～1683 年，亦稱明鄭），則為三十九年。

〔註85〕參見《臺灣詩史》、《詩報》、《臺灣日日新報漢文版》……等。

〔註86〕如臺灣瀛社、天籟吟社、龍山吟社、攤音吟社、貂山吟社、新竹詩社（竹社）……等。

第二章 清領時期竹塹地區的人文發展

　　「唐山過臺灣，心肝結歸丸」這是臺灣早期移民經常掛在嘴邊的一句話，上年紀的人茶餘飯後跟子孫們聊天時，說起自己祖先來臺開基篳路藍縷之情況，總會拿這句話來當開場白。而說到竹塹城人文的發展，實際上是與清領時期北臺竹塹地區的墾殖息息相關。民以食為天，通常人類是要在基本需求滿足之後，才會有其他的想法，誠所謂是足而後思，這時精神層次面的提升與富而好禮的理想，便會逐漸浮現；以下我們可先從郁永河、阮蔡文、王世傑……等先賢來梳理竹塹地區的蠻荒與開墾，再到足而後思的教育需求與人文發展，從而進化到社會環境的改變與提升。

第一節　宦遊士人筆下——北臺印象中的竹塹

一、郁永河旅臺紀行

　　康熙廿二年（1683），東寧王朝瓦解鄭克塽降清；次年，臺灣正式納入清廷版圖。而入清以後，明鄭文風雖然持續，但在當時臺灣中、北部地區，雖有漢人陸續拓墾，但文學則仍屬荒原，這也顯見區域的開發是足以影響文學的播種與紮根及發展。康熙三十六年（1697）郁永河由福建到臺灣來採硫礦，那一年距施琅率清軍入臺已有十四個年頭了，但就環境變遷的角度而言，十七世紀漢人在臺灣固然已墾殖了一些田園，但我們從郁永河將他來臺見聞所撰的《裨海紀遊》觀察，便可以發現當時臺灣原始景觀的改變仍然極為有限；事實

上仍受制於「海禁」〔註1〕。最初，郁永河自府城臺南出發，隨行給役者凡五十五人，他乘著牛車經過新港社〔註2〕、嘉溜灣社〔註3〕和麻豆社〔註4〕，見識到府城附近土著聚落的改變。接著他由半線社〔註5〕到大肚社〔註6〕、牛罵社〔註7〕，渡過大甲溪，到達宛里社〔註8〕。這段路程他印象深刻，他記道：「余以採硫磺來居臺郡兩閱月，……經過番社皆空室，求一勺水不可得；得見一人，輒喜。自此以北，大概略同。……又云：前路竹塹、南崁，山中野牛甚多，每出千百為群，土番能生致之候其馴，用之。今郡中輓車牛，強半是也。……自竹塹迄南崁八九十里，不見一人一屋，求一樹就陰不得；掘土窟，置瓦釜為炊，就烈日下，以澗水沃之，各飽一餐。途中遇麏〔註9〕、鹿、麌〔註10〕麖〔註11〕逐隊行，甚夥，驅獳〔註12〕猲〔註13〕獟〔註14〕獲三鹿。既至南崁，入深箐中，披荊度莾，冠履俱敗；直狐貉之窟，非人類所宜至也」〔註15〕。其實郁永河的觀察，就已經說明了大甲溪是當時自然與人文景觀的另一分界。從竹塹社到南崁社的路途中，他吃盡了苦頭，沿路未見一人一屋，才會用「非人類所宜至也」一語道出此地的荒涼蠻陌，這也反映出十七世紀的北臺灣，竹塹地區這一帶是尚未開發的原始景觀。

當他在到達淡水社以後，郁永河遂在關渡附近暫居數月，並上山考察硫磺礦穴，歷經茅棘，發現各地也多是森林的原始景觀。簡言之，透過郁永河

〔註1〕 康熙廿三年（1684），滿清朝廷甫消滅明鄭政權，據有台灣之初就發布「渡台三禁令」：一、「欲渡海來臺者，先給原籍地方照單，經分巡臺、廈兵備道稽查，再經臺灣海防同知審驗批准，潛渡者嚴處」二、「渡台者不得攜帶家眷」三、「粵地屢為海盜淵藪，以積習未脫，禁惠州、潮州居民渡台」。

〔註2〕 即赤崁今臺南。

〔註3〕 即今臺南將軍地區。

〔註4〕 即今臺南麻豆地區。

〔註5〕 即今彰化市。

〔註6〕 即今彰化大肚。

〔註7〕 即今臺中清水。

〔註8〕 即今苗栗縣苑裡鎮。

〔註9〕 似鹿而大，眼小耳闊，雄得角特別大。

〔註10〕 即麞也，像鹿而小的一種獸

〔註11〕 牡鹿也

〔註12〕 同獵。

〔註13〕 短嘴狗。

〔註14〕 狂犬。

〔註15〕 見許俊雅《裨海紀遊校釋》2009（台北：國立編譯館 2009 年 6 月）頁 123 卷中（裨海紀遊原文計上、中、下三卷）。

的文字記述，我們對臺灣的自然環境才有了些許的了解，亦即是自然鬱積的瘴癘之氣，對早期漢人移民著實是一大生命威脅；其次，即便在自然的情況下，長途旅行仍是極為艱辛的。而簡陋的居所和原始的周遭環境，也是相當地不便與危險。此外我們也從他的日記──《裨海紀遊》這本書中竹枝詞的描繪，可以發現郁永河本身的人道思維，與對這塊地的主人及住民的關懷。郁永河的〈竹枝詞〉，雖未冠「臺灣」二字，但一般也都以〈臺灣竹枝詞〉稱之，這十二首竹枝詞都是描寫臺灣漢族移民的生活事務及其居處環境的情形。而他的廿四首〈土番竹枝詞〉，主要則是在描述臺灣原住民族的日常生活，包括食、衣、住、行、婚姻等風土習俗，郁永河賦寫在《裨海紀遊》中的竹枝詞實可視為臺灣文學中竹枝詞之濫觴。

臺灣竹枝詞（十二首） 郁永河

鐵板沙連到七鯤，鯤身激浪海天昏。任教巨舶難輕犯，天險生成鹿耳門。

雪浪排空小艇橫，紅毛城勢獨崢嶸。渡頭更上牛車坐，日暮還過赤嵌城。

編竹為垣取次增，衙齋清暇冷如冰。風聲撼醒三更夢，帳底斜穿遠浦燈。

耳畔時聞軋軋聲，牛車乘月夜中行。夢迴幾度疑吹角，更有床頭蟋蟀鳴。

蔗田萬頃碧萋萋，一望蘢蔥路欲迷。絪載都來糖廍裡，只留蔗葉飼群犀。

青蔥大葉似枇杷，臃腫枝頭著白花。看到花心黃欲滴，家家一樹倚籬笆。

芭蕉幾樹植牆陰，蕉子纍纍冷沁心。不為臨池堪代紙，因貪結子種成林。

獨幹凌霄不作枝，垂垂青子任紛披。摘來還共蔞根嚼，贏得唇間盡染脂。

惡竹參差透碧霄，叢生如棘任風搖。那堪節節都生刺，把臂林間血已漂。

不是哀梨不是楂，酸香滋味似甜瓜。枇杷不見黃金果，番檨何勞向客誇。

肩披鬖髮耳垂璫，粉面紅唇似女郎。馬祖宮前鑼鼓鬧，侏離唱出下南腔。

臺灣西向俯汪洋，東望層巒千里長。一片平沙皆沃土，誰為長慮教耕桑。

土番竹枝詞（二十四首）

生來曾不識衣衫，裸體年年耐歲寒。瀆鼻也知難免俗，青烏三尺是圍闌。

紋身舊俗是雕青，背上盤旋鳥翼形。一變又為文豹鞹，蛇神牛鬼共猙獰。

胸背彌斑直到腰，爭誇錯錦勝鮫綃。冰肌玉腕都紋遍，只有雙眉不解描。

番兒大耳是奇觀，少子都將兩耳鑽。截竹塞輪輪漸大，如錢如碗又如盤。

丫髻三叉似幼童，髮根偏愛繫紅絨。出門又插文禽尾，陌上飄颻各鬥風。

覆額齊眉繞亂莎，不分男女似頭陀。晚來女伴臨溪浴，一隊鷗鷥蕩綠波。

鑪貝雕螺各盡功，陸離斑駁碧兼紅。番兒項下重重繞，客至疑過繡嶺宮。

銅箍鐵鐲儼刑人，斗怪爭奇事事新。多少丹青摹變相，畫圖那得似生成。
老翁似女女如男，男女無分總一般。口角有髭皆拔盡，鬚眉都作婦人顏。
腰下人人插短刀，朝朝磨礪可吹毛。殺人屠狗般般用，才罷椎薪又索綯。
耕田鑿井自艱辛，緩急何曾叩比鄰；構屋斫輪還結網，百工俱備一人身。
輕身矯健似猿猱，編竹為箍束細腰。等得吹簫為鳳侶，從今割斷伴妖嬈。
男兒待字早離娘，有子成童任遠颺。不重生男重生女，家園原不與兒郎。
女兒纔到破瓜時，阿母忙為構室居。吹得鼻簫能合調，任教自擇可人兒。
只須嬌女得歡心，那見堂開孔雀屏。既得歡心纏挽手，更加鑿齒締姻盟。
亂髮鬅鬙不作綯，常將兩手自搔爬。飛蓬畢世無膏沐，一樣綢繆是室家。
誰道番姬巧解釀，自將生米嚼成漿。竹筒為甕床頭掛，客至開筒勸客嘗。
夫攜弓矢婦除穮，無禍無衣不解愁。番罽〔註16〕一圍聊蔽體，雨來還有鹿皮兜。
竹弓梏矢赴鹿場，射得鹿來交鹿商。家家婦子門前盼，飽為餘瀝是頭湯。
茭菪元來是小舠，刳將獨木似浮瓢。月明海滋歌如沸，知是番兒夜弄潮。
種秫秋來甫入場，舉家為計一年糧。餘皆釀酒呼群輩，共罄平原十日觴。
梨園敝服已蒙茸，男女無分只尚紅。或曳朱襦或半臂，土官氣象已從容。
土番舌上掉都盧，對酒歡呼打刺酥。聞道金亡避元難，颶風吹到始謀居。
深山負險聚遊魂，一種名為傀儡番。博得頭顱當戶別，髑髏多處是豪門。

　　郁永河先自臺南府城出發，中經牛罵社（今臺中市的清水）的羈阻，
淡水社（今新北市的淡水）的準備，將近一個月後到達今天的北投，才開
始煉硫作業。其所行經路線，穿越了許多不同族原住民的地域。這些族群
之間的語言、風俗、習慣，甚至外貌原本差異極大，但今天這些部族都早
已徹底漢化，無復能加以分辨。郁永河雖然行色匆匆，途經的各社往往只
是驅車而過，最多是經宿即去，但一路都不斷記所見印象。經由《裨海紀
游》，我們可以發現臺灣的原住民族他們在各族之間，是有相當大的差異；
郁永河單單只憑驚鴻一瞥，就留下如此詳確的資料，其觀察與敘述的功力
之高，實在是不得不令人嘆服。大多數比他那時代晚來的遊宦者，或是寄
寓此島的客卿們，他們筆下所描述的臺灣原住民情況，還多遠遠不如郁永
河的細膩與深刻。

　　究竟郁永河是何許人也？他竟有如此大的旅遊能耐？在有限的資料中，
我們只知道是他是明朝末年的秀才，字滄浪，清浙江仁和人，但生卒年月並
不清楚。他嘗自稱：「余性耽遠遊，不避險阻」，在來臺灣之前，已六度遊歷

───────────────
〔註16〕毛織的地毯。

八閩，可說是已八閩〔註17〕遊遍矣。同時，他也是個極富冒險犯難精神的天生旅行家，對旅行「海外」世界，一向極為嚮往，他說「探奇攬勝者，毋畏惡趣；遊不險不奇，趣不惡不快。」清康熙三十五年（1696）的冬天，福建「榕城」〔註18〕的火藥庫爆炸，熰掉五十餘萬斤的硫磺，典守者被責求償還。當郁永河得知可以藉此機會旅遊臺灣時，乃自告奮勇接受這項任務。第二年的元月底，自福建出海，船經金門、廈門、澎湖，於二月二十五日抵臺南府城。他在沿途除記載航海心得及海路傳聞外，亦分別就史料、傳聞，列述有關澎湖及臺灣之地理、產物、民情、風俗、氣候與歷史見聞。在來臺採硫期間，也順便遊歷各地，並以日記方式寫下《裨海記遊》的名著與不少的詩篇。特別是當他四月廿五日到廿六日，經過竹塹地區（後壟—中港—竹南—竹塹—南崁）時，極目所望，見到的全都是水鹿、野牛、原住民，沒有一個漢人；那時的竹塹地區竟是如此的蠻荒與驚險。

　　郁永河可說是最早來臺的大陸文人之一，他在臺灣雖僅僅停留短短的十個月，卻留下了為數不少的詩文作品，他紀錄了當時臺灣的風土文物，這是極具有文學與歷史的雙重價值。在他筆下，臺灣的地理與物產無不躍然紙上，讀者就好像是隨團參訪的旅客，靜靜聽著導遊生動的解說，實在是饒富趣味啊！另外那起首的臺灣竹枝詞「鐵板沙連到七鯤，鯤身激浪海天昏。任教巨舶難輕犯，天險生成鹿耳門。」就是描述在這樣的環境下，船隻如何驚險的駛入內海……，當時臺南沿岸有七大沙洲，統稱七鯤身，扼守出海口，形成戰略上很好的天然屏障。而在上岸以後的陸地交通，以及旅途所見，直接就可以發現臺灣物產與大陸物產真的是大大不同，作者以外來者的眼光詳細描寫了甘蔗、香蕉、檳榔、竹子、芒果等作物的特色；包括趕牛車、壁虎叫聲、竹籬笆、廟會等，在郁永河的眼中是相當新奇有趣。但再有趣也只是苦中作樂罷了！因為《裨海記遊》事實上呈現的是當時臺灣開發的概況，雖然嘉南平原早經荷、鄭墾殖多年，大體上已是適宜以農業為主的漢人居住，但過此以往則不然。臺中附近是「野番常伏林中射鹿，見人則矢鏃立至」；花東地區是「苦野番間阻，不得與山西通」；中央山脈是「自洪荒以來，斧斤所未入，野番生其中，巢居穴處，血飲毛茹者，種類實繁」，而郁永河的目的地——淡水地區，更是「人至即病，病輒死」。在此情況下，隸役、官弁每以深入「蠻

〔註17〕八閩，是福建省的別稱。
〔註18〕今福州。

荒」區域爲難。非獨畏苦怕難，實是攸關生死，人情在所難免；而竹塹地區自然也是如此了。

二、阮蔡文與周鍾瑄北臺紀行

阮蔡文〔註19〕（1666～1716），字子章，號鸛石，清福建漳浦人，幼隨父徙居江西南昌，榜姓〔註20〕蔡，後復阮姓，名阮文。康熙廿九年（1690）舉人。惜其後的科舉考試極不順利，但他仍留心經世致用之學。每到一地，便詳記當地的地形地勢，並經常駕舟出海，勘察沿海島洲與港嶼。他相當具有語言天份，通曉楚、淮、吳、越、閩、廣各地，以及苗、猺各族語言。因此對中國南北各地的山川地理，沿海形勢，和東南地區少數民族的狀況，相當了解，並熟記於腦海中。惜因懷才不遇，未蒙朝廷大吏識用，他周遊各地十餘年，也僅能勉強餬口而已。康熙四十六年（1707），福建巡撫張伯行在福州創建鰲峰書院，提倡文教，廣招各地學者，纂訂先儒諸書。蔡文獲其賞識，受聘纂書並主講洛、閩之學數年。後逢漳、泉等地飢荒，協助定海總兵吳郡由海路督運漕米賑災，因熟於海路而以時效見重。康熙五十一年（1712），招降海賊陳尚義有功，蒙康熙皇帝下旨召見，蔡文陳對沿海事宜，條奏甚詳，深獲嘉許，乃議功授雲南陸涼知州。旋因大學士李光地等保奏，認爲其才足堪重用，於康熙五十三年，特旨改授廈門水師提標中營參將。時年四十八歲。阮蔡文由文職正七品的知縣虛銜，實授從五品的知州，已屬破格任用；旋由陸涼邊缺，改授武職正三品的水師參將要缺，尤屬罕見的殊榮。

康熙五十四年（1715），蔡文調任臺灣北路營參將。到任後與諸羅知縣周鍾瑄一見如故，文武和衷共濟兩人合力，興學革陋，壁壘一新，即戢吏卒、撫番黎、捐俸助建學宮、城隍，悉除所轄陋規等。是時，北路地方新拓，民少番多，武營防區與諸羅縣境大略相當，約爲今嘉義以北，基隆以南之地，由南至北全程一千多華里〔註21〕。半線（今彰化）以北，更因水土惡劣，煙瘴薰蒸，人至即病，病輒死，「故每兵聞將至雞籠、淡水戍守，皆欷歔悲歎，如使絕域」，每年春、秋更戍時，生還官兵不到三分之一；因此，從康熙四十

〔註19〕中央研究院漢籍電子文獻《臺灣文獻叢刊》一四一，《諸羅縣志》卷七·〈兵防志〉·阮蔡文列傳。頁133。

〔註20〕按阮蔡係雙姓，其文榜姓蔡，任廈門參將始復阮姓。

〔註21〕古人的長度基本單位是「尺」一里約合498.96尺，1華里=500尺，所以2華里約等於1公里。

九年（1710）在大甲以北設防以來，從無武官敢於前往巡哨。阮蔡文以爲：「臺
雖彈丸，實閩之安危；淡水又臺之鍵鑰也。由淡水至福州，順風一日可達，
民番錯雜，亡命者日多，不熟知其道理情形，何以控制調度？」〔註22〕於是
不顧部屬「涕泣諫止」，阮蔡文決計親往，以熟知其道、里情形。途中，吟詩
記述各地山川、氣候、風土、民俗，抒發感想，先後完成〈大甲婦〉、〈大甲
溪〉、〈竹塹〉、〈吞霄道中〉、〈虎尾溪〉、〈後壠〉、〈淡水〉、〈後壠港〉等著名
巡守紀行詩。根據阮蔡文沿途所作的詩文可知，他於是年仲冬出發，巡哨路
線大約由今之嘉義北上，渡過濁水、大肚、大甲等溪，再經大甲、通霄、後
龍、竹南、新竹、桃園、淡水，直抵基隆附近。他沿途撫慰原住民，排解民
間糾紛，並詳記所歷地理山溪，風候土俗，深受軍民感念愛戴。

　　阮蔡文巡哨時，曾途經新竹，所寫的〈竹塹〉詩，即清楚的記錄了當時
竹塹地區的地理位置和墾耕狀況，以及漢人侵墾原住民土地的情形，是一篇
有關竹塹地區早期居民生活情況的珍貴史料；詩中處處顯露他對地方民情風
俗的觀察入微，和民胞物與及身爲父母官的反思。那時的竹塹地區雖已有漢
人開墾，但人煙依舊稀少，土地依舊蠻荒啊！

竹塹　　阮蔡文

南嵌之番附淡水，中港之番歸後壠。竹塹周環三十里，封疆不大介其中。
聲音略與後壠異，土風習俗將無同。年年捕鹿邱陵比，今年得鹿實無幾。
鹿場半被流民開，蔍麻之餘兼藝黍。番丁自昔亦躬耕，鐵鋤掘土僅寸許。
百鋤不及一犁深，那得盈寧畜妻子。鹿革爲衣不貼身，尺布爲裳露雙髀。
是處差徭各有幫，竹塹熒熒一社耳。鵲巢忽爾爲鳩居，鵲盡無巢鳩焉徙。

　　在到達淡水後，由於「寒風陰霧間」發現「荒塚纍纍，問之，皆西來將
士」，遂作〈祭淡水將士文〉〔註23〕來悼祭戍亡官兵與這些死在海角他鄉的無
主孤魂。所謂「爾沒在前，無能恤爾於生兮；我來在後，聊云慰爾於死！」
除了悼慰爲開拓地方而犧牲的烈士之外，也充分表達了後來者的感恩之心。

祭淡水將士文（有序）　　阮蔡文

淡水離雞籠二百一十里，夙虓煙瘴，近臺北之極邊。康熙五十
年辛卯，洋盜鄭盡心自遼海竄逃；上命江、浙、閩、廣四省舟師搜

〔註22〕　《台灣省通志》卷七〈人物志武功篇〉第二冊，頁157。
〔註23〕　中央研究院漢籍電子文獻《臺灣文獻叢刊》一四一，《諸羅縣志》卷十一〈藝
　　　　　文志〉頁261～263。

捕，因設營汛於此。其明年，文奉命自錦州泛海，招撫洋盜陳尚義於盡山、花鳥。癸巳，除雲南州牧。上以文熟諳海務，甲午改廈門參戎，乙未再調臺北。淡水在所轄之內，實爲要區。是歲仲冬，由羅山北哨沿海，因至其地；寒風陰霧間，荒塚累累，問之皆西來將士。悼其孤魂海角，死而無名；雖烈士骨香，終有餘恫。椎牛釃酒，薦之以辭。

其辭曰：

大遯之山兮，干豆之水；神龍所居兮，百怪所倚。黃雲晝塞兮，陰風夜被；饑燐閃閃兮，山精累累。當在昔之竊據兮，常懸師而築壘；兵與將其偕亡兮，每黃昏而爾汝。迨天朝之戡定兮，棄遐陬而弗齒；聽島夷之雜居兮，義羈縻而勿侈。胡比年之狡兔兮，稱有窟之在此！爰留軍以駐防兮，誰創謀之伊始！維諸子之東來兮，皆干城之比擬；狹東海於溝渠兮，近天涯於尺咫。汛守既分兮慨然戾止，毒氣朝薰兮煙嵐暮抵。如精金之受煉，體雖堅而融液兮；如素絲之受染，質雖白而成緇。醫莫購於軒岐兮，藥倍難於蘭茝；裹鹿革以爲棺兮，倩蝶衣以爲紙。氣鬱勃而不伸兮，魂飄零而奚底？苟征伐於不庭兮，若牂牁之與交趾。蹈白刃其何傷兮，垂令名乎青史。徒水土之不宜兮，致捐軀而比比；豈聖世之共驩兮，罪難辭乎竄徙！反泰山於鴻毛兮，棄身命如敝屣？阻隔兮雲山，夢寐兮鄉里；傷心兮友朋，斷腸兮妻子！封侯兮不遂，暴骨兮沙渚；月白兮霜飛，鴉啼兮狐起。不佞忝帥偏師，來巡北鄙，心聞此而慘悲兮，意感此而難已！具牛羊而祭告兮，聲欷歔而變徵。苟來格而來享兮，知英靈之尚邇。爾沒在前，無能恤爾於生兮；我來在後，聊云慰爾於死！毋爲民災兮，毋爲物否，壁壘康寧兮周道如砥。凡余所言兮，毋逆於耳。

但這趟北臺灣大甲、吞霄、後壠、竹塹、淡水的巡視，竟使他身染瘴氣成疾，其後改任福州城守副將，卻在赴京述職途中病逝了。阮氏爲官清廉，一介不取；文思敏捷，作文章不假思索，一揮而就。讀書往往廢寢忘食，手不釋卷。然而，其平生志在經濟時務，因此著述不多，僅留有巡哨臺灣北路時所作的一些詩文，以及記述中國南北海道和有關山川、花鳥諸島的文章而已。其同鄉名士藍鼎元，亦曾受聘鰲峰書院纂書，相當敬重其爲人與才識，在阮蔡文去世後，特撰〈阮驃騎傳〉，以追述其任官事蹟。

　　康熙五十六年（1717）周鍾瑄、陳夢林等，纂修《諸羅縣志》成書，特於卷七〈兵防志〉為阮蔡文立傳；又於卷十一〈藝文志〉選錄其北路諸作，凡〈祭淡水將士文〉一篇，暨〈虎尾溪〉、〈大甲溪〉、〈大甲婦〉、〈吞霄道中〉、〈後壠港〉、〈後壠〉、〈竹塹〉、〈淡水〉等詩八首。該志為人物立傳或選錄藝文，向以嚴謹慎重為後人所推崇，足見該書對阮蔡文之重視。此後，凡清代、日據時代，乃至光復以來所編志書，對其傳記、詩文等都頗有引錄，而宦遊的阮蔡文遂留名全臺。

　　周鍾瑄〔註24〕（1671～1763），字宣子，清朝貴州貴築（今中國貴州省貴陽市）人。清康熙三十五年（1696）舉人，歷任福建邵武知縣、臺灣諸羅縣知縣（任期1714～1719）〔註25〕、山東高唐知州，員外郎管臺灣事（1722年）、荊州知府、最後官至江寧知府等。周氏為官數十年，政績頗多，在邵武建文廟，修葺李綱祠，在高唐設「尚志書院」，在荊州興修水利，積穀備荒，平反冤獄，有「鐵面閻羅」之稱。然以治理「臺灣」功最大，在諸羅建學館，修城隍，摒陋規，並教民耕作，穿越大甲溪親巡竹塹淡北等轄地，鼓勵墾民拓荒，發給耕牛、農具、種籽，辟阡陌，廣田疇，開溝渠，築塘堰，促進了農業發展，使老百姓得利。人民感其德，稱所修塘堰為「周公堰」，並建「周公祠」〔註26〕，為他塑像。

　　在今天的新竹市東門城下的詩牆步道上，刻有幾首與竹塹有關的詩文，其中「坡陀巨麓一再上，劃然軒豁開心胸，竹塹分明在眼底，千頃萬頃堆芊芊」就是周鍾瑄他北巡臺灣時，途經竹塹地區入目所見的第一印象，也是描述了漢人王世傑開墾那時的香山丘陵和新竹平原的景象，此時的移民正呼朋引伴的從福建泉州來到竹塹這塊新天地。

　　　　北行紀　周鍾瑄

　　　羅山山水海東雄，綿互十里蹤難窮，朝盤赤日三千丈，浩氣直與海
　　　相烘；南抵蒿松北半線（彰化），宛然塊玉橫當中，職方禹貢雖未載，
　　　厥壤上上將毋同？惜哉大甲與中洪，逼窄將次入樊籠，後壠吞霄勿

〔註24〕連橫《臺灣通史》卷三十四列傳六〈循吏列傳〉（黎明文化事業股份有限公司 2001年4月）頁1110。
〔註25〕任內曾主修《諸羅縣志》。
〔註26〕周鍾瑄在任內去職後，諸羅（今嘉義）鄉親為感念他的德政，雕像奉祀在城隍廟內，因此嘉義城隍廟成為全臺唯一奉祀興建縣令周鍾瑄雕像的廟宇。

復道，犢車犖确走蛟宮，天低海闊竟何有？環青翠疊排群峰；坡陀
巨麓一再上，劃然軒豁開心胸，竹塹分明在眼底，千頃萬頃堆芊茸；
從此地老無耕鑿，下巢鹿豕上呼風；北鄰南嵌亦爾爾，淡水（臺北）
地盡山穹窿，東有礦山（北投）西八里（八里坌），銀濤雪浪爭喧轟；
雞籠小甕堅如鐵，紅夷狡獪計非庸；蠻煙瘴雨晝亦暗，谷寒砭冷鳴
霜螿；中有烏蠻事馳逐，狂奔浪走真愚蒙；可憐作息亦自解，但佑
順則難名功；我來經過聊記載，慚非椽筆徒雕蟲；他年王會教圖此，
留取長歌付畫工。

番戲　周鍾瑄

蠻姬兩兩鬥新粧，蝶躃花陰學舞娘；珍重一天明月夜，春來底事為人忙。
不掄檀板不吹笙，一點鉦聲一隊行；氣味何如初中酒，山花翠羽鬢邊橫。
聯扇把袖自歌呼，別樣風流絕世無；番調可知輸白雪，也應不似潑寒胡。
野氣森森欲曙天，維摩新病未成眠；空餘無限羅伽女，亂把天花散舞筵。

　　這兩首詩是當時周鍾瑄從諸羅縣一路北上巡視時所寫，他將所見聞與當
地的風土民情化入詩作，用生動之文字描述了當時北臺竹塹地區移民墾荒的
樣貌，以為巡行的工作日誌。

　　周鍾瑄離臺後，地方官吏苛政於民，於是激起民變，朝廷將這起民變鎮
壓後，又命周鍾瑄以員外郎身份來治理臺灣（1722～1726 年任臺灣知縣）。他
對民「寬以柔之」，捐款平糶，修廢革弊，安定民心，在他的治理下，地方恢
復平靜，而臺灣也漸次開發。雍正二年（1724 年）滿人巡臺御史禪濟布，彈
劾鍾瑄「加徵耗穀」。雍正七年（1729 年）欽差大臣史貽直以貪贓罪判處鍾瑄
絞刑，後被清世宗赦免。周氏著有《讀史摘要》、《勸懲錄》、《退雲齋詩集》、
《諸羅縣志》、《生番歸化記》、《松亭詩集》等。

　　鄭成功治理臺灣時，曾嚴約土番〔註27〕，並祭祀山川神祇，且親率諸將
巡視新港、目加溜灣、蕭壠、蔴豆等番社，並召見各番社土官盡力撫育，凡
不聽命者則嚴治其罪，是時，竹塹方面的土番有大甲、房裡、吞霄、後龍、
新港仔、中港仔、竹塹、眩眩、南崁等社，而「眩眩社」則是在今之新竹市
北區樹林頭一帶及九甲埔方向，屬於竹塹社族。又「竹塹社」其主要係分布
於香山附近及新竹西南鹽水港。

〔註27〕吳黃張谷誠《新竹叢誌》〈近世記上篇〉（新竹市立文化中心 1996 年 6 月）頁 51。

　　清廷領臺之初朝議曾欲墟之，但施琅則力陳臺灣之利害得失，「棄之，沿海五省不能安立……」〔註28〕，於是清廷乃置一府三縣，隸屬福建巡撫所轄，府曰臺灣府，縣為臺灣、鳳山、諸羅，竹塹屬諸羅縣，縣治在諸羅山。清廷初治竹塹，社番再受招撫，移居竹塹平地建新聚落，「眩眩社」由此同化為「竹塹社」，其名遂為消滅。竹塹地區初期的開發從阮蔡文的北巡〈竹塹〉紀詩中「鹿場半被流民開」，可以說明，此時竹塹已脫離了康熙三十六年郁永河北上採硫磺礦，途中所見的荒蠻景象，且已漸漸進入開發狀態，即原來的「眩眩社」、「竹塹社」……等原民所擁有的若干土地也已陸續被開發了。

　　雖然當時北臺竹塹、淡水地區已有極小部分的墾殖與客商往來，但絕大部分仍是阮蔡文極目所見，滿是瘴癘之氣的蠻陌化外之境；當然這對充滿冒險犯難精神的竹塹地區開拓英雄第一墾戶王世傑而言，不啻是一個相對於故鄉泉州以外的新天地、與世外桃源了。

三、王世傑〔註29〕與竹塹

　　漢人移民開墾竹塹地區以王世傑為首，王世傑是泉州同安縣人，明鄭時來臺〔註30〕，起初營商不甚得意；及至清將施琅，在福建訓練水師準備攻臺；而東寧王朝鄭氏，也正急修基隆及淡水堡壘以備防禦。此時軍糧須由南地經陸路北運，世傑應募隨同鄭克塽督工運糧，當時他路過竹塹埔，曠野無人，只見少數原住民，在從事原始耕種。其後因督運有功，遂於康熙廿一年即永曆卅六年（1682），奉准跑馬開拓竹塹地區並聽其墾殖，王世傑自鳳山崎走馬南行，以馬馳驅赴止為界；當世傑馳馬至老衢崎〔註31〕時馬始停止、行程範圍內之拓墾權利均為其所有〔註32〕。但他當時並未立即開墾，究其原因有二，其一，當時兵馬倥傯，前途未卜；其二，應為開墾工作必須要有相當人力、財力以及農耕用具、種子……等，實非一時一刻短時間內所能齊備的。

　　康熙廿二年清將施琅攻下臺灣，康熙廿三年（1684）臺灣正式納入清廷版圖，始政初期臺灣混沌未明，世傑遂先行返回泉州同安故里。其後，當臺

〔註28〕吳黃張谷誠《新竹叢誌》〈近世記上篇〉（新竹市立文化中心 1996 年 6 月）頁52～53。
〔註29〕張德南《新竹市誌》卷七〈人物志〉（新竹市政府 1997 年 12 月）頁 198。
〔註30〕張德南《新竹市誌》卷七〈人物志〉（新竹市政府 1997 年 12 月）頁 198。
〔註31〕今苗栗縣竹南鎮的崎頂，為昔日南北縱貫古道必經之地。
〔註32〕張德南《新竹市誌》卷七〈人物志〉（新竹市政府 1997 年 12 月）頁 198。

灣政局日趨穩定後，世傑便與親族多次往來於臺閩之間〔註33〕，並重新回到
竹塹地區籌謀此地的墾殖與計畫〔註34〕。康熙後期〔註35〕，世傑復攜其子姪
及親族等一百八十餘人來竹，他們似乎是搭船先入臺中梧棲，再沿陸路北行
至新竹，先至竹塹社原民聚棲之地，就近搭寮居住，世傑本其過去與原住民
往來的交際經驗，以及地理關係遂和原住民開始接觸交易，他先以牛酒結歡
竹塹社，建立和平的氛圍，並得其允許就竹塹社原民之地，即今新竹市東門
街、暗街仔為中心，逐次展開拓墾工作，劃地相安；並另就原民的棄地墾拓
為田園，在王氏孜孜努力開拓之下，凡竹塹城內之地，莫不為世傑等鋤犁所
及，墾務日益擴展，其後從故鄉泉州渡海來臺開墾者亦日漸增加。康熙五十
年後，南勢、羊寮、虎仔山、拔仔林、油車港等近海之地，皆為世傑等拓成。
繼而樹林頭、八卦厝、金門厝、湳仔、姜寮一帶亦悉墾為良田，當時世傑所
有田地計數千甲，竹塹一帶開墾事業，幾全握於世傑之手。

　　世傑對農田水利特別重視，為使有限水源，能夠充分運用。於是創建埤
圳，在當時世傑修建的隆恩圳〔註36〕，灌溉面積達四百甲地，由竹仔坑到浸
水庄的香山坑圳開墾了「香山田」地區，同時也奠定了爾後竹塹地區農田水
利建設的基礎。

　　此外捐獻廟地創建廟宇，也是王世傑另一貢獻，早期先民墾荒開拓，常
把生命安全寄托在神靈祭祀時，王世傑先後捐獻土地、資金，修建了新竹東
瀛福地，新竹城隍廟、新竹竹蓮寺等，使移民在心理上能夠獲得慰藉與庇佑，
世傑此舉也更加快了土地的開發，逐漸形成城市區域的發展〔註37〕。即是由
今新竹市區城隍廟附近展開拓墾，漸次往北、往西方向擴大拓墾範圍，且於
康熙末年，在今東勢以西，頭前溪以南，客雅溪以北的新竹平原地區，建立

〔註33〕 王家燦《竹塹開拓先賢王世傑派下族譜》（1996 年 3 月）頁 50～59。
〔註34〕 王家燦《竹塹開拓先賢王世傑派下族譜》（1996 年 3 月）頁 50～59。
〔註35〕 吳黃張谷誠《新竹叢誌》〈近世記上篇〉（新竹市立文化中心 1996 年 6 月）頁
　　　　54。一說康熙五十年，一說康熙五十七年。另參見《新竹市誌》、《竹塹開拓
　　　　先賢王世傑派下族譜》。
〔註36〕 張德南《新竹市誌》卷七〈人物志〉（新竹市政府 1997 年 12 月）頁 198。康
　　　　熙五十七年完成灌溉水圳，即今之隆恩圳，此為新竹水利建設之始。另參見
　　　　《竹塹開拓先賢王世傑派下族譜》。
〔註37〕 張德南《新竹市誌》卷七〈人物志〉（新竹市政府 1997 年 12 月）頁 198。康
　　　　熙五十七年完成灌溉水圳，即今之隆恩圳，此為新竹水利建設之始。另參見
　　　　《竹塹開拓先賢王世傑派下族譜》。

了南莊二十四個聚落和北莊十三個聚落〔註38〕。世傑晚年返回同安，卒於故鄉〔註39〕。連橫稱「世傑以一匹夫，憑其毅力，鼓其勇氣，以拓大國家版圖，功亦偉矣」〔註40〕。竹塹地區自此之後農商活動蓬勃，教育發展需求日盛。

當初世傑開拓竹塹時，竹塹還沒有城池，而是一片荒蕪的草原。康熙六十年，臺灣總兵藍廷珍，平定鴨母王朱一貴之亂；其族弟隨軍幕府藍鼎元〔註41〕，在觀察竹塹地區後，頗有所感的寫了一篇〈紀竹塹埔〉〔註42〕文：

> 竹塹埔寬長百里，行竟日無人煙。野番出沒，伏草莽以伺殺人，割首級，剝髑髏飾金，誇為奇貨，由來舊矣。行人將過此，必倩熟番挾弓矢護衛，然後敢行；亦間有失事者，以此視為畏途。然郡城、淡水，上下必經之地，不能舍竹塹而他之，雖甚苦，亦不得不行云。其地平坦，極膏腴，野水縱橫，處處病涉。俗所謂九十九溪者，以為溝澮，闢田疇，可得良田數千頃，歲增民穀數十萬。臺北民生之大利，又無以加于此。
>
> 然地廣無人，野番出沒，必碁置村落，設營汛，奠民居，而後及農畝。當事者往往難之，是以至今棄為民害，不知此地終不可棄。恢恢郡邑之規模，當半線、淡水之中間，又為往來孔道衝要。即使半線設縣，距竹塹尚二百四十里，不二十年，此處又將作縣。流移開墾，日增日眾；再二十年，淡水八里坌又將作縣。氣運將開，非人力所能遏抑，必當因其勢而利導之。
>
> 以百里膏腴，天地自然之樂利，而憚煩棄置，為百姓首額疾瘭之區，不知當事者於心安否也？有官吏，有兵防，則民就墾如歸市，立致萬家，不召自來，而番害亦不待驅而自息矣。

〔註38〕 王世慶《新竹市誌》卷三〈政事篇〉（新竹市政府 1997 年 12 月）頁 7～10。

〔註39〕 張德南《新竹市誌》卷七〈人物志〉（新竹市政府 1997 年 12 月）頁 198。另參見《竹塹開拓先賢王世傑派下族譜》頁 59，乾隆 17 年（1750）晚年返回同安。

〔註40〕 連橫《臺灣通史》卷三十一列傳三〈王世傑列傳〉（黎明文化事業股份有限公司 2001 年 4 月）頁 944。

〔註41〕 藍鼎元（1680～1733 年），字玉霖，別字任菴，號鹿洲，福建漳浦人。生於康熙十九年，卒於雍正 十一年；1721 年朱一貴事件時，隨其族兄南澳鎮總兵藍廷珍來台平亂。著有《東征集》、《平台紀略》、《藍鹿洲集》等書。「紀竹塹埔」一文出自《東征集》。

〔註42〕 中央研究院漢籍電子文獻《臺灣文獻叢刊》一二，《東征集》卷六，頁 87～88。

> 天下無難爲之事，止難得有心之人。竹塹經營，中才可辦，
> 曾莫肯一爲議及，聽野番之戕害生民而弗恤。豈盡皆有胸無心，
> 抑中才亦難得若是乎？大抵當路大人，末由至此，故不能知；而
> 至此者，雖知而不能言之故也。留心經濟之君子，當不以余言爲
> 河漢夫！

依據藍鼎元他的觀察，當時的竹塹位於淡水「滬尾」與臺南（郡城）間，爲北上南下必經之地。草原中，鹿豕成群，野人出沒，如果沒有雇人保護，便有受襲擊危險。量地勢，於是他建議有司在竹塹設治，以扼彰淡之要。而且有了吏治、墾民的稅收、治安及撫番工作都能順利推行；其後清廷採納其所奏，遂於雍正元年設淡水廳，轄大甲溪以北的一大片土地。

淡水廳成立之初，竹塹並無城郭；同知以安全堪虞，廳署設在彰化（半線）辦公。雍正十一年（1733），淡水同知徐治民在士林莊一帶，用刺竹圍成方圓四百四十餘丈，以爲城牆，然後建了四個城門供百姓內外出入；但是人又回到彰化辦公，好似流亡政府。直至乾隆廿一年（1756），同知王錫縉始移署竹塹。乾隆廿四年（1759）楊愚接任同知，看到刺竹已枯，只剩城門，於是添防增修，補種刺竹，使城郭的防衛較俱規模。後來海盜蔡牽出沒沿海村落，城的外圍築一道土牆，增加防務；不料，地方械鬥、英艦侵援等禍患接踵而來，眞是多事之秋。於是地方人士集資，推鄭用錫轉請同知李愼彝聯袂稟請總督准予改用磚石築城，並由用錫等親自督工。

磚石城範圍只有八百六十丈，比原來的土城小一些，四個城門，即東門迎曦、南門歌薰、西門挹爽、北門拱辰；這是全島結構最美的城門。城樓上面各設砲臺，城外挖掘濠溝，由當時的同知李愼彝監造、進士鄭用錫、員外郎林國華、生員林祥麟等負責總其成。從此竹塹城爲北臺重鎭，工商繁榮，輻輳往來，非常熱鬧。後來政治中心移至臺北，又甲午戰敗，清廷割臺，城垣圮毀失修，到了一九〇一年，北門街金德美一場大火燒毀北門；一九二〇年，市區道路規劃，西門與南門及其餘城垣均被拆除，現如今也只剩下一座「迎曦門」供人憑弔了。民國六十一年（1972）春，恰逢紀念王世傑開拓新竹二百八十年，「竹社」舉辦詩人大會，其中次唱詩題，就是「迎曦門懷古」，茲將當中竹社詩人的佳作抄錄〔註43〕如下：

〔註43〕蘇子建《塹城詩薈》上冊（新竹市立文化中心 1994 年 6 月出版）頁 50。

迎曦門懷古 竹社 黃祉齋

迎曦歲月幾經過，此日登臨發浩歌，勝蹟於今三易主，城樓依舊聳嵯峨。

迎曦門懷古 竹社 張奎五

絡繹輪蹄繞道過，東城依舊聳嵯峨，爽吟閣徙梅花杳，零落潛園感逝波。

迎曦門懷古 竹社 范根燦

叢筠野棘地偏頗，拓墾追思忍折磨，兩百餘年城蹟在，晨暉光被後人多。

迎曦門懷古 竹社 蘇子建

迎曦歲月幾經過，獨剩門樓認逝波；雉堞殘霜城闕月，榮枯閱盡感懷多。

從第一首談到迎曦門的歲月，已經換了前清、日據、民國三個朝代的管轄，而今城樓依舊聳立在市區街道的中心。使人讀了不禁興起光陰易逝，人事滄桑之感。而第二首起句「絡繹輪蹄繞道過」及承句「東城依舊聳嵯峨」，敘述東門城位於街道要衝，卻沒有因都市計劃而被拆成馬路。爲了保存古蹟，許多絡繹不絕的行人、車輛都繞道而過。轉結兩句「爽吟閣徙梅花杳，零落潛園感逝波」，提到當年日人佔據臺灣時，藉都市計劃之名，將竹塹的名園—潛園，從中間剖開，築成中正路及西大路並將「爽吟閣」拆遷到崧嶺之上，當親王下榻的紀念；而園裡的數百株梅花也不見了，零零落落的潛園，令人感慨富貴恰如過眼雲煙，瞬息即過。人生的興亡盛衰，變化太快了。最後第三首第四首則是敘述了竹塹的開拓當初，先民胼手胝足，披荊斬棘，將位處偏僻到處荊棘的莽原，開墾拓殖，才能成就今日的繁華都市。所謂前人種樹，後人乘涼。在緬懷過去面對現在展望將來之餘，這些忍受折磨開拓竹塹的先民們，著實是令人尊敬與感佩呀！

第二節 竹塹地區的人文教育

康熙廿二年（1683）臺灣鄭氏的東寧王朝瓦解，清廷朝堂上曾有禁海棄臺之議，但經靖海侯施琅的力奏，並陳及臺灣的利弊得失與堅持下，朝廷遂將臺灣納入清朝版圖，並於康熙廿三年（1684）取消「海禁令」，正式開海，准許人民出海捕魚、貿易，但對大陸及臺灣兩地人民卻仍是嚴格限制往來。因此臺灣早期的開發，先民們多係以墾荒拓殖爲主，根本無暇顧及溫飽之外的教育發展與文化活動；及至各地墾家、富賈事業有成，書院培育子弟成材，

鄉間文風才漸漸崛起，而竹塹地區的人文教育於此也順勢發展起來；其後又因兩大名園主人〔註44〕喜好風雅〔註45〕，提供活動場所，邀集文士雅集，於是詩社的活動也才陸續活絡展開。

一、竹塹啟蒙──尊崇儒學與師承

康熙年間王世傑率族人往來臺海兩岸開墾竹塹，建家立業，「聚族居於樹林頭方面，時鄭氏遺儒匿居竹塹，乃開村塾訓蒙兒童，是為新竹教育之始。」〔註46〕這是錄自《新竹叢誌》的一段話，此亦足以說明新竹的教育開始於康熙年間的私塾；到了雍正年間淡北建廳治於竹塹，移民才日見增多。先民的墾殖有了成果，生活也逐漸改觀，因此書房私塾也漸具規模，但是尚未見有塾師姓名的紀錄。

乾隆年間，鄭崇和〔註47〕自後龍移居竹塹，設帳授徒。嘉慶年間，王世傑的五世孫王士俊〔註48〕在竹塹樹林頭訓蒙，城中鄭用錫、鄭用鑑兄弟皆拜在他的門下；後來鄭氏兄弟陸續中式，始見載諸志，這些書塾，均為私人為識字而設的教育場所，並非官方學校。而淡水廳原有的義學，也是乾隆廿六年（1761），由永定貢生胡焯猷於自宅─興直堡坪頂山腳（今新北市新莊）設立的明志書院，其並另捐田地充為學租。乾隆四十六年（1781），淡水同知成履泰，將明志書院移建於竹塹西門內（現遠東百貨公司新竹分公司對面，及西門街一帶）。這就是新竹設立儒學（公立學校）的開始；其實它的經費，大部份還都是民間捐獻的，可算半官民的機構，時間比起臺南府的儒學要晚一百十五年。

〔註44〕 即「北郭園」的鄭家與「潛園」的林家。

〔註45〕 道光29年潛園初成，主人文采風流慷慨好客，各地詩人聞風踵至；晚年的鄭用錫，令其子如梁於咸豐元年（1851）督築北郭園，以享山水之樂吟詠自娛。士大夫慕名過往唱和，風靡一時。

〔註46〕 吳黃張谷誠《新竹叢誌》〈近世記中篇〉（新竹市立文化中心1996年6月）頁97。

〔註47〕 開臺進士鄭用錫之父。

〔註48〕 王士俊，字熙軒，號子才，竹塹樹林頭人。王氏家業至士俊時已趨中落，嘉慶十年（1805）取進彰化縣學，嘉慶十五年，總督方維甸巡台時，士俊與生員張薰，郭菁英等聯名呈請於竹塹設立儒學。十八年題准，二十二年開工建造，淡水廳儒學成立後，北台地區文教發展快速，王氏之功，實不可沒；士俊勤勉好學終生手不釋卷，著有《易經註解》一部，惜已散佚，另有《易理摘要》四卷為治易心得，亦佚失未刊。

　　清廷對地方的教育，一向以儒家思想爲中心；因此各縣都設有學宮，也就是孔子廟。那是官方的文廟，也是學生精神教育的大本營，與書院毗鄰而立，如果是私塾，也會供奉孔子神位。孔子教學，以禮、樂、射、御、書、數之六藝爲教材，德、智、體、群四育兼備；尤以周公的禮、樂爲教育的重心。清代書塾的教育，雖然承襲孔子的教育理念，但大都仍是以識字和應付科舉爲目標，所以教師授課多以四書、五經、詩賦爲主；同時重視道德教育，他們在進入儒學成爲庠生之前，都要先在私塾接受塾師的教導，所以很重視師承。

　　竹塹名師─王士俊，門下出了進士鄭用錫、孝廉鄭用鑑兄弟，而聲名大噪，陳錫茲門下也出了舉人鄭家珍、文士張麟書等教育家；據說後來他們受聘到福州設帳，也教出了不少科場得意的門徒。鄭釣磻門下也出了葉文樞秀才、陳信齋等名士。高敬修門下三傑，鄭十洲、劉梅溪、羅百祿也很出名〔註49〕。俗話說：「名師出高徒」。這些名師之門牆，必有一番嚴課與苦讀；當時印刷術不發達，書籍昂貴，有許多專門應付考題的試帖、制藝之類的補充教材，都要用手傳抄；如：鄭用錫的《述穀堂制藝》，就可能是留與子孫研讀的。當塾師遇有得意門生，也可能會將秘本傾囊相授，好讓他在考場，依老師的經驗，參考作答，較能駕輕就熟，一舉成名。

二、道德舉業並進

　　讀書識字是入學訓蒙的基本，至於道德教育，除了講解修身經典如《孝經》、《論語》等外，也推行尊師重道。且將「師」與天、地、君、親並列，設立至聖先師神位朝夕禮拜。另設「惜字亭」，將書寫之廢紙，放入亭裡焚燒，嚴禁隨便丟棄或踐踏。傚效唐僧懷素〔註50〕設立筆塚，將用禿了的毛筆，收集掩埋等等，從日常生活的實踐著手，以教導學生愛惜文房四寶之餘，更做到感恩與惜福。

　　而一般書院的生員求學的目的，則主要是爲了應付科舉；當時府城臺南「海東書院」的學規：「端士習、重師友、立課程、敦實行、看書理、正文體、崇詩學、習舉業」等八項，可以說是各地方書院教育所共同遵循的校訓。而

〔註49〕參見《臺灣通史》‧〈列傳〉、《新竹市誌》卷七〈人物志〉。

〔註50〕懷素（725年〜785年），字藏眞，長沙人（另一說零陵人），俗姓錢，唐朝僧人、書法家。精勤學書，以善狂草出名，唐朝人稱他爲醉僧。

生徒們學成後，便會有所謂的「學優則仕」的念想，希望求取功名後，能得一官半職，好造福鄉梓光宗耀祖。

當然這些有功名的生員、舉人、進士的前途，不見得都能順利的當上官，但至少是較有機會的。在萬般皆下品，唯有讀書高的觀念下，回鄉當書院教習，或在私塾當塾師也是一個不錯的出路。其次才爲文字代書及中醫，或命卜勘輿之類。除非他是富家子弟，如：林占梅、林汝梅、鄭如蘭。鄭如松、鄭如梁等，有龐大的家業可以管理，無需求職；否則一般人都會期待以讀書考試來博取功名。

竹塹地區自康熙年間，王世傑率族人入墾後，土地漸次開發人口逐年增加；自乾隆以後，住民生活安定，乃紛紛招內地士人來此設塾。竹塹城初期私塾之設置，尚無事蹟可考，乾隆四十八年（1738）福建同安人鄭崇和攜眷來竹設塾授徒，此乃文獻記載之始；嘉慶年間王世傑五代裔孫王士俊，亦在家中設學，而鄭崇和之子鄭用錫及其從姪鄭用鑑均就學其門下，此後竹塹地區的文風便逐漸興盛起來，書房私塾亦遍設於城中里巷之間了。

表四：清代竹塹城重要的書房私塾概覽表〔註51〕（學生數均不詳）

地區別	所　在	塾師姓名	書房名	年　代	備　　註
竹塹城	水田莊	鄭崇和		乾隆五十年代	監生、鄭用錫父，崇祀鄉賢祠。
同	樹林頭莊	王士俊		嘉慶年間	庠生、進士鄭用錫等出其門下。
同	北門前街	許超英		道光年間	舉人。
同		彭廷選		咸、同年間	道光二十九年拔貢。
同	水田莊北郭園	鄭祥和	紫藤書屋	咸、同年間	
同		陳錫茲		同治初年	庠生、舉人鄭家珍出其門下。
同		李蔭庭		約八十年前	陳瑞陔出其門下。
同	西門潛園	林卓人	潛園涵鏡軒	約八十年前	孝廉。
同	同	查少白		咸豐年間	貢生、子亦設帳授徒、失其名。

〔註51〕《新竹縣志稿》卷七〈教育志〉。（新竹縣文獻委員會 1956 年出版）頁 31～33。

同	同	林亦圖		光緒年間	
同	南門	張人偉		約八十年前	
同	北門水仙王宮後堂	鄭維磻		約七十年前	同治十二年舉人。
同	西門	陳瑞陔		光緒初年	光緒二十年貢士。
同	北門後車路	鄭兆璜		同	吏部主事。
	南門	黃如許		同	恩貢。
	鄭氏家廟後堂	鄭子才	墨稼齋	約七十年前	
	同	吳逢清	同	約六十年前	歲貢。
	北門口	葉際會		同	增貢生。
	北門北郭園	高漢墀	浣花居	同	廩生。
	同	翁林煌	吾亦愛	同	恩貢。
	同	劉廷璧	同	同	廩生。
	東勢鄭希康宅	鄭家珍		同	舉人。
		林鵬霄		同	歲貢。
	北門李陵茂	李希曾		同	同。
	西門	胡克昭		同	儒士。
	水田後街	陳朝龍	靜修書齋	同	廩生。
	西門	江友梅		同	儒士。

表五：清代竹塹城私塾書房小學生每日課程〔註52〕表

時　間	科　目	備　　　註
白天上午六時	上學	上學即先溫習（背誦）前日所讀章句，然後回家早餐，後再上學。
自上午八時半至上午十時	讀書	在塾師面前背誦前日所讀章句，然後隨讀塾師點讀之章句。
自上午十時至正午	習字及做對	默寫舊讀章句，及對塾所所出對題做對，請評閱。
正午	休憩	回家午飯後再上學。
自下午一時半至下午三時	習字	依塾師所旨定，作模字或臨寫，然後提出師評閱。
自下午三時至四（或五時）	讀書	與上午讀書同。
下午四時（或五時）	放學	

〔註52〕蘇子建《塹城詩薈》上冊（新竹市立文化中心出版 1994 年 6 月）頁 40。

從以上的課程內容，我們可以瞭解，多數秀才、貢生、舉人多留在家鄉任教私塾，培育家鄉子弟而未去做官，也可看出他們上課的情形。可見過去的教育，沒有像現代教育課程這般的多元化，如有美勞、自然、數學、社會、音樂等科，甚至體育都付之闕如。不過教學的嚴格，禮教的徹底，正是現代教育無可比擬的。或許有人會說：「威權教育的時代已經過去了。」不錯，時代的進步是無可否認的事實；不過如何在民主社會裡重整道德教育，訂出新的道德觀，則是現今教育生態下嚴峻的重要課題，當然這並不在本論文的討論範圍內。

三、舊式教育的成績考查

古代科舉考試的範圍，離不開「經義」、「試帖詩」、「策論」；因此學生學作詩，是晉身必修的課程之一，部份生員接受政府的廩給（待遇──補助），功課當然要受學官的監督。不及格的，可能會遭受退學的命運。根據新竹縣誌記載，明志書院肄業的生童及生員考試的情形有：

全年考課八期，每月「官課」、「師課」各二期〔註53〕，課題於考試兩天前公佈在講堂前面。凡是參加的人，應該自購指定的考卷用紙，於規定的日期內繕謄交卷，並由出題的學官或院長評閱後發榜。

生員課題：（一）四書題八股文一篇。（作文）
　　　　　（二）七言律詩一首。（作詩）
生童課題：（一）四書題八股文一篇。（作文）
　　　　　（二）五言律詩一首。（作詩）

可見他們每月月考要考作文和作詩，為了應付月課，他們不得不磨練詩作。在文酒詩會，觥籌交錯之間，也難免吟詩助興一番；況且詩作得好，不但受大家推重，也較有出頭的機會。因此「詩」演變到此，已經變了質，好像與科舉制度結上不解之緣，而讀書人應該人人能詩，已是天經地義的事了。

四、科舉制度在竹塹──秀才、舉人、進士

竹塹城內雖然於乾隆年間建立半官方的儒學─明志書院，但仍直到嘉慶廿一年（1816）竹塹才開始肇建學宮；有了官方的文廟，在書院裡就讀的學

〔註53〕 監院學官於每月初二、十六出題考試叫「官課」，院長於初八、廿二自行考試，叫「師課」。

生也要經考試、選拔。嘉慶廿三年（1818）開始考取文童生六名、武童生二名，准入儒學；自此，竹塹文運大開，鄭用錫、郭成金等人陸續中式，這也打開了一條塹城子弟求取功名的管道。清朝的科舉，有歲考、鄉試、會試、殿試四個階段。且一定要逐段經過許多次考試才能過關。

在儒學就讀的庠生〔註54〕，學業成績優異，就可以參加歲考。歲考要通過縣試、府試、學政試共十五場考試；及格才能成爲眞正的「秀才」。秀才原是通俗名稱，正式名稱應叫做「生員」。而生員也是包括廩生、增生、附生等的統稱。另外尙有國子監初級學生—監生，及廩生學優荐入國子監太學—貢生。不過做了生員之後就名列地方士紳，到公開場合也算是有體面的人，套一句現代術語，算是「知識份子」了。

有了生員資格，才能應考「舉人」，這場考試叫「鄉試」。是以省爲單位舉辦的。鄉試共三場，首場：四書制義三題，五言八韻詩一首；第二場：五經制義五題（各經一題）；第三場：策問五題，及格者稱爲「舉人」，又稱孝廉。鄉試第一名叫解元。說到「解元」，《臺灣通史》記載的歲時風俗有：七月七日古日七夕，士子供祀魁星，祭以羊首，上加紅蟳，謂之「解元」。值東者持歸告兆，以羊有角爲「解」（羊和角兩個字左右合併即成解字），而蟳形若「元」；士子祭魁星，就是希望能考中解元；《北郭園詩鈔》裡就有鄭用錫之孫—景南祭魁星的記錄。舉人並不是官名，而是鄉試及格者的稱呼；不過舉人可受賜頂帶、衣帽及白銀二十兩，家裡門前可以掛「文魁」的木匾，並可取得參加中央「京城」會試的資格。參加朝廷「禮部」舉辦的會試及格者，叫做「貢士」，貢士再參加皇帝親自主持的殿試及格，才能稱爲「進士」。雖然殿試是一種形式，是由禮部官員——臚唱拜謁皇帝，並由皇帝親點一、二、三名，好叫所有進士成爲天子門生。光緒廿年新竹出身的舉人陳濬芝〔註55〕，在北京會試中式後，聽到臺灣要割讓給日本，由於家鄉的巨變，使得濬芝無心參加殿試，遂匆匆返臺，因未參加殿試而回，僅有會士之名。直至光緒二十四（1898）年，才入京補行殿試，賜同進士出身。

竹塹地區自道光三年（1823）鄭用錫考取進士成爲「開臺黃甲」後，到光緒乙未年（1895）止，前後七十餘年間，取進科舉的人數計有二百卅一名；

〔註54〕　科舉制度中府、州、縣學生員的別稱。生員經分發所考縣、廳學就學者曰邑庠生，進府學者謂郡庠生，在京師入國學者通稱監生或國子監生。
〔註55〕　光緒八年（1883）中式壬午科舉人。

即武探花一，進士三，武進士一，舉人十二，武舉人六，貢生四十四，廩生十六，秀才一百卅四，武秀才十四人，由此可見竹塹地區的人文之盛，直可說是堪稱北臺之冠了。

五、塹城文教先鋒王士俊、鄭崇和、許超英

王士俊（生卒年不詳），字熙軒，號子才，竹塹樹林頭人。為開闢竹塹埔功臣王世傑第五代裔孫。王氏家業至士俊時已趨中落，故而備嘗艱辛，但仍苦讀不輟。嘉慶十年（1805），取進彰化縣學，嘉慶十五年（1810），總督方維甸巡臺時，士俊與生員張薰、郭菁英等聯名呈請於竹塹設立儒學。十八年題准，二十二年開工建造，淡水廳儒學成立後，北臺地區文教便發展快速起來，王氏之功，實不可沒。士俊自取中秀才後，避處村落，不與士大夫往還，唯以教讀為業，設塾家中，啓迪子姪。竹塹人士素慕其名，爭先遣子弟前來求教，士俊有教無類，從不拒絕。先世與北門鄭氏有隙，構訟頻年，久懸不決，祖業受創甚深，然鄭氏子弟從其就學者亦不乏其人，開臺進士鄭用錫即其入室高足，其為人正直通達，坦然無私，備受時人敬重。王氏嗜讀周易，由壯及老，手不釋卷，著有《易經註解》一部，是書傳有十二卷，多沿朱子本意，惜已散佚，另有《易理摘要》四卷為治易心得，佚失未刊；進士鄭用錫「易學」造詣精深實師承於王氏甚多〔註56〕。

鄭崇和（1756～1827），名合，字其德，號貽菴。遠祖在明朝末年時，由福建漳州府漳浦，遷居泉州府同安縣金門。乾隆二十一年（1756）生於浯江（今金門）李洋鄉。崇和九歲喪母，以耕讀養志，甚得父歡，博覽群籍，可惜考運不濟，且遭凶饉；於是在清乾隆三十九年至四十年間隨父鄭國唐、兄鄭崇吉與叔父鄭國慶、堂弟鄭崇科渡海來臺，定居竹塹後龍溪洲（今屬苗栗縣後龍鎮）並教讀於後龍。當時臺灣北部仍為闢墾之地，文教未倡，崇和學養頗具根基，甚受當時墾首豪強的推重。嘉慶十年（1805），海盜蔡牽侵擾淡北，崇和「募勇守後，相為犄角」。嘉慶二十五（1820）年時疫流行，「死者濟以棺木，活者受施藥物」，活人不少，鄉人以慈善相稱。淡水廳轄區廣闊，閩粵居民分布錯綜複雜，嘉慶至咸豐年間，分類械鬥冠於全臺，每遇閩粵各分氣類、紛爭難解時，崇和承奉官府諭令，招集兩方父老，說以利害，勸以息事寧人，不聽者，召集鄉勇彈壓，化弭不少爭鬥。竹塹地鄰番境，兇番時

〔註56〕陳龍貴《新竹市志》卷八〈藝文志〉（新竹市政府 1997 年 12 月）頁 9。

出劫掠殺人，樵採及行旅，常遭馘首，崇和募勇設隘以防番，竹塹居民深受
其惠。晚年家境富饒，淡泊依舊，「不親勢要人，尤敬惜紙，不以口角傷人，
待親族恩義備至」〔註57〕，「後舊居地、設塾師教之，每人米三斗，錢三百，
柴三擔」〔註58〕。「好讀宋儒書，不喜涉訟，至老未上公庭」〔註59〕，畢生垂
教，竹塹建文廟時，樂捐巨款，振興文風之功甚大，道光七年（1827）卒，
十二年（1832）詔准祀鄉賢祠〔註60〕。

　　許超英（生卒年不詳），字志清，竹塹水田莊人，原籍福建泉州同安。道光
二十六年（1846），中式舉人候選教諭，於竹塹城北門前街開館授徒。秉性剛直，
任俠不群，交遊廣泛，遇有不平之事，常挺身而出毫無懼色。復以語多鋒利，
極善諧詼，常令人窘迫而難以置答。對宦場中營私舞弊之事，最為痛恨，時而
出面干預，奸邪貪鄙之屬，莫不畏懼三分，多方討好以求了事，許氏則以所得
錢財，散濟貧窮，而有竹塹許舉人不畏事之名，有好焉者做詩讚曰：
　　　　一己無長物，濟貧重義行；欺官不欺民，淡水許超英。
　　道光十四年（1834），金廣福墾號奉准開墾竹塹東南一帶荒地，在未墾前，
附近百姓葬墳不少；自十五年開墾後，藉墾混界，侵占墳地，挾勢滋生事端，
許氏慨然出面，糾合紳董、舖戶、行郊等，聯合僉稟淡水總捕分府同知張啓
炘，勘明各處塚牧界址及金廣福承墾地方山場，嚴禁混佔私墾以息爭端，並
於咸豐元年（1851）立憲禁碑於城內北鼓樓〔註61〕下，同時聯合紳民募捐，
改建大眾廟東壇，使生養有地，死葬有方。許氏雖家世寒素，但任俠曠達，
對於宦途，興趣寂寥；但學問淵博詩學造亦甚深：
　　秋興
　　一年容易又秋風，物換星移大海東；雲水養茫驚去燕，關山迢遞感征鴻；
　　杜陵有興詩懷壯，歐子聞聲賦手工；梧葉滿階誰掃盡，明朝還欲課兒童。
　　其二
　　明月催人鬢欲蓬，一年容易又秋風；西歸鷺嶼囊差澀，北上燕京路未通；
　　羽檄交馳青海外，烽煙疊起大江東；魚書珍重何由達，徒倚門閭望不窮。

〔註57〕　張德南《新竹市志》卷七〈人物志〉（新竹市政府 1997 年 12 月）頁 248。
〔註58〕　張德南《新竹市志》卷七〈人物志〉（新竹市政府 1997 年 12 月）頁 248。
〔註59〕　張德南《新竹市志》卷七〈人物志〉（新竹市政府 1997 年 12 月）頁 248。
〔註60〕　鄭藩派《開臺進士　鄭用錫》（金門縣文化局・2007 年 8 月）頁 14～23。鄭鵬
　　　　　雲《浯江鄭氏家譜》。
〔註61〕　竹塹城竹子城的北門城樓。

　　許氏設書房於北門前街，教育子弟因材施教，門人學子極眾，其文筆風格，一如他的平素為人，鋒利如刃，而詩作亦多豪放，別有新意，竹塹豪紳無論是內外公館，均對其禮敬有加，終其一生，以行事狷介，名聞北臺地區〔註62〕。

六、開臺進士鄭用錫〔註63〕的青雲之路與北臺文教

　　鄭用錫（1788～1858）祖籍福建漳浦，名蕃，譜名文衍，字在中，號祉亭。乾隆五十三年（1788）生於竹塹北門外。幼時追隨王士俊就讀，嘉慶十五年取為彰化縣學廩生，嘉慶二十三年（1818），二應鄉試，取中恩科舉人，道光三年（1823），赴京會試，取中進士三甲及第。這是開臺以來，編為「至」字號的臺籍考生，首次登科的進士，世人皆稱為「開臺黃甲」。臺灣本係遠離中原的海島，當時在清廷的眼裡，是所謂的化外之地。在教育普及的現今來看，學校品質尚難免有城鄉差距；更何況當時交通不便，師資良莠不齊的情況下，臺灣書院出身的士子能高中進士，是一件讓地方父老引以為榮的事。不但竹塹士子為之振奮，鄭家上下的得意也就可想而知了。

　　鄭用錫未中進士前，就已熱心公益仗義輸資，也曾參與捐建文廟等工作，用錫春捷後，並未急於出仕，先行告假回鄉省親。這期間，他領銜建議築造竹塹城，並親自督工，為鄉里的建設完成一件大事。後來他依照傳統「學優則仕」的觀念，才進京供職，籤分兵部武選司，翌年補授禮部鑄印局員外郎兼儀制司。即兢兢業業，精勤服職於所司。大半的讀書人參加考試，目的在中舉後謀得一官半職，發揮長才以報效國家，用錫的父親鄭崇和是塾師，因此用錫自幼就有繼承父志，讀好父書的初志。至於踏入仕途，到京師任職卻並不熱衷官場，我們且看鄭用錫這一首〈慨時〉的詩，就可明白他對官場的想法：

> 無才堪報國，笑汝竟為官。雞犬昇天易，牛羊在牧難。
>
> 兢兢誰自履，瑣瑣盡高冠。浩耳吾歸去，何如樂澗槃〔註64〕。

這一首詩的寫作時間不詳，但是可以看出用錫對於宦途的感想；詩意是說：自己沒有什麼長才可以報效朝廷，竟作了官吏；家人因我作了官，從此可以

〔註62〕張德南《新竹市志》卷七〈人物志〉（新竹市政府 1997 年 12 月）頁 80。另參見《新竹縣志》〈藝文志〉附錄。
〔註63〕參見《浯江鄭氏族譜》、《北郭園全集》、《新竹市誌》。
〔註64〕澗槃：詩 衛風，「考槃在澗」美賢者隱居澗谷之間。

更吃得開。但我要在官場上處理公務，爲百姓造福是一件辛苦的差事，要面對眾多高官的監督，唯恐如履薄冰，兢兢業業的做事，還得不到應有的肯定；與其爲五斗米折腰，不如賦歸去來，尋遊山水之樂。

臺灣淡水廳自開闢以來，各類械鬥頻繁，道光六年（1826），竹塹地區又發生漳泉閩粵械鬥焚燒搶劫、威脅滋生，用錫認爲「禦暴必藉範圍，安民全資捍衛」，遂聯同士紳，向當時的同知李愼彝建議，築城爲當務之急。適逢總督孫爾準巡視臺灣，即批准用錫等士紳奏議，並由其擔任築城總監。在「不動公帑一絲」的情況下，道光九年，磚造石城完工，用錫因功加同知銜。道光十四年（1834）便往北京就職，籤分兵部武選司，補授禮部鑄印局員外郎，兼儀制司。道光十七年（1837）返回竹塹，再次主講明志書院，用錫自京城禮部退居竹塹後，即致力於教育事業，前後八年間，主講明志書院，每有課日，親自爲文作詩，做爲諸生模範。考評學生，則秉存公正，人皆信服，又常製作摺卷，教授學生書法制藝，汲引後學甚眾，帶動北臺文教。

感作　鄭用錫

> 我生本不才，庸庸何所見，一官歸去來，幸侍寢門膳，
> 倏忽廿餘年，流光如掣電，到處皆險巇，人情多幻變，
> 軒冕似泥塗，昔貴今亦賤，不如收桑榆，行樂且安便。

這一首五言古體詩是用錫晚年的感作，辭官後侍奉老母，轉眼又過了二十多年。現在的心情，視高官厚祿猶如糞土，一切都看得很開，能及時行樂，安享晚年是多麼的美好啊！用錫在〈家大人誕辰書示二弟〉詩寫道：

> 親年六十七，懍懍懷無逸。世路薄春冰，人生愛春日。
> 秉性厭紛華，經史課兒姪。生平所願望，箕裘能繼述。
> 我今三十餘，何時報鼎實？請還讀父書，壎篪吹一一。
> 長著老萊衣，高堂安且吉。

從本詩中也可看出鄭進士表達他不愛繁華多擾的生活，只希望教育兒姪克紹箕裘；用錫還鄉後，復出掌教明志書院，乃是居於上述的心理。因爲用錫早已洞悉宦途的險惡，不慣官場陋習及奢侈淫佚的生活，所以任官僅只三年，便以母老乞養爲由，辭官還鄉了。

其後，在鄉黨之中，只要遇有紛爭，事無小大，鄭進士都樂於爲人排解。道光二十二年（1842）鴉片戰爭影響及於臺灣，英艦侵犯大安港口，用錫聞急，與同城巨室林家召募民勇，守衛國土，因功賞戴花翎，繼獲土地公港草

烏洋匪，加四品銜。咸豐三年（1853），北部分類械鬥（自我認知不同族群間的武裝衝突）起於板橋，蔓延至各地，用錫往來奔波，全力排解，五月撰〈勸和論〉文辭剴切，開誠布公，並親為調解，亂事漸至平定，對地方安定貢獻良多。咸豐四年，奉旨與施瓊芳進士等協辦團練，並勸捐運津米糧，恩給二品封典。是時分類械鬥在竹塹地區新社、六張犁、紅毛港、大湖口等再度擴展，用錫冒險親赴險阻，奔走其間，並多方折衝，各地為首者，接讀勸和論，莫不感動，械鬥為之暫息。

　　鑑於淡水廳自開闢以來，欠缺史乘，用錫遂召集弟友門生，博採資料，據事直書，纂修《淡水廳志稿》四卷，同治九年（1870），陳培桂命楊浚所修之《淡水廳志》，即多依鄭氏稿本，方始克盡全功。用錫長於經史百家之學，貫通之餘，尤精擅易經，曾綜合古今各家之說，撰就《欽定周易折中衍義》。此外，對《周禮》亦研究有素，著有《周禮解疑》。又好擊鉢吟詠，主盟「斯盛社」，雅集酬唱，開啓竹塹詩社吟誦之風；晚年與次子鄭如樑，興築「北郭園」詩酒自娛，成一園林詩派，所著詩文論述，時人爭相傳誦，著作甚豐。其子如梁將作品輯為《北郭園全集》，分為《北郭園詩文鈔》一卷，《北郭園詩鈔》五卷，《述穀堂制藝》二卷，《述穀堂試帖》二卷。其詩文平淡而雋永，楊浚為之作序稱其為「發於性情，深得三百篇之遺旨，其品格在晉為陶靖節，在唐為白樂天，在宋為邵堯夫，間有逼肖元遺山」〔註65〕，日人伊能嘉矩稱鄭用錫為「北臺偉人」；日本漢學家並譽之三百年來臺灣儒者之代表，鄭進士用錫對淡北文風之興，實功不可沒。

　　清代中葉以降，明志書院在鄭用錫與鄭用鑑、林占梅等先賢的主導下，逐漸奠定了竹塹地區深厚的文教基礎，此後詩人唱和，弦歌不斷，竹塹地區蔚為北臺文教的重心；鄭進士於咸豐八年去世，同治十一年（1872）奉詔准入祀鄉賢祠。鄭用錫原葬於香山之麓，同治八年（1869）遷葬於塹南關外竹仔坑，相傳這塊風水寶地，是鄭進士好友欽旌孝子李錫金家族提供。墓為橢圓形墳墓，墓碑勒石文字為「同治己巳年菊月清賜進士出身賞戴花翎禮部副郎晉封通泰大夫祉亭顯考鄭公墓次男如梁立石」，自分金線〔註66〕起，有頭曲手、二曲手、三曲手，曲手間望柱分別為石印、石筆、石獅。堂地前石象生則依清會典中文官二品之例，有石人、石馬、石羊、石虎各一對。石象生前

〔註65〕中央研究院漢籍電子文獻《臺灣文獻叢刊》四一。《北郭園詩鈔》楊序，頁3。
〔註66〕風水學上專門術語，分金線係指羅盤上面的二十四山，每山15度，總計360度。

為半月形兜池墓壟，左側有二曲半規模的后土神位。最外端並立有石筆柱石一對，由閩浙總督王懿得〔註67〕所題。

七、明志書院最偉大的教育家——鄭用鑑

鄭用鑑（1789～1867），字明卿，號藻亭，又號人光。乾隆五十四年（1789）出生於淡水廳。幼年時代生活至為困窘，「歲暮、無錢銀粒米……幸賴鄰居代借銀米得過年」〔註68〕。不久因分類械鬥，舉家遷往竹塹，寄人簷下，家徒壁立。二十二歲時取進為彰化縣學附生，嘉慶二十二年（1817）淡水廳儒學成立，於是撥歸淡水廳儒學。此一時期「屢冠軍，食廩餼」〔註69〕，道光五年考中拔貢，成為北臺地區首位拔元。次年循例在禮部覆試，保和殿朝考，經取錄為二等第七名，以教職選用。但因「秉性至孝，念雙親衰老，二弟早亡，朝夕侍膝，罔敢失離，以故不赴科場，不圖仕進」〔註70〕專以授業課徒為務，成為名實俱符的「徵士」〔註71〕。漬道光十四年（1834年），因族兄鄭用錫赴京任官，鄭用鑑遂接任明志書院院長〔註72〕；他教導學生，特別重視學生的品德涵養。而他一生的行事，也是以德行為依歸，不論是自我修身、人情倫理或是治國安邦上，都以道德為最高原則。除了在日常生活上極力實踐道德外，用鑑的散文也存在著許多以道德為主旨的作品，清楚地傳達其道德理念。

早期臺灣士子，為求功名幾全力用於應制之文，用鑑在授業時則打破此種囿限，主講明志書院亦然，即「擇專經一人，朝夕講說，每旬日條問大義，間五日則一習舉業，以備程試」〔註73〕，可見先生認為「經義」與「舉業」一樣重要，學習上絕不可偏廢。教導學生時，則希望渠等能博文深識名於教化，以達體用兼備；《臺灣通史》作者連雅堂更稱其：「設塾課徒，以德為先，文藝為次。」〔註74〕用鑑治學則以「究心易理，時以宋儒為宗」，在汲汲於科

〔註67〕　王懿德（1798～1861，與鄭用錫為道光三年（1823年）同榜進士
〔註68〕　鄭用鑑《靜遠堂詩文鈔》附錄一〈貳古文書檔案碑記〉，新竹市政府 2001 年 12 月，頁 116。
〔註69〕　鄭鵬雲《浯江鄭氏家乘》〈鄉賢藻亭公墓誌銘〉頁 149～151。
〔註70〕　鄭鵬雲《浯江鄭氏家乘》〈鄉賢藻亭公墓誌銘〉頁 149～151。
〔註71〕　徵士，謂德高徵而不就。
〔註72〕　原稱山長，乾隆卅年諭令改稱院長。
〔註73〕　詹雅能《明志書院沿革志》新竹：新竹市政府 2002 年 12 月，頁 83。
〔註74〕　連橫《臺灣通史》〈鄉賢列傳〉（黎明文化事業股份有限公司 2001 年 4 月）頁 1133。

甲環境裏，他仍重天理性命之學。更強調「國家取士多求體用兼備之人」，因此書院育才「當明立規矩，申行約束」，且其本身躬自實踐，「尚節廉，戒浮靡，衣服飲食淡薄自甘晏如也，自脩金贄節外，無一苟取於人，而人亦不敢干以私」。施天鈞〔註75〕在其《彈鋏錄》裏，稱譽其為「性真摯，重然諾，戒浮華，毋苟取，事親唯謹，人稱其孝」〔註76〕，用鑑先生實為教育家之楷模。

用鑑先生於學術方面，著有《易經易讀》三卷，「首辨河圖洛書，二辨五行九宮，三辨先天太極，皆據今古之說，互為參證…… 並繪先天後天及卦變諸圖，俾初學者有所依托」，此書中闡明道器體用之理，頗為士林推重；劉銘傳與陳季同曾先後為文作序，惜書稿及序文均因未刊而佚失。詩文方面則有《靜遠堂詩文鈔》三卷，此書在論文方面清奇濃淡，不拘一格，大率以理法為宗，詩文方面，王國璠〔註77〕評為「才趨性靈，和平中正，毫無噍殺之音」〔註78〕。

另在教育方面，用鑑主講明志書院三十年，評騭至公；他闡揚書院「志在聖賢，義利無淆於慮；志存經濟，王霸必究其原」的宗旨，弟子遍及淡北及蘭陽，推動北臺地區文教發展，影響深遠。

嘉慶道光年間，因為竹塹地區發展快速，士紳積極參與各項公益事務，地方建設，人們常以鄭氏兄弟，馬首是瞻，在捐款築城，興修水利，社會救濟等各方面，用鑑積極襄助從兄用錫全力以赴。而在「創設義塚、義倉」，「重修文廟、文昌宮、明倫堂」等文教事業裏，則多由用鑑倡建。咸豐二年（1852），因捐運津米，加內閣中書銜，同治元年（1862）詔舉為「孝廉方正」〔註79〕，同治二年（1863）竹塹郊商推其為重修長和宮〔註80〕總理。同治六年（1867）先生赴召修文。其門弟子陳維英率其他學生合送——黃絹楷書之輓聯曰：

〔註75〕 光緒十六年十一月署台灣縣（今台中）縣學訓導：光緒十三年，任新竹縣學訓導。

〔註76〕 參見詹雅能編校・鄭用鑑著《靜遠堂詩文鈔》（新竹市政府 2001 年 12 月）頁 153。

〔註77〕 王國璠（1917～2009）安徽省舒城縣石崗鄉，來臺後，專治臺灣史，著有《丘逢甲傳》、《鄭成功傳》、《故鄉耆舊錄》、《中原文化與臺灣》；編撰《台北市史畫集》、《重修臺灣省通志》、《臺北市歲時紀》，《台灣先賢著作提要》等為臺灣著名文獻學家。

〔註78〕 王國璠《臺北文縣》直字第十一十二合刊，頁 216。又《中原文化與臺灣》頁 553。

〔註79〕 清特設的制科之一。依漢代「孝廉」、「賢良方正」合為一科。雍正元年（1723），詔直省每府州衛各舉孝廉方正，賜六品服備用，並規定以後每逢皇帝即位即薦舉一次。乾隆五年（1740），定薦舉后赴禮部驗看考試，授以知縣等官，道光間改於保和殿考試。

〔註80〕 今新竹市北門街外媽祖廟。

「於先生不能口讚一辭　品也學也

在弟子只有心喪三載　哀哉痛哉」

淡蘭主講‧授業陳維英領門生：

舉人 張書紳	廩生 黃元琛	生員 李春枝	生員 林恆秀
舉人 陳霞林	生員 施謙益	生員 張國榮	生員 連捷陞
舉人 鄭步蟾	生員 連日春	生員 詹正南	生員 高振儀
舉人 李春波	生員 謝家樹	生員 周　南	生員 陳名全
舉人 李望洋	生員 謝希謙	生員 林　森	生員 胡玉峰
舉人 楊士芳	生員 林挺華	生員 林紹芬	生員 黃元萊
舉人 林步瀛	生員 吳揚清	生員 楊宗泰	生員 林甘棠
舉人 陳慶勳	生員 陳世昌	生員 顏宗濂	生員 俞錦標
拔貢 李逢時	生員 林　芬	生員 洪　範	生員 陳濟將
副貢 張夢丁	生員 戴祥雲	生員 張豁然	生員 王雨苗
歲貢 黃　鏘	生員 施謙吉	生員 簡銘鐘	生員 張卿雲
歲貢 施贊湯	生員 林成績	生員 周鏘鳴	生員 陳化鯤
廩生 潘永清	生員 鄭步瀛	生員 趙　璧	生員 呂　掄
廩生 陳　經	生員 黃　政	生員 周鍊金	生員 葉祖藻
廩生 楊克彰	生員 高揚華	生員 張　揚	生員 王濟源
廩生 林紹唐	生員 陳登元	生員 林樹聲	生員 黃　斀
廩生 黃元炘	生員 何希亮	生員 吳維薾	生員 陳玉華
廩生 葉清華	生員 陳儒林	生員 施贊文	生員 陳樹藍
廩生 楊正中	生員 陳雲林	生員 邱　淦	生員 陳樹芬

拭淚拜輓

這幅輓聯所列門人中，舉人有八人，貢生有四人，廩生有八人，生員（秀才）五十六人，幾將北臺地區俊、秀之士全數網羅了，稍後楊士芳、陳登元亦分別考取進士，陳樹藍、李逢時為舉人，林紹唐、潘永清、楊克彰、陳儒林、洪範、張豁然、周鏘鳴為貢生，黃斀、陳樹芬為廩生，更擴大了影響層面。加上陳樹藍在大龍峒、連日春在大稻埕、楊克彰在加蚋堡開帳授業；而李春波主講仰山書院、林步瀛任教仰山、學海、明志書院，陳維英任教仰山、學海三十年，使得北臺文教快速發展，漸次發揮士人階層的影響力，這也再在說明了鄭用鑑先生，春風化雨桃李菁英滿天下，教澤深厚開枝散葉遍北臺。

這位明志書院最偉大的教育家，對淡北竹塹地區人文教育的發展真的是厥功至偉，其後流佈於淡北的竹塹風華，也不得不說是深受先生之風的影響。

先生文開北臺，化育久遠，也正如吳魯〔註81〕所頌：「其德則粹，其行尤芳，據經師席，登著作堂，千秋鉅薦，萬古綱常，鑄金可稱，搏土何妨，先生宛在，瓣藝心香」〔註82〕。誠如前面所言，用鑑先生主講明志書院三十年，他教導學生，特別重視學生的品德涵養，而他一生的行事，也是以德行為依歸。綜觀以上種種我們可以明白，這位畢生致力於教育工作的竹塹大儒，是如何為當時的北臺灣注入了一股道德文化的巨流。無怪乎光緒二年的福建巡撫丁日昌，會極力奏准朝廷先生入祀鄉賢祠；而日據初始的首任總督樺山資紀，更贈以匾額，譽為「學界山斗」〔註83〕了。

第三節　兩大名園與詩社

新竹八景〔註84〕中的「北郭煙雨」與「潛園探梅」是竹城翰墨因緣的原媒，而竹塹地區詩社的出現，在有清代一代實與鄭、林兩家的兩大名園有著莫大的關聯。是以要探究竹塹地區詩社之源起與發展，則必從這兩大家族的園林詩社著手，而後才得以再論及其他。由於早期文獻不足，要清晰勾勒出竹塹地區詩社發展的全貌是相當困難的，因此僅能依循有限的資料，如相關的文書、詩刊、作品與史誌……相互比對旁徵等，方能推知出其中的輪廓與概貌。

一、北郭煙雨雅集興

「竹社」這個已經在竹塹地區活動一五四年的古典詩社，他是臺灣詩壇的傳奇，亦是新竹的驕傲。「竹塹」在清治時期是淡水廳的廳治所在地。清道光、咸豐以來，至光緒乙未年（1895）止，光是竹塹城考取科舉功名的人數計有進士、舉人、秀才等就有二百三十餘人，由此可見當時的人文之盛。

〔註81〕 吳魯（1845～1912），光緒庚寅恩科狀元福建晉江人。

〔註82〕 吳魯〈恭頌藥亭先生像頌辭〉。

〔註83〕 1895年日軍主帥 樺山資紀在整個新竹全城混亂之際，贈與新竹鄭家先祖鄭用鑑——學界山斗匾額。讓原本手足無措的鄭氏族人安心，也安撫了整個新竹城的民心。

〔註84〕 新竹八景來自於清光緒十四年（1888）陳朝龍編纂的〈新竹採訪冊〉：隙溪吐墨、指峰凌霄、香山觀海、合水信潮、鳳崎晚霞、北郭煙雨、靈泉試茗、潛園探梅。

　　開臺進士鄭用錫在道光十七年（1837）以親老爲由辭官返鄉後，便積極提倡文教獎掖後學，且熱心公益造福鄉梓，在濟濟多士的竹塹地區儼然成爲文壇祭酒。洞察世事人情的鄭進士與其次子鄭如樑於咸豐元年（1851 年）開始修築「北郭園」，三年後，名園完成，園中美景處處，頗有山水之樂。用錫特爲之作《北郭園記》曰：

　　　　凡境由於天造者，其施功也易爲力；而其由於人造者，非窮締搆之能、極心思之巧，無由化平淡爲新奇，此事之所以難而功之所以倍也。

　　　　塹城背山面海，自東而南而北，層巒疊巘，高出雲霄，當有名勝之區，足以供遊覽而資棲息。然距城較遠，且徑險林深，彝獸叢處，僅爲樵獵往來之地。

　　　　余自假養歸田，屈指至今，已十餘載。自顧樗櫟散材，無復出山之志。竊效古人買山歸隱，以樂殘年；乃此願莫償，求一勝地而不可得。庚戌，適鄰翁有負郭之田與余居相近，因購之爲卜築計。而次子如梁亦不惜厚貲，匠心獨運，搆材鳩工，前後凡三、四層，堂廡十數間，鑿池通水，積石爲山，樓亭花木，燦然畢備；不數月而成巨觀，可云勝矣！

　　　　嗟夫！以鄰翁艱難創置，至其子孫不能有，迺爲我有，而次子復藉此區區，相其陰陽，因其形勢，欲極一時之盛。夫亦知前事之廢興，即爲後事之龜鑑者乎？余既爽然喜，復惕然憂。顧今已老矣，無能爲好山好水之遊，而朝夕此地，亦足以杖履逍遙；仰而觀山，俯而聽泉，尋花看竹，聞鳥觀魚，豈不快哉！至於盛衰之道，祇聽後人之自致，非予敢知也。

　　　　爰額之曰「北郭 園」，蓋因其地以名之。而諸山拱峙，翠若列屏，又與李太白「青山橫北郭」句相吻合也。是爲記。

　　北郭園之興建本是供用錫晚年自娛，但凡士大夫之過竹塹者，主人必傾樽酬唱，吟詠爲歡，故風靡一時。正因爲園林之樂的吸引，使得咸豐年間的竹塹，成爲文人薈萃雲集之所在，汪昱、許蔭亭、蕭薦階、丁曰健、曾驤、劉星槎、鄭祥和……等本地文士與流寓文人皆於此活動頻頻，吟詠不輟，儼

然形成一文化社群。而園中文人的結社活動亦隨之應運而生〔註85〕。其後楊浚在《北郭園全集》選錄的序文一寫道：

> 昔高達夫五十始學詩，祉亭先生亦歸田後所作爲多也。蓋發於
> 性情，深得三百篇之遺旨。其品格在晉爲陶靖節、在唐爲白樂天、
> 在宋爲邵堯夫，間有逼肖元遺山者。先生自家居奉養，託跡郊坰，
> 日以歌詠爲事，世比之山中宏景〔註86〕，介休林宗〔註87〕。所築精
> 舍曰北郭園，萬峰環峙，秀甲瀛壖，宜其得江山之助，不求工而自
> 工矣。
>
> 同治九年九月，鄉愚姪楊浚雪滄氏謹序於塹城之試筆寓廬。

也由於北郭園主人──鄭用錫經常邀集士大夫到北郭園吟詠酬唱。當時除了「竹塹七子」〔註88〕、鄭用鑑、鄭如松等鄭家人外，茂才劉星槎、舉人陳維英、名士、官宦，都成爲鄭家的座上客。鄭用錫所著的《北郭園詩鈔》中存有多首唱酬的詩，由中即可以讓後人推想當時的盛況。

當時不止鄭進士與眾文人締盟成社，即連其長孫鄭景南也不讓長輩專美於前；因古代的科舉制度少不了試帖詩的考試。所以「做詩」是應考學生必經之門。咸豐七年（1857）七月七日，青年學子鄭景南〔註89〕邀集其好友七人，祭祀奎星〔註90〕，組織「斯盛社」，並請祖父開臺進士鄭用錫爲其盟主，鄭進士亦先後賦詩三首勉勵他們，從而也看出身爲長輩的鄭進士，對晚輩的關愛、提攜與期待。

〔註85〕 似有竹城吟社、北郭園吟社之型。

〔註86〕 陶弘景（456年4月30日～536年3月12日），字通明，自號華陽隱居，諡號貞白先生，丹陽秣陵（今江蘇省南京市江寧區）人，南朝道士、醫學家、文學家與書法家，博學多才，善於描寫自然風景，精通醫藥與天文知識，兼修佛、道二教，特別尊崇東晉時出世的上清經，成爲道教上清派的代表人物。曾辭官隱居不仕，率弟子棲隱茅山，專心修道，卻因梁武帝曾常派人向他諮詢國事，有「山中宰相」的美譽。

〔註87〕 郭泰（128年～169年），字林宗，東漢并州太原郡介休人（今山西介休），清流領袖。

〔註88〕 竹塹七子，在《臺陽詩話》中又作新竹七子，是清朝道光年間活動於臺灣竹塹地區（今新竹市）以新竹北門鄭氏爲主的文人集團，即鄭用錫、鄭如松父子與鄭士超、鄭用鑑、鄭用話、郭成金、劉藜光。

〔註89〕 鄭用錫長孫，號少坡如松之子。

〔註90〕 俗訛稱爲魁星。魁星是北斗七星之第一至第四顆星，古天文學家認爲是掌世間文運之神。景南選擇七年七月七日招七友祭星斗，有其選吉時，討吉利的意義。

　　「斯盛社」是鄭景南等青年學子爲科舉考試切磋詩藝的組織；也是新竹文獻資料上所記載的最早詩社〔註91〕。其組合係以文會友，結果不僅爲竹塹文學帶來蓬勃生機，也促使此地文酒盛會蔚爲北臺之冠，而用錫詩社的成立，也爲日後竹塹地區詩社的發展絷下深厚的基礎。

　　根據《新竹縣志・藝文志》第一節詩文篇中的一段記載：「道光三年，鄭用錫成進士，晚年退休，建北郭園，從事吟詠，締結『斯盛社』，爲新竹詩社之濫觴」。但斯盛社吟侶七人，姓氏無考，於是有人〔註92〕說是當時人稱的「竹塹七子」，亦即是進士鄭用錫、進士鄭士超、舉人郭成金、孝廉方正鄭用鑑、舉人鄭如松、貢生鄭用鈺、廩生劉黎光等七人；近人撰述竹塹詩史，大都採用此說，認爲竹塹七子即是斯盛社的七吟侶。然而我們從《北郭園全集》〔註93〕、《北郭園詩鈔》〔註94〕中，即可發現鄭進士曾經吟贈斯盛社同人的詩，以及記錄長孫景南祭奎星後，結「斯盛社」的詩有三首。只要仔細推敲詩中的含意，配對時間及人物，疑點確實不少。北郭園建於咸豐元年，所以斯盛社締結年代應在咸豐元年以後，於是整理出七子的「生卒年代表」來看：

表六：竹塹七子生卒年代疑考

竹塹七子姓名	生卒年代	用錫辭官1837年	北郭園開始興築於咸豐元年（1851）年	說　明
鄭用錫（祇亭）	1788年至1858年	時年50歲	時年64歲	道光三年成進士，六年協助同知築竹塹城，十四年往北京供職，十七年以母老乞養。咸豐元年築北郭園，八年卒（享年七十一歲）。
鄭用鑑（藻亭）	1789年至1867年	時年49歲	時年63歲	道光五年拔貢生，主講明志書院卅年。同治元年詔舉孝廉方正，同治六年卒（享年七十九歲）。
郭成金（貢南）	1780年至1836年	已歿	已歿	嘉慶廿四年領鄉薦，任教職，道光三年赴試春闈不第，主講明志書院。道光十六年卒（享年五十七歲）。

〔註91〕　明治四十三年《臺灣日日新報》及黃美娥博士《清代臺灣竹塹地區傳統文學研究》295頁，指出尚有資料不詳的「竹城吟社」。
〔註92〕　王松《臺陽詩話》。
〔註93〕　《北郭園全集》十卷，鄭用錫著，清同治九年（1870）刻本。
〔註94〕　《北郭園詩鈔》五卷，鄭用錫著，（臺銀本：文叢第四十一種，一冊，四十八年五月，臺北）。

鄭用鈺 （穎亭）	1802 年 至 1847 年	時年 36 歲	已歿	新竹縣誌人物志節孝表載：「翁金娘，竹 塹林福女，水田恩貢生鄭用鈺妻。」可 見用鈺英年早逝，道光廿七年卒（時年 四十六歲）。
鄭如松 （蔭坡）	1816 年 至 1860 年	時年 22 歲	時年 36 歲	用錫長子，道光十七年丁酉科黃維岳榜 廩生，優貢生。道光廿六年中舉人，咸 豐十年卒（時年四十五歲）。
劉星槎 （藜光）	不詳	年齡不詳 但仍健在。	年齡不詳 當時健在。	一名希尚字藜光。廩生，取進年代不詳， 北郭園詩鈔裡，有星槎題贈北郭園，用 錫回答他的和詩。
鄭士超	不詳	不詳	不詳	《淡水廳志》只載其為進士及第，中式 年代及家世不詳，唯據鄭氏族譜名士傳 載：士超係乾隆間進士，少家貧，為人 牧牛、勤讀，常不知牛之逸去，官至監 察御使。（是否此人不得而知）。

從上表所列，一對照就很清楚了，首先就是咸豐元年，北郭園興築時，用
錫已是六四之齡，七子之一的郭成金早已經去世了十五年；社盟尚未締結，七
子已去其一。鄭用鈺為用錫之弟，係道光廿四年（1844）恩貢生。《新竹縣志・
節孝表》記載：「用鈺之妻翁氏金娘，廿四歲即守寡。」可見用鈺英年早逝（卒
年四十六歲），其妻才會年輕就守寡，故北郭園落成，用鈺已去世多年，早已經
不在人世。因此，「竹塹七子」，可能是斯盛社的七吟侶，這一句話確實是有誤
的。而在《北郭園詩鈔》裡有關「斯盛社」的詩有三首〔註95〕，今錄其二如下：

贈斯盛社同人　鄭用錫

磊落英姿正少年，諸君結社各翩翩。留松開徑邀三益，種竹成陰得七賢。

壯志好登瀛海島，文光齊射斗牛纏。積薪望汝能居上，聯臂相期尺五天。

（同社七人）

再贈斯盛社　鄭用錫

蕭森竹木映窗紗，聚首論文日未斜。牛耳登壇慚我執，龍頭奪錦許誰誇。

心苗好種文章福，腹禾能使氣象華。得失全憑三寸管，榜中花即筆中花。

我們再仔細推敲這兩首的詩意，尤其首句：「磊落英姿正少年，諸君結社各翩
翩。」的口氣，斯盛社的成員，應該是年輕後輩，如果是針對當時已年逾花
甲的鄭用鑑、周士超等人，寫這樣的詩豈不肉麻?其次「留松開徑邀三益，種
竹成陰得七賢（同社七人）。」句，下面的註解，清楚的告訴我們，社員的人

―――――――――――――

〔註95〕見《新竹縣志・藝文志》節錄後二首

數是七人，可能也就是因為此句，才會使人誤以為斯盛社成員便是竹塹七子？故「牛耳登壇慚我執，龍頭奪錦許誰誇。」句，正是告訴我們，斯盛社是由鄭用錫執盟主的牛耳。這兩首詩的結句：「積薪望汝能居上，聯臂相期尺五天。」和「得失全憑三寸管，榜中花即筆中花。」的口氣，顯然是老前輩希望年輕人能後來居上，大家聯臂平步青雲。同時勉勵他們種好心苗，始能得福而文章大進，功名得失全憑三寸長的筆桿，如果文章好，亦即榜上題名有望。可見它是以求取功名為目標的切磋詩藝的組織。另《北郭園詩鈔》中七古篇又有一首與斯盛社有關的詩。

七年七月七日景孫祀奎星招七友為斯盛社書此勗之

七月七日占星斗，勝友七人盛文酒。心香一瓣拜奎星，天上文衡主持久。
相朝雲漢踏金鼇，山盤十五戴其首。願爾努力各飛騰，上應列星同攜手。
神如首肯來默相，報賽年年薦蘩韭。

由題目所標出的意思，就知道時間是在咸豐七年（1857）七月七日。景孫〔註96〕祭祀奎星（俗訛稱為魁星），邀約勝友七人，締結斯盛社。因此用錫特作詩來鼓勵他們這些後生晚輩們。

鄭景南是舉人如松之子，用錫的長孫。十五歲進學，十七歲補廩生。用錫對景南的期許很大，也非常疼愛他，並時時賦詩勉勵他。在《北郭園詩鈔》二七九首詩裡，賦詩提到景孫的就有六首之多。魁星是北斗七星之第一星，古天文學家認為是掌世間文運之神。鄭景南選擇在咸豐七年七月七日，招七友人祭祀星斗，自有其選吉時，討吉利的意義。

「斯盛社」的盟主是鄭用錫，這從當事者的詩及說明，就是最好的考據資料。從鄭用錫的這幾首詩，我們就可以整理出以下列幾點結論：

（一）「斯盛社」的締結時間是：咸豐七年（1857）七月七日。

（二）「斯盛社」的吟侶，是鄭景南邀約的好友七人，而不是竹塹七子。

（三）「斯盛社」的盟主是鄭用錫進士；也可以說是指導者。

（四）「斯盛社」是七位青年學子，為科舉切磋詩藝的組織，與一般吟風弄月之文社詩盟是不同。

我們再從當時竹塹兩大名園的主人，鄭用錫和林占梅的詩集裡去翻查，即可尋得到一些蛛絲馬跡。根據《北郭園全集》的編輯——楊浚（字雪滄）於咸豐九年所寫的序文說：「昔高達夫五十始學詩。祉亭先生亦歸田後，所作

〔註96〕鄭用錫的長孫，鄭景南，號少坡。

為多也。」由此推知：用錫早歲專心於制藝、試帖，志在科舉；回鄉後到晚年閒下來，才開始從事吟詠自娛。《北郭園詩鈔》的作品，時間大約在道光十七年以後，至咸豐八年，用錫去世為止。其中有唱和詩，如：陳迂谷、劉黎光、許蔭庭三人題贈北郭園詩，用錫先生即步韻唱和：

和許蔭庭明經（鴻書）、劉星槎茂才（藜光）題贈北郭園原韻　二首

其一

鄉關蹤跡溷樵漁，買得田園且卜居。桑畝可能開蔣徑，蕭齋今欲做陶廬。
欣將賸地資歸隱，聊借餘年讀舊書。為語兒孫須樹立，向平婚嫁莫愁余！

其二

春明解組為娛親，彈指俄成白髮人。且喜昂頭來嶠外，敢將洗耳向江濱。
為貪幽僻山兼水，幸引賓朋夕又晨。花外樓亭池畔月，區區度此百年身。

再和蔭庭　二首

其一

老夫歸計問耕漁，新築吟窩徙舊居。僻地無塵留靜境，凌霄有竹愛吾廬。
敢誇門地稱通德，尚望兒曹讀父書。我本疏慵忘宦況，為牛為馬任呼余。

其二

一卷陔華樂養親，依然海上作閒人。挂冠早見辭天闕，漱石長思問水濱。
得藉邱園娛晚節，且培林木對芳晨。角巾已遂柴桑願，省卻浮名絆此身。

此外尚有家居生活、紀事詩及雜詠等。其中詠物詩的如〈秋碪〉、〈秋鐘〉、〈秋屐〉、〈秋笛〉、〈對菊〉、〈詠柳〉等作品，都有著濃厚的擊缽聯吟的味道。吟侶也由唱和詩中的人物也依稀可尋。

秋碪

白帝城高風又霜，聲聲亂杵為誰忙？空山明月千家夢，深巷寒更十指僵。
留得商音生片石，悄無人語答孤螿。年來又累催刀尺，萬里天涯遠寄將。

秋鐘

如水霜華月落時，豐山消息莫遲遲。樓頭梳洗人初嬾，飯後閽黎壁有詩。
萬事即空都似夢，三生同聽總相思。啼烏猶是楓橋路，漁火孤舟話別離。

秋屐

楚岸行吟杜老身，勞勞足繭嘆風塵。空山落葉霜天滑，過雨蒼苔石暈新。
能著一生真厚福，莫令群犬吠詩人。淮淝草木蕭條日，折齒歸來說破秦。

秋笛

惆悵何人更倚樓，樓空人去兩悠悠。此間可許胡床據，有曲曾從大內偷。
夜色空庭眞似水，天涯落月尚如鉤。梅花莫訴當年恨，遷客西來有李侯。

對菊

物候催移歲月忙，繁英代謝感風霜。人誇老圃秋容淡，我愛疏籬傲骨香。
晚節幾同韓相國，孤標此即魯靈光。平生何處尋知己，五柳門前隱士鄉。

詠柳

長條細拂午風輕，添得園林景色清。滿地夕陽誰擊馬，一庭細雨每藏鶯。
隨花掩映饒佳勝，與竹高低互送迎。若便柴門招隱去，也應五柳號先生。

鄭用錫去世於咸豐八年（1858），享壽七十有一；離「斯盛社」的成立（咸豐七年）僅差一年，時間太短了。那麼從他告老還鄉後，到去世前一年約有廿年的歲月，尤其是北郭園興築後（咸豐元年），冠蓋雲集，文人墨客，接踵而至，這當中豈會無雅集聯吟之舉？只是無法確定，這是「臨時性的詩會」還是「定期性的結社」而已。然而「斯盛社」究竟是不是竹塹地區詩社的濫觴，卻是還存有許多的疑點……，茲列舉如下：

（一）林占梅的《潛園琴餘草》是依年段編輯的，在自少時至辛亥（咸豐元年）篇，其中有七律二首題目爲：

諸友人夜集潛園小飲分韻得「新」字

巨羅光映玉盤珍，輠腳筵開酒令伸。和韻獨慚聯句拙，藏鉤共喜飲盃頻。
蘭膏夜永生金粟，荷露風搖瀉水銀。雅集渾忘天欲曉，開門曙色正生新。

本首七言律詩就字面來看即可得知，是某年某月的十五日月圓之時，占梅先生在潛園與諸雅士，乘興醉飲於明月如霜好風如水的清清夏夜裡；大家擊缽催敲，限時限韻吟風嘯月飲酒賦詩，樂不可支到渾然忘我的黎明將屆之時。又

邀曾蘭雲先生（驤）偕同人涵鏡軒納涼，烹茶賞荷，
分韻得「嬌字」

半畝漣漣趣已饒，芙蓉更喜綻今朝。如臨寶鏡凝妝靚，似浴溫泉山水嬌。
玉柄風生含麝馥，翠盤露滴愛珠搖。熱塵即此銷除盡，暑氣何緣到綺寮。

就本首七言律詩的題目推敲，從敘述即可以瞭解，占梅邀集曾蘭雲偕同人（即詩社同人）在涵鏡軒賞荷吟詩，時間是在咸豐元年或元年以前。雖然潛園的詩會，當時的社名爲何？無考，但確實是比「斯盛社」還要早，這是無可置疑的。

（二）類似前述的雅集記錄，出現於詩題的，在《潛園琴餘草》裡還有很多。

茲抄錄如下：

1、咸豐三年（癸丑），夏初以來，四境不靖，園中花事就蕪，屆殘臘，始報安堵。爰修小園，招諸韻士雅集，各有佳作，予忝主位，乃強顏續成五排一首：

　　鼙鼓聲才歇，園林興欲顛。百憂寬此日，三揖進群賢。
　　圃晚猶存菊，池空已謝蓮。老梅爭臘放，弱柳待春眠。
　　詩社供金佛，花瓢養水仙。堂虛陳古器，几淨列瓊筵。
　　綠釀葡萄熟，紅包橘柚鮮。蠨蟑嘗異果，潋灩挹流泉。
　　茶沸銅瓶火，香浮寶鼎煙。音清琴互撫，景好韻同聯。
　　劇飲應中聖，幽思定入神。囊收昌谷句，墨灑薛濤箋。
　　東閣吟堪繼，西園宴並傳。芝蘭常契合，歲月任催遷。
　　豪氣欣長夜，高談達曉天。酒闌燈灺後，餘趣尚悠然。

2、咸豐五年（乙卯），占梅作〈友人詢潛園近景作此答之〉，詩裡面有一句，「吟社新盟結，歌場艷曲翻」。已經很清楚的說出，他們已經締結新詩盟了。

　　自笑身如蠖，潛居稱此園。在山消遠志，近市隔塵喧。
　　寫興詩千首，開懷酒一樽。茶甘留舌本，香妙淨聞根。
　　鼓鍛懷嵇竈，圍棋慕謝墩。撫琴欣有趣，讀書悟無言。
　　水活泉通沼，城低堞當垣。亭臺開月榭，樓閣接雲軒。
　　梅繞東西院，花迷左右村。槿籬圍藥圃，竹徑隱柴門。
　　吟社新結盟，歌場艷曲翻。愛才頻說項，賭醉每留髡。
　　笠屐身猶健，林泉樂弗諼。吾生知足甚，名利不須論。
　　不官如栗里，此地即桃源。入世嗤牛馬，歸山約鶴猿。

3、咸豐十年除夕，占梅的《琴餘草》編成。諸吟友集於梅花書屋祭詩。占梅賦詩答謝。詩中有一句：「一曲蛙聲參樂部，十年牛耳負騷壇。」這就表示他們在咸豐元年（或十年前）就已經有從事雅集吟詠了。〈社中諸君子知拙集編次已成除夕夜各具酒脯集於梅花書屋為祭詩之會作此愧謝〉

　　投囊不解嘔心肝，酒脯相酬覺未安。一曲蛙聲參樂部，十年牛耳負騷壇。

搜枯豈有精神費，抱愧須知醉飽難。多謝諸君珍重意，苦吟此後勉加餐。

以上這幾首詩的雅會，都是在咸豐七年以前發生的，可見北郭、潛園兩大名園在咸豐七年（1857）以前就已經有詩社的出現了。《北郭園詩鈔》是同治九年（1870），由用錫的次子鄭如梁託付《淡水廳志》的編者楊浚編輯；於同治十二年（1873）付梓刊行。因為他是依據五言、七言等詩的類別而編，較難推算出作詩的年代。對文獻資料，時間的考據，幫助較少。但在斯盛社結社之前，竹塹詩壇，就已有雅集聯吟之舉，也是事實。但是他們結社的社名為何?目前卻無確實資料可以為證。下面係筆者蒐集各家所提出的「竹塹地區詩社」社名出現的時間與出處及所整理的簡表。

表七：竹塹地區詩社社名出現的時間與出處

社　名	年　代	記載於何書	作　者	說　明
斯盛社	咸豐七年（1857）	北郭園詩鈔	鄭用錫	七年七月七日景孫祭奎星招七友為斯盛社。
	1851 年以後	新竹縣志	黃旺成	用錫晚年退休，建北郭園從事吟詠締結斯盛社。
	咸豐初年	風城故事	黃瀛豹	咸豐初年用錫與詩友數人組織斯盛社。七賢是竹塹七子，但這不是正式記錄，因為人事有變遷，人數永遠不會固定。
竹社	咸豐八年以後	新竹縣志	黃旺成	用錫建北郭園，海內外名人時相過從，詩酒酬唱乃成立竹社，參加者多為得意科場有「功名」之人。
	同治二年（1863）	竹社沿革誌	范根燦	
	咸豐元年至咸豐十一年（1851～1861）	臺灣詩史	廖一瑾	
北郭園吟社	不詳 1885 年以前	友竹詩文集（偏遠堂吟草跋）	王松	友竹自述，弱冠參加北郭園吟，受香谷如蘭青睞。
梅社	咸豐八年以後	新竹縣志	黃旺成	占梅建潛園，結交海內外名人，成立梅社，參加者多為未成名之童生。
	咸豐元年至咸豐十一年（1851～1861）	臺灣詩史	廖一瑾	
潛園吟社	同治元年（1862）	臺灣詩史（臺灣詩社繫年）	廖一瑾	戴萬生亂平，占梅詩酒琴歌於園，舉人林豪、閩縣林亦圖，乃創潛園吟社。

從上表羅列出來的詩社名稱，至少可以確定的是，當時的文人雅集多是集中在「北郭園」與「潛園」鄭、林兩大家族的園林之中，而社名出現的年代從咸豐元年（1851）到同治年間，前後十幾廿餘年，可見如此之盛的風氣，對後世竹塹地區的人文發展，必然是會起了一定的鼓勵作用與影響。

二、潛園吟詠憶風流

有關「潛園」興築〔註97〕，根據日人杉山靖憲〔註98〕在《臺灣名勝舊蹟誌》有關「潛園」一文中有字聯一對，「四壁宮花昏宴罷，滿床牙笏早朝回」該聯的落款時間是「歲在丙申」；而丙申年正好是道光十六年（1836），按一般成例都是先有建築物，而後才有題字的常理，如此即知該年的「潛園」已有部分建築物是已經落成的。是以我們應可斷定，「潛園」──應至遲於道光十六年之前林占梅的家族，即已開始營建，至同治三年（1864）才完工，園中佔地二甲餘約三十畝，工程費十八萬兩，時稱為「內公館」〔註99〕，有別於與當時有「外公館」之稱的「北郭園」〔註100〕。

道光廿九年（1849）「潛園」規模已具，爽吟閣完成；於是主人廣邀海內外名士以吟詠為樂。其中淡水同知秋日覲、茂才曾驤、林亦圖、葉松譚、舉人林豪，貢生查少白等，都先後客寓潛園成為吟侶。主人更著《潛園琴餘草》八卷傳世。雅集之初，雖然有聯吟之實，但是似乎沒有結盟的明確社名，後來林亦圖編《潛園唱和集》，後人才推想可能有「潛園吟社」之名，但是迄今仍無法查證確切的名稱與時間。

潛園築成後，各地騷人墨客聞風踵至，詩酒爭逐，熱鬧非凡；不少文人客寓潛園，受到主人的禮遇。雖然未及孟嘗君食客三千，但也是賓客如雲，座無虛席。林園美景使人流連忘返；眾賓客與主人論詩唱和；時而風花雪月，時而感興抒懷：

〔註97〕 陳榮村·洪德豪《竹塹潛園之建築研究》（臺北市：胡氏圖書出版社1995年7月）頁22。

〔註98〕 在安江正直之後，由台灣總督府派令官吏從事與文化資產相關的調查研究者是杉山靖憲。台灣總督府於大正五年（1916）任命杉山靖憲為編纂主任，以調查各地的「名勝舊蹟」，並編纂成《台灣名勝舊蹟誌》。

〔註99〕 即今新竹市中山路與西大路西北角，西門市場）。

〔註100〕 由開臺進士鄭用錫於咸豐元年（1851年）所建，歷時四年完成。

　　爽吟閣　貢生查元鼎（少白）

飛閣凌霄起，山川一望收。翠屏春草合，丹帳夏雲浮。
花與詩篇麗，松將琴韻幽。晉唐遺緒在，千載續風流。

　　感賦　貢生查元鼎（少白）

名園常作客，吟味送天涯。世事經千卷，愁懷酒一車。
黃花應笑我，白首未還家。故國正戎馬，年年負物華。

　　橋亭口占（得月橋釣月亭）舉人林豪（卓人）

花作鄰居竹作屏，碧欄紅板接煙汀。一竿冷浸橋頭月，萬綠陰垂水上亭。
畫舫輕搖隨蛺舞，釣絲繫久立蜻蜓。數聲玉笛來何處，風度歌唇隔岸聽。

　　潛園小螺墩納涼　舉人林豪（卓人）

相思樹下最相思，石榻茅亭布置宜。滿地綠陰清夢覺，鳥聲才報午晴時。
虹貫月樓為先世藏書處，瞳睍富繁，日久多致殘蝕；修葺之餘，

　　感賦此詩　（庚申咸豐十年）林占梅

貫虹樓上舊藏書，充棟橫陳富五車。亂部柳州屯野馬，倒流蘇海簇蟫魚。
多同魯鼓亡章法，恰肖秦篇拾燼餘。閱月晴窗勤檢葺，已從玩愒悔當初。

　　花魂浙江山陰人　副貢秋日覯

花容一霎黯然收，憑弔芳魂到九幽。無影無形空寂寞，和煙和雨悵夷猶。
佩環月下憐卿瘦，風雨宵深惹爾愁。我賴一枝香在手，眾香卻被此勾留。

　　花氣浙江山陰人　副貢秋日覯

又惹探花仔細評，別於香外送將迎。春風拂拭人如醉，芳味氤氳蝶有情。
襲我不禁行得得，投懷只合喚卿卿。使君意氣原非俗，仙吏仙葩一樣清。

　　花顏浙江山陰人　副貢秋日覯

十分顏色到花前，不是天然不算妍。豔冶迷他千里草，風流擬比六郎蓮。
和來粉黛都成玉，奪到胭脂盡欲仙。寄語後庭誰得似，一時愁煞眾嬋娟。

　　花影浙江山陰人　副貢秋日覯

分得春光千萬枝，珊瑚顧影美人知。亭臺高下和煙宿，籬落橫斜帶月移。
幻境行將蜂蝶誤，名流銷盡色香時。年來頓悟繁華夢，重疊階前有所思。

　　又《潛園琴餘草》中也收錄了許多林占梅日常生活記事、唱酬與出遊即
興的詩作，從而也可看出潛園主人翁的感性、細膩與豪邁：

遊劍潭寺　林占梅

晚涼同散步，小徑入花坪。野草緣階綠，巖松破壁生。
鐘飄雲外響，泉咽澗中聲。日暮歸禪院，脩然俗慮清。

師韞軒雜詠（二十首選八）林占梅

綠窗繡罷對敲棋，女伴機鋒亦可兒；回首見儂忙避去，不知儂立已多時。
擘箋窗下學抄書，蔥指纖纖運管徐；寫罷泥郎評甲乙，簪花字格果何如？
生成慧性善傳神，花卉翎毛總逼真；畢竟帶些幽媚態，新篁愛學管夫人。
荷亭竹榭共乘涼，貪睡嗤儂午夢長；獨自看書消永晝，碧紗櫥內靜焚香。
流蘇五采玉鴉義，半掩罘罳靜不譁；揭起繡幃偷眼看，篸痕滿頰印鉛華。
銀箏池上和琵琶，按曲歸來日欲斜；忙煞籠中綠鸚鵡，聲聲簾下喚烹茶。
香泛芳塘開白蓮，摘來恰愛露華鮮；膽瓶插滿還添水，供在慈雲大士前。
菱花照影鏡新磨，曉向妝臺點翠娥；誤得侍兒身後拜，一輪明月現姮娥。

同友人西城樓憑眺即事（咸豐二年）林占梅

竹城西北地勢平，田園參錯續海坪；涼秋九月風怒吼，黃沙滾滾海霧騰。
朝來氣暖纖塵淨，睇眄中天極遼夐；群峰縹紗列畫圖，巨海澄泓涵明鏡。
高樓憑眺興欲狂，振衣疑躐千仞崗；大呼奚奴捧斗墨，露肘顚書十數行。
題罷餘情猶未已，朋輩之中有絕技；龍團一飲潤我喉，客吹羌笛我長謳。
法曲乍聆「梅花落」，名泉又報「魚眼浮」。但耽雅樂與香茗，何須佳
釀共珍饈！君不見趙蝦有句艷今古，長笛橫吹倚畫樓；又不見盧仝作
經細評騭，七碗風生百慮休？
清音美莤各痴嗜，騷人適意何知愁！我非騷人多坎壈，生平十事九煩憂。
秋前約侶遊榕省，遍海鯨鯢迭聞警；況當海氛迭聞警，積悶縈胸勞引領！
空有低昂七尺軀，才劣終軍敢請纓！自從遊興動中來，意馬心猿常馳騁。
今日登臨懷抱開，高天迥地任徘徊；歸時笑傲閨中友，聊當乘風破浪回。

二月初七日爽吟閣夜飲即席分韻得簾字（咸豐二年）林占梅

樓臺燈火景光甜，文酒笙歌樂事兼。入座春風能剪燭，當楣香氣欲鉤簾。
東山樂倩金釵奏，北海樽敎玉盞添。醉後聯吟清趣足，花枝笑折代詩籤。

池軒偕友夜坐　二首（咸豐四年）

其一　林占梅

草螢時入座，樑燕已歸窩。露氣經秋重，虫聲入夜多。
墻頭排遠岫，屋角淡明河。危坐桐陰下，高吟當浩歌。

其二 林占梅

纖塵飛不到，幽館傍漣漪。月上光穿牖，星搖影在池。

汲泉欣戰茗，剪燭共敲詩。笑我年來癖，拈題睡每遲。

這種詩酒唱酬雅士聯吟的愜意日子久了；而詩社的雛型也就自然而然的水到渠成了。時人常曰：「內公館，外公館詩文若拼館」〔註101〕，當時竹塹地區的「潛園」與同時期的「北郭園」著實引領了北臺風騷。

潛園主人林占梅（1821～1868），幼名清江，字雪村，號鶴山，又作鶴珊，別號巢松道人。清淡水廳竹塹（今新竹市）人。祖籍福建同安。先祖移居到臺灣之初是先到臺南一帶，祖父紹賢（1761～1829）經辦臺灣鹽務，始成為竹塹巨富；父祥瑞（1797～1826）早卒。占梅年十四，嘗隨岳父黃驤雲〔註102〕北上京師任職。

他雖然沒有功名，卻文武雙全，熱心公共事務。曾在英人艦隊侵犯雞籠沿海時，他捐巨款建砲臺協防。漳泉械鬥時，他招募家將扼守大甲溪杜絕其蔓延。尤其是清同治元年（1862）彰化八卦會的戴潮春事件，淡水同知秋日覲被殺，竹塹境內土匪打劫，林占梅獨撐大局，變賣田產，組織鄉團維持地方治安。同治二年（1863）十月，他更親率二千精兵，進攻被戴潮春佔據之地，同年十二月戴氏亂平，閩浙等督撫打算重用林占梅，林卻婉言謝絕；可能是樹大招風，以及接踵而來的閒言閒語令林占梅無意仕途。

林占梅雖出身豪富，卻無紈袴子弟之氣息，琴棋書畫騎射諸藝無不精通。道光二十九年（1849），構築潛園，雅集詩騷，文酒之盛，冠於北臺。著有《潛園唱和集》二卷、《潛園琴餘草》八卷，其中《潛園唱和集》已佚。林占梅《潛園琴餘草》約有詩一千九百餘首，寫作年代自道光二十七年（1847）迄同治六年（1867）。內容多詠骨肉親友、園林生活、外出遊歷、世局時事、與興懷之作。他的五言古、近體，善摹難狀之景，達難顯之情。「占梅作品風格多樣，作品風格多樣，平易曉暢法白居易，感時憂國似陸放翁，傷感興懷如吳梅村」〔註103〕，其詩文時時充滿著感時憂國的人道主義色彩；而與其亦師亦友的臺澎道徐宗幹對其則另有詩評曰：「和靜清遠、古澹恬逸」、「詩味多琴味」，占梅之詩實可謂品類眾多氣象萬千。

〔註101〕蘇子建《鄉詩俚諺彩風情》〈鄉音篇〉（新竹市政府 2000 年 11 月）頁 175。

〔註102〕開臺第一位客籍進士。

〔註103〕施懿琳主編《全臺詩》第七冊提要，（臺南市：國立臺灣文學館 2008 年 4 月）頁 2。徐慧鈺《林占梅集》（臺南市：國家臺灣文學館 2012 年 12 月）頁 14。

熱心公益造福鄉梓是林占梅的秉性，但最後卻因林、鄭二家訟事，鬱病而逝時為同治七年（1868）十月廿九日，年四十八歲。林占梅他家大業大，但胸懷錦繡氣度恢宏，急公好義慷慨捐輸：

（一）道光二十一年（1841），因英人來犯捐一萬元以助修築砲臺及製作攻守戰具之用，獲獎以貢生加道銜。

（二）道光二十三年（1843），因捐防八里坌口，獲知府即選。

（三）道光二十四年（1844），募勇扼守大甲溪，絕嘉、彰各邑漳泉械鬥蔓延，賞戴花翎。

（四）咸豐三年（1853），林恭事變，協辦全臺團練，捐津米三千石，准簡用浙江道。

（五）咸豐四年（1854），克復艇匪黃位之亂，加鹽運使銜。

（六）同治元年（1860），毀家紓難，協助朝廷平戴潮春事件有功，加布政使銜。

上述的官銜看似風光，但在林占梅的內心深處仍有著深深的遺憾，他曾於咸豐六年（1856）寫下〈有感〉五言律詩一首：

有感

成文時怒罵，對酒每悲歌。世亂腸空熱，家貧累更多。

功名羞捷徑，身世寄吟窩。未遂封侯志，樽前劍自摩。

這是占梅內心深處永遠的遺憾（功名羞捷徑者），蓋占梅捐官，雖得功名，終感羞愧，故有此慨也。而其父執輩的開臺進士鄭用錫，曾有一首玩笑詩〈戲贈鶴珊〉這對占梅而言，不可不謂謔而虐也。

戲贈鶴珊　作者：清朝・臺灣・鄭用錫

託跡潛園宇宙寬，故鄉歲月樂盤桓。使君疑是陶宏景，既愛山林更愛官。

潛園位於竹塹城西挹爽門內，樓閣玲瓏，迴廊曲折，池臺水榭，各盡其妙。園中水渠環迴，由隧道穿通池塘，可供彩鷁周遊。又有「爽吟閣」供覽勝吟詠，「留客處」接待賓客，尚有涵鏡軒、梅花書屋、廿六宜諸勝，占地計廣二甲餘。

潛園主人林占梅曾於咸豐八年（1858）作〈潛園適興六十韻〉〔註104〕，

〔註104〕徐慧鈺《林占梅資料彙編》第一冊《潛園琴餘草》（新竹市立文化中心1994年6月。）頁443～444。

潛園適興六十韻

不作封侯想，潛蹤已十年；屢因圖畫興，輒起眺遊緣。
群峭嶔崟度，重巒崒嵂遷。商羊聊拄杖，款段忍加鞭；
出既胸襟曠，歸尤景物全。靈區瞻谷口，勝處接城邊；
頗得淵明趣，非同仲子賢。築園容寄傲，著屐任周旋；
適意欣孤往，娛情倦忘還。崖高堪望遠，地靜覺居偏；
評石方僧孺，移花法道筌。斑紅階蘚潤，茸碧屋蘿牽；
水闊波跳鯉，林深樹曳蟬。撫松憑偃蹇，趁鶴步翩翾。
淡淡堤搖柳，泠泠沼瀉泉；春融芬岸芷，露浥襲汀蓮。
舞蝶翻歌扇，浮鷗傍釣船。橋多修澗繞，路杳隔牆連。
芡實雞頭剝，蘐藤鴨腳纏；門低榕並亞，籬密槿添編。
引蔓葡萄架，薰芳茉莉田；果垂羅漢熟，花綻佛桑妍。
泛鷁回塘曲，盤蛇造洞巔；苔滋層磴滑，巖瀑一流懸。
題壁鴻留爪，窺渠鷺立拳；荷喧池過雨，竹暝徑籠煙。
撒網危磯上，投壺小院前；蔬澆抽甲壯，菊種課丁虔。
穴土挖成室，誅茅構數椽。清宵蟲語碎，晴晝鳥聲穿；
格磔啼秦吉，軥輈叫杜鵑。百株栽絳雪，萬卷錄丹鉛；
風定雲橫岫，星稀月在天。樓臺皆倒影，亭榭盡臨淵；
避暑賓攤簟，嬉春女落鈿。奚奴隨倜儻，侍史列嬋娟；
阮籍遊而嘯，嵇康懶與眠。茶甘烹雀舌，香靄爇龍涎；
古劍求三尺，名琴操七絃。詩觀辭駱什，帖檢換鵝箋；
妙筆揮毫素，寄書問太元。錦贉裝玳瑁，繡褫記鄉嬛；
鐘鼎周陶鑄，圭璋漢泐鐫。愛根何日了，吟債幾時填？
思苦陳無已，脾幽孟浩然。論文憑隻眼，索句聳雙肩；
枕上「逍遙傳」，床頭「內外篇」。
師坡常說鬼，學晉每逃禪；交摯相傾蓋，謳和共扣舷。
南皮從葉後（松潭廣文），北面事曾先（籥雲先生）。
射覆詞壇立，猜枚酒令宣；笙簫分雅部，醽醁醉華筵。
釀厭中山困，車乘下澤便；衷懷希魏野，氣概仰張顛。
性拙薄戎算，平生輕嶠錢；言狂人竊笑，癖怪我難悛。
默默囂塵滅，悠悠俗慮捐；有心追隱逸，無志慕騰騫。
況免饑寒逼，猶兼疾痛蠲；曾聞唐白傅，閒散即神仙。

　　這當中除描述風景幽美外，還提到賓客尋涼在樹下鋪著竹席避暑，仕女嬉戲，在園中追逐，釵笄落地；詩童提著錦囊，婢女捧著筆硯跟隨在旁侍候。他們烹茶品茗，共嘗雀舌甘味。焚香淨室，共扇龍涎薰風。琴劍隨身，通興而彈。遊則嘯，懶則眠。共攤箋，樂揮毫，償吟債，苦尋思。床頭、枕上，詩書堆疊，分題吟詠，步韻唱酬。賓主泛舟尋涼，扣絃高歌。傾杯暢飲助吟，猜拳酒令引興，賞景豁盡吟眸，遊倦樂而忘返。占梅的〈潛園適興六十韻〉記述生活概況。頭一句就寫，「不作封侯想，潛蹤已十年。屢因圖畫興，輒起眺遊緣。……」占梅無意仕途，愛慕林和靖的隱士生活，喜愛攜琴遊山玩水，到處吟詠：

東城感賦

扶童拾級上東城，憑眺危欄感慨生。骨肉廿年悲聚散，鄉閭十載見枯榮。山從綠野平邊起，水向青陂缺處鳴。景物長存時事改，回頭何所不關情。

過隙溪村口號＝過隙溪莊

周遭水竹護山莊，零落秋葵滿地黃。一抹殘霞初過雨，晚風吹得豆花香。

遇雨宿樹圯林

滿庭欣草木，一雨足郊原。暮色林梢壓，灘聲枕上喧。
竹床疑水浸，竹屋似春溫。輾轉過長夜，詩篇手自翻。

九芎林莊晚歸即景

人影西斜暮色微，秋光滿目思依依。漫空雲作糊塗態，撼樹風施跋扈威。
樵擔曲盤層磴下，溪頭水急晚潮歸。林居倍覺陰霾甚，未暝人家已掩扉。

　　占梅將其林園巨宅的門匾——以「潛園」名之，取義在「潛龍在田」，可見他有很強烈的避世思想。由於他年紀輕輕便遭遇骨肉喪亡（六歲喪父，九歲祖父離世），偌大的家業，集於一身，雜務纏身，口不暇給；而所委事的會計侵盜公款，惹生事端，又偏逢時亂年荒，無法靜下心來好好享受他的桃花源生活……咸豐十一年（1861）占梅便以長篇的古體詩〈悲歌行〉來記述他自己的人生閱歷與心境：

悲歌行　林占梅

錢塘筮仕為西湖（余以道員，分發浙江），前輩風流慕白、蘇；吾
家況有棲幽處，孤山蹤跡老梅逋。嗟余少日性荼魯，六歲伶仃痛失

怙；結納少友事嬉遊，一班牙爪利如虎。王母（羅老大夫人）、寡母（生母楊太夫人）雙倚閭，幾度呼來復絕裾；暗中痛切淚凝枕，我家生兒破我車。三世伶仃寡弟昆，忍心將母置之死；易子而教古有方，割將塊肉託舅氏（外舅水部黃雨生先生，適入京供職）。舅氏部曹值北行，余乃從之遊帝京；自覺一朝身逸樂，離家那顧淚縱橫。乘風破浪意豪放，銅琶鐵板江東唱；旗山、鼓山豁兩眸，仙霞峻嶺搖鞭上。北馬南船快騁遊，小陽春日入皇州；生來佚蕩難馴伏，舌爛生公不點頭。虎坊橋畔交儔伍（時寓虎坊橋，粵東鎮平邑館），馳毬擊劍金揮土；菊部欣聆薊苑歌，梨園飽看羅門舞。泰山高今祖帳設，蘆溝橋水添嗚咽；但云勉我弧先行，不道從茲是死別（先岳旋於二十一年謝世，此別遂成千古）。行盡燕南遍魯、齊，騑騑駟牡無停蹄；風塵瀰洞人如意鬼，渡過黃河日已西。日西旅舍同沽酒（命內兄偉山廣文同葉四伯送予南歸），一路風光數諸口：揚州明月、姑蘇臺，洞庭群峭、西湖柳。建河灘險魂欲銷，荒陬除夕倍無聊（時因河中水涸，趕赴建寧不及，夜宿荒野；倍覺黯然）；洪山橋畔蒲帆落，滿城燈火正元宵。因之動我浮華興，顧曲徵歌氣未定；黃金未盡不言旋，多情猶把南樓憑（常留南臺園內樓屋）。葉翁帆海往復回（時葉四伯候久不耐，先歸；往來相促者數），沙哥祖道送行盃；七月之秋猶未望，鯨波一舸賦歸來。舉家狂喜牽我衣，王母扶姑顫巍巍；低頭下拜天性見，滿門喜極轉噓欷。北堂擇吉命成婚，賀客盈堂弔在門（予成婚七日，先祖母即棄養吾身）；王母抱孫□抱子，臨終有語願勿諼。三載杜門躬守制，羸叔劬勞持家計（先叔長予七歲，童年即成痼疾）；道光丙午桂之秋，羸叔沉痾旋去世。折薪肯搆一肩挑（時予年二十有五），有弟芃芃惜嫩苗（遺腹弟名修梅）；始悟無學難自立，一編三絕暮連朝。昂藏年幾三十歲，妻妾死亡竟相繼；慈闈棄養亦同時，搥胸幾絕痛長逝。天昏地慘日無光，欲向泉臺覓阿娘；況復惠連春草恨，死者已矣存者傷。就中一事倍淒其，予年卅六始得兒；舉眼方無伯道嘆，回頭竟抱元駒悲！未幾家室遘三喪，十年春夢徒渺茫。春夢渺茫今暫醒，琴詩陶寫賴園亭；強顏又作詹家婚（去年四月，復娶淡北詹如登公長女爲室），弩末猶能中雀屏（予年已四十）。莫道膏肓貪泉石，慚處鄉閭乘下澤；蕭蕭風

木悲重興（時丁先繼母溫太夫人艱），捧檄難追毛義跡。衣紫腰金念已收，覓水尋山興未休；何時得識匡盧面，又造飛來峰上頭！不圖遍地皆狼豕，海內於今多事矣；方、羅時命既同悲，崔、卜功名胡足齒！子野朝朝喚奈何，平生動作輒坎軻；壁圖空掛運覽苦，愁來彈鋏哭還歌。但期郭、岳兩忠武，炙手太平立可睹；攜琴抱鶴孤山行，補種梅花三百樹。

　　潛園主人──林占梅（雪村）的故事，坊間流傳甚廣。《臺灣通史》及新竹的地方諸誌，甚至民間史話都曾提到他。這些誌載，大都記錄林園巨宅構築之美，及主人風流倜儻，慷慨好客，急公好義的一面，而潛園吟侶及唱酬情形則較少觸及。

　　《潛園琴餘草》是林占梅從事吟詠的遺著。生前曾於咸豐四年（1854）及八年，先後請當時的臺澎道──徐宗幹、海東書院山長──黃紹芳、茂才──曾釀等為其作序。咸豐十年，吟友葉松潭鼓勵他付梓，因此委託茂才林薇臣（亦圖）到省（福建）鐫版。當時占梅還為此還吟成三絕句記錄此事。

觀天井底夜郎誇，荒陋無聞在海涯；今日反災梨與棗，瓵瓶難免覆蒙沙。

學吟詩句類塗鴉，高閣頻年束亂麻。寸鋏不持臨敵去，恐終貽累似濤斜。

吟詠聊當喚奈何，半生村野俗言多，刪詩雜取看宣聖，敢比滄浪孺子歌。

咸豐十年除夕，《潛園琴餘草》編次完成。詩社諸吟友集合於梅花書屋，開祭詩之會，占梅曾賦詩答謝：

投囊不解嘔心肝，酒脯相酬覺未安。一曲蛙聲參樂部，十年牛耳負騷壇。

搜枯豈有精神費，抱愧須知醉飽難。多謝諸君珍重意，苦吟此後勉加餐。

占梅這首詩的用詞都非常謙遜，沒有絲毫的驕矜之氣；詩集的編印，即將宣告功德圓滿；不料當時太平天國作亂，杭州淪陷，姑蘇失守。翌年（1862）臺灣戴萬生（潮春）滋事，彰、淡地方人心惶惶。接二連三，諸事耽擱，至同治七年，占梅身歿，遺稿均未付梓。甲午戰後，割臺議成，哲嗣達夫先生避居廈門，並將詩集攜往大陸。光緒廿三年仲冬，桂嶺黃維漢再加一篇序文記述此事。日據時期，稿本輾轉傳錄，收藏於省立臺北圖書館。光復後，經臺灣銀行經濟研究室選錄簡編始得印行。

　　由於占梅自幼聰明伶俐，甚得進士黃鑲雲（雨生）的賞識。十歲即置門牆，親自課讀，並以女許配給他。十四歲時，鑲雲攜帶占梅前往北京，得以交遊文人名士，暢覽名山大川。所以早已熟悉人情世故，「其抱雅尚而多才

思」、「慷慨任俠，有東漢八廚風〔註105〕」。這些評論，是知他最深的茂才曾鑲
（薾雲）於《潛園琴餘草》序文〔註106〕所寫的一段話。

三、潛園中的吟侶

（一）曾驤（？～1863）

潛園的吟侶中，首推廣東鎮平人曾鑲；據曾鑲自述：「余年四十，即棄
諸生而客於臺。雖舉業盡廢，然詩歌、文史，結習未忘。……一日詣其齋（指
潛園），流連茶話，偶及風騷，雪村色飛眉舞，若即欲趨青蓮、浣花之室者。
從此喜與余作玉屑談。遂延余為老馬……。」〔註107〕占梅的〈潛園適興〉
有一句：「南皮從葉〔註108〕後，北面事曾先。」意思是說詩社跟隨葉松潭廣
文〔註109〕之後加入，並且北面師事曾薾雲先生。可見他們的關係之密切。

《潛園琴餘草》內有好幾首詩，提到與曾薾雲分題拈韻及唱和。吟侶當
中也以他出現約次數為最多。

曾薾雲不但在潛園出入，也與鄭用錫有唱和詩的往來。《北郭園詩鈔草》
中就有唱和、寄贈曾薾雲詩共七首，抄錄如下：

和曾薾雲茂才（驤）見贈元韻 鄭用錫

旗鼓雄壇百萬兵，淋漓大筆冠群英。無官好敘天倫樂，得地偏逢入境清。
今日衣冠萃東海，多年琴劍別春明。小山咫尺如招隱，桂樹經冬亦向榮。

疊前韻曾薾雲 鄭用錫

紫電青霜武庫兵，如君嶽嶽復英英。直原在己身難枉，熱不因人心自清。
豈過屠門思大嚼，為分壁火借餘明。相期此筆凌雲去，升斗沾恩亦足榮。

〔註105〕東漢士大夫共相標榜，指天下名士為稱號，「上曰三君，次曰八俊，次曰八顧，
次曰八及，次曰八廚。」以竇武、陳蕃等為三君，「君」指受世人共同崇敬。
以李膺、王暢等為八俊，「俊」指人中英雄。以郭泰、范滂等為八顧，「顧」
指品德高尚而及於人。以張儉、劉表等為八及，「及」指能引導人追行受崇者。
以度尚、張邈等為八廚；廚者：言能以財救人也。

〔註106〕徐慧鈺《林占梅資料彙編》第一冊《潛園琴餘草》（新竹市立文化中心 1994
年 6 月。）頁 4。

〔註107〕徐慧鈺《林占梅資料彙編》第一冊《潛園琴餘草》卷一曾驤序。新竹市立文
化中心 1994 年 6 月。頁 4。

〔註108〕葉松潭安徽人，時宦遊竹塹。

〔註109〕唐天寶九年設廣文館。設博士、助教等職,主持國學。明清時因稱教官為「廣
文」，亦作廣文先生。

和籬雲見贈元韻　鄭用錫

久遂初衣結草堂，奇書百軸自生香。江山此去留模範，文物如今幾典章。
築室相依三徑在，登壇雖老一軍張。畢生到此將何用，我且傾杯對釀王。

和籬雲望雨原韻　鄭用錫

襁褓攖耡尚未親，誰爲琴劍太平民？莫疑鄄緯非關己，竊恐舐糠累及身。
溝澮已枯頻待澤，桔槹纔歇又生塵。吾儒豈有回天力，祇自憂煎作杞人。

白桃花和籬雲作　鄭用錫

紅雨飛殘日又晴，鉛華一洗本天成。初開玉佩江干夢，新翦冰綃竹外明。
沅水美人雙鬢縞，天臺仙子五銖輕。可憐靧面重重恨，留與梨花訂此生。

讀籬雲詩寄贈　鄭用錫

卓犖英才願未償，饑驅無力赴名場。長途屢蹶蹉羸馬，修脯無多漸羝羊。
挾策能伸三寸舌，憂時空結九迴腸。匡廬嘯詠終何補？恐有旁人笑汝狂！

籬雲將歸里應秋試　鄭用錫

莫嗟鬒影幾成霜，籬菊當秋老更香。誰贈綈袍憐范叔，曾燒丹鼎學淮王。
枯桐爨下終知遇，寶劍匣中肯久藏？且暫籠樊依野鶩，沖霄看汝好飛揚！

可見曾籬雲雖然是來臺謀生，但他與兩大名園的主人都有來往，口說灰心仕途，卻未放棄舉業。可惜秋闈不第，卻傳來噩耗，同治二年（1863）籬雲去逝，享年大約六十，其身後蕭條，占梅有曾有〈哭曾籬雲先生〉弔詩二首如下：

哭曾籬雲先生

命宮磨蝎因儒冠，入地應知瞑目難。弟子招魂悲宋玉，才人落第痛方干。
一生潦倒愁拼酒，兩字清高定蓋棺。海內知音今有幾，傷心不忍抱琴彈。

又（少有腳疾）

襟懷卓犖步蹁躚，文酒相陪二十年。下筆千言詞亹亹，撐腸萬卷腹便便。
交情韓孟能居左，才藻何劉肯讓先。爲撿遺珠壽梨棗，九泉如覺料怡然。

依照弔詩第二首的結句看，籬雲的詩也將付梓，可惜現在已經失傳了。

（二）徐宗幹（1796～1866）

在潛園眾賓客中，徐宗幹是一位很特別的文士，他爲官清正，所到有聲，此外不僅治學嚴謹，且博學多聞，更是主人林占梅無話不談的忘年師友；當

他公餘之暇來到潛園作客，於風花雪月園林中，與占梅先生談的都是國事與民生……，依據《清史稿》記載〔註110〕：

　　徐宗幹，字樹人，江蘇通州人。嘉慶二十五年進士，山東即墨知縣，除武城，調泰安。在任十年，有政聲，遷高唐知州。道光十七年，濰縣教匪馬剛等作亂，從巡撫經額布剿擒之，議解省下獄候命。宗幹請於巡撫，即其地誅之，眾心以定。遷濟寧直隸州。金鄉民濬彭河，下游諸屯民聚眾沮之，毆官傷胥役，勢洶洶，宗幹馳往諭使解散。屯民出自首，大吏欲置重典，宗幹以為民畏水患，非與官敵，聚眾本沮工，毆官非本意，力爭戍為首者七人。署兗州知府，修滋陽河堤。道光二十二年，擢四川保甯知府，兼署川北道。擢福建汀漳龍道，屬縣有械鬥，案久不結。宗幹率壯勇數十人直入其村，集兩造剖其曲直，令同酒食以解之，令獻犯懲治，事遂解，一時梟悍皆斂跡。總督劉韻珂密薦。道光二十五年，丁母憂去官，服闋，起授福建臺灣道。咸豐三年，臺灣匪洪恭等陷臺灣、鳳山兩縣，複擾噶瑪蘭廳，宗幹督兵平之。四年，擢按察使，為巡撫王懿德所劾，解任。旋召來京，命赴河南幫辦剿匪。六年，覆命赴安徽。七年，授浙江按察使，遷布政使，以短解甘餉降調。十年，江蘇團練大臣龐鍾璐請以宗幹辦理通、泰諸州縣團練。同治元年，擢福建巡撫。三年，粵匪李世賢、汪海洋等由廣東入閩境，逼漳州，龍岩、雲霄、武平、永定、南靖、平和相繼陷，宗幹偕閩浙總督左宗棠以次剿平。五年，卒。宗棠偕將軍英桂奏：宗幹循良著聞，居官廉惠得民，所至有聲。『優詔褒恤』，諡清惠；祀福建名宦』」。

　　由上文所述，我們可以很清楚的知道，徐宗幹雖宦海浮沉四十餘年，但卻是一個始終禮賢下士，「居官廉惠得民，所至有聲。」的能臣幹吏。他從道光二十八年（1848 年）起，擔任按察使銜分巡臺灣兵備道，治理臺灣期間，廣建書院，興辦義學，整頓綠營班兵，變通船政，頗有治績。咸豐三年（1853 年）平鳳山林恭起事。同治元年（1862 年）升任福建巡撫，同年彰化戴潮春民變起事，命前署臺灣鎮曾玉明渡臺，又奏簡丁曰健為臺灣道，推奏占梅加布政使銜，以將戴亂民變平定。同治五年（1866 年）卒，入祀福建名宦祠。

〔註110〕趙爾巽等《清史稿》卷四二六‧列傳二一三（是民國政府成立的國史館 1929 年）頁 12248。

著有《斯未信齋文集》，編有《濟州金石錄》、《兵鑑》、《測海錄》、《瀛洲校士錄》等，另輯有《治臺必告錄》五卷授與丁日健，為治臺史的重要文獻，其文納於《治臺必告錄》；曾修咸豐《濟寧直隸州志》。宗幹治學博文多才，其詩多律絕尤擅排律與課題擊缽：

鐘聲搖暮天清　徐宗幹

不辨鐘何處，聲聲欲暮天。春容蕭寺裏，搖曳夕陽邊。
殘響盤空際，餘音繞樹巔。樵風穿古徑，漁火動江船。
催上城頭月，撞開艗背煙。黃昏無限意，千里客心懸。

天竹　徐宗幹

東海移來竹幾重，闌天直幹傲三冬。繞廬不減千竿陰，傍石誰持九節筇。
綠葉披莖形小銳，白華垂穗色丰穠。渾如珠樹雕頵玉，也伴梅花友碧松。
屋角牆陰隨地種，晴初雪後十分濃。圓烘鶴頂丹砂碎，彩綴魚睛火其鎔，
紅豆拋空宜鳳食，珊瑚出土作龍種，大椿何處栽成畝，應是蓬萊第一峰

雞冠花　徐宗幹

其一

斜斜整整遍幽蹊，一色名花肖木雞。移向竹籬鑽土早，種來茅店傍牆低。
風搖四面秋還舞，露飽三更曉不啼。紅紫繽紛爭鬪豔，日之夕矣小樓西。

其二

鬪草曾看疑雀弁，蒔花有譜種雞冠。葉零夜雨瀟瀟溼，頂向秋陽片片丹。
碎錦叢中如聚鷸，群芳隊裏訝棲鸞。談元窗外雖無語，絳幘依然報曉寒。

道光中葉鴉片戰爭爆發，英艦侵擾沿海，林占梅捐出巨款協防，受朝廷恩賞貢生加道銜。後來漳泉械鬥，占梅復募勇防止械鬥蔓延，維護治安有功，又賞戴花翎。咸豐初年，占梅協助當時任臺澎道的宗幹，辦理全島團練，剿平海寇，捐輸津米等著有功勞，宗幹深知占梅才堪大用，獎賞有加。同治元年（1862），戴潮春（八卦會）起事，全臺俱擾。彰化城陷入亂黨之手。大甲溪以北各地，人人自危。當時正好宗幹擢升福建巡撫，採納占梅建議，派丁日健為臺澎道，並授占梅布政使銜，頒給「總辦臺北軍務鈐記」以便協助軍防。占梅果然不負重託，收復彰化城，建立大功。宗幹與占梅，宛如伯樂之識千里馬。《潛園琴餘草》編成。宗幹不但為其寫序，且多加稱許。平日也有詩文的往來。占梅在詩集中稱他為師。而宗幹對占梅的青睞與愛護之情，及占梅景仰之心，在詩中都表露無遺。茲抄錄如下：

呈臺澎道徐樹人廉訪（宗幹）四首

價留鸞掖有文章，此日旌旄鎮海疆。眾望巍巍崇魯殿，輿情歷歷數甘棠。
培才不惜金針度，選士頻操玉尺量。喜看公門桃李樹，秋來並作桂花香。
〔註111〕

其二

初七子仰前基，廿載廉勤受特知。講學堂高施絳帳，宣威部肅擁朱旗。
人瞻北斗欽風度，我向龍門愧品題。最羨聯輝花蕚貴，阿連並侍鳳皇池。
〔註112〕

其三

辭章、經術兩超然，海內聞風亦有年。文信豚魚韓子檄，恩賙粟麥范公船。
〔註113〕
東南任重屏藩寄，教化功深禮樂宣。愧我駑駘無報處，惟將椿樹祝青天。

其四

聽訟堂閒可設羅，遂教僻壤遍絃歌。良籌既殛螳當轂，善政曾聞虎渡河。
〔註114〕
弼教以刑持己重，無心之德感人多。滔滔世澤如滄海，會見庭槐百尺過。

送徐樹人師內渡

甫許春風坐，誰知遽別離。識韓空有願，御李悵無期。
豸服成名著，鱣堂教化施。受恩嗟未報，有淚灑臨歧。

占梅復在其〈奉答樹人師復用送別〉詩，另撰有序曰：

> 甲寅（一八五四）年之夏，余因公晉郡，並送樹人師內渡，謁
> 見之際，情辭溫渥，繼以詩學受知，益蒙契重，錄置門牆。暇時晤
> 對，談及家常，知先母畫荻維勞，含飴莫待，刻年逾而立，蘭夢無
> 徵，不勝嘆惋！隨以育麟方見貽，復錫教言、法帖諸珍，拜領之下，
> 感愧交深。因賦七律二章，用表微誠，並鳴謝悃。

奉答樹人師復用送別（有序）　兩首

其一

平生遭際話辛酸，感遇如公意一寬。不孝原知無後大，厚施惟愧報恩難。
育麟方妙青囊貯，舞鳳書珍墨寶看。最是關情同骨肉，此行洵不負瞻韓。

〔註111〕週年公所選士，中式最多。
〔註112〕公弟霽吟先生登辛亥榜，欽點中翰。
〔註113〕今年春，澎湖大饑，公專員運粟賑之，民賴以生。
〔註114〕去冬賊匪洪紀等謀逆，公先事檄台、嘉兩縣會營弁登時撲滅，民藉安堵。

其二

簫鼓嗷嘈士庶喧，苦留無計共攀轅。推袁志切門牆遠，說項情殷獎譽繁。

未得黃金摹賈島，聊思彩線繡平原。鄉愚此後空翹切，不復慈雲護覆盆。

這是記錄宗幹憐憫占梅無後，贈他育麟妙方，關心他的家事，如同親人長輩。難怪繭雲論及占梅交友時說：「有人譏笑占梅慷慨，濫交朋友。其實他對我說：知我者，黃公雨生（占梅的岳父）、徐公樹人及余數人而已。」〔註115〕可見他對宗幹的尊敬，自認是他的門生。

（三）在潛園寓居最久的，要算林豪、查元鼎與林維丞三人〔註116〕。

因為一來是林家同姓，二來三人詩文俱佳，受主人器重，延為西賓。三人除林豪臨老回鄉外，都在新竹終老，堪稱半個新竹人。《新竹縣志》也將此三人列為名流，並予立傳。

1、林豪（1831~1918）

林豪，字嘉卓，一字卓人，號次圃，福建同安縣之金門後埔人，清道光廿九年（1849）年補博士弟子，咸豐年間中式舉人。同治元年（1862）應淡水族人之招來臺，始居艋舺，占梅聞其賢特禮聘來竹，為潛園西賓〔註117〕，初館於碧海堂，後移雲香堂。時戴潮春起事於彰化，全臺騷動，占梅辦團練，協助清軍以敗戴潮春，林豪參贊之，為典筆札，往復郡城者再三，常與當地父老賢士，田間野老，縱談當日兵災流離，並就見聞所可及者隨筆箚記，又博採旁搜，稽其原委，仿趙翼《武功紀盛》，楊氏《三藩記事》，魏氏《聖武記》之例，纂《東瀛紀事》二卷。

同治六年（1867）正月，淡水同治嚴金清聘林豪總輯廳志，在林占梅極意鼓勵下，就明志書院設局採訪，商訂體例，十月《淡水廳志》稿成，凡十五卷，唯因嚴金清他調，林占梅去逝，繼任同知富樂賀未致意於此，書成未能刊印。一八六八年，應澎湖人之聘，主講「文石書院」兩年，後內渡鄉居，致力於著述。

同治八年（1869），淡水同知陳培桂聘楊浚修志，浚雖為文士，但見解有異，任意修改林豪稿本，並付梓印成《淡水廳志》，林豪看了甚怒即著《淡水廳志訂謬》，糾彈其誤謬之處，尤其對占梅平定戴潮春亂後，受人攀誣而涉訟，

〔註115〕見《潛園琴餘草》曾驤序。

〔註116〕見《新竹市志·人物志》（新竹市政府 1997 年 12 月）頁 286.117。

〔註117〕林豪受邀擔任林占梅妾杜淑雅教師，為期四年。

鬱病身歿一事，楊浚不但不為其平反，且將占梅列為志餘，而感到憤憤不平。連雅堂著《臺灣通史》，對林豪論史之嚴正，及占梅之冤屈，頗有公正的評論。光緒年間林豪復任「文石書院」主講，受聘完成《澎湖廳志》。一九○二年授連城縣學，以年老不就。一九一八年去世，所遺詩文甚多，有《誦清堂詩集》、《誦清堂文集》、《潛園詩選》、《海東隨筆》、《可炬錄》等，林豪並曾纂修《淡水廳志》、《澎湖廳志》，並續修其父林焜熿所著之《金門志》，其中除《誦清堂詩集》、《東瀛紀事》、《澎湖廳志》等少數著作尚存外，大多亡佚，後族姪孫林策勳輯錄其生前作品為《誦清堂文》，刊行傳世。林氏平素為人嫉惡如仇，崇忠孝尚節義，寫詩紀實關懷社會人文，頗有少陵、樂天、放翁之風；如〈負翁行〉：

負翁行　　林豪

滾滾烽煙刮地起，四野塵昏哭不止。幼兒在抱翁在堂，丈夫出門妾守此。
眼看室廬守不支，黃金盈篋去何之。黃金易得兒難得，回顧老翁方在側。
棄兒他日或有兒，棄翁來日空追憶。割得塊肉心豈甘，忍把呱呱付之賊。
賊氛已迫趾難停，老翁揮手促之行。謂翁老矣不足惜，無為翁故不俱生。
少婦匆匆但搖首，負翁在背踉蹌走。驚看雲浪阻當前，可奈青烽傳背後。
搴裳徑渡若平途，回望隨波十有九。竹垣城下且息肩，倉卒幸未遭賊手。
故鄉閭舍已無存，腸斷幼兒堪覓否。忽見幼兒戲于前，問誰攜汝心茫然。
遙望負金行且止，夫偕弟至無後先。痛定各將離緒訴，一家團聚不知故。

本詩為七言古詩，詩題另有附註曰：

道光六年，淡水閩粵民分類械鬥，中港閩莊為粵人焚燬，莊民
紛紛逃難。閩人蔡開基妻黃氏將負其幼兒及四百金以行，回見老翁
在室，乃棄兒與金而負翁在逃。時中港溪水暴漲多溺死，氏逕渡無
羔。行至竹塹城下，忽見幼兒立於側，問誰攜之來，茫然不知。未
幾其夫亦至，蓋夫與弟自陣前戰敗奔回，見室人已逃，惟楊上金尚
存，乃攜以行，至此適相值也。

這首勸孝的社會事件記實詩，收錄於林豪其作《頌清堂詩集》卷七《臺陽草下》，另外林豪的《臺陽草》二卷，則主要是在描寫其在潛園生活點滴，此外，在遍覽臺灣各地的同時，則採錄史事名勝，以敘述臺灣社會民情，並進而抒發個人情懷。上述〈負翁行〉這首詩正是林豪在擔任修纂《淡水廳史》的總編輯時，利用閒暇之餘，採錄地方閨秀節烈事蹟而可傳頌者，以詩歌頌

揚其賢德。詩中所敘述之閨秀事蹟爲閩人蔡開基的妻子黃氏背負公公逃難的節行。根據詩序所云，黃氏當時棄兒背翁而逃難，橫渡溪水暴漲的中港溪居然平安渡過，就在抵達新竹城下時，見到幼兒也安然出現在身旁，丈夫與小叔也都安然無恙的同來團聚，彷彿冥冥之中，黃氏以孝心感動上蒼、如有神助。

潛園秋日感興 〔註118〕　　林豪

> 崎嶇世路但孤行，磨蝎塡宮事莫成。白髮隨人如有約，青氈于我本無情。
> 秋深病榻兼風雨，亂後知交半死生。高臥江干感搖落，故園回首一沾纓。

此詩係林氏客寓竹塹潛園期間，當時臺灣中部正發生戴潮春事件，林豪將此事件所見聞諸事，撰成《東瀛紀事》，成爲研究戴潮春事件的重要史料。其後他受淡水廳同知嚴金清邀請，爲重修《淡水廳志》的總編纂，才離開潛園。此作因遊潛園而起興，感其身世崎嶇飄零，加上年歲漸長，身體不佳，在同治初年的戴潮春事件，有許多故人遭亂身故，林豪在江邊感世事沉浮，故園回首，悲不自勝，痛哭流涕。在占梅的《潛園琴餘草》中有一首〈與家卓人孝廉論詩〉，可以瞭解占梅眼中的林豪是：

> 生平趣向正無偏，使典驅墳出自然。遣興不分唐宋格，耽吟常見性靈篇。
> 嘔肝莫漫追長吉，得手何須託惠連。脫去浮詞醫盡俗，紅塵關過始成仙。

2、查元鼎（1804～1886）

查元鼎字少白，生於嘉慶九年（1804），浙江海寧人，書香門第貢生出身，元鼎善承家學，性情清介，自忖非名利中人，隱於新倉設帳維生。道光末年來臺〔註119〕，出入幕府之間，當局爭相延致；然其人生性耿介，不事敷衍；一言不合，即拂袖而去，毫不留戀。占梅，愛其文才重其人品，遂專程禮聘之，爲潛園幕賓。戴潮春起事之翌年，元鼎隨軍巡視後龍，爲戴黨所俘，旋獲援救，倖免於難。事平，寄寓潛園，與占梅詩酒論交，喜吟詠詞句鏗鏘，擲地有聲。臨財不苟，窮而益堅身世蕭條，著有《草草堂吟草》四卷，惜未刊行。光緒十二年（1886）前後以八十三歲高齡卒於客寓塹城潛園。元鼎的遺詩〈五十初度〉及〈歲暮書懷〉被收錄於《新竹縣志·藝文志》，有「功名誤盡文章賤，富貴交貽妻妾羞」，「欲報勛勞因負米，誰憐辛苦引群雛？」等感人之句。查元鼎，他一個遠從浙江渡海來臺謀生的流寓文人，最後卻因緣際會而落籍

〔註118〕 本詩爲七言律詩，收入《全臺詩》第玖冊，頁330。
〔註119〕 《新竹市志》·〈人物志〉（新竹市政府 1997 年 12 月）頁 117。

竹塹，子孫也定居於此，對於這位異鄉遊客的生平梗概，由於目前資料甚少，無法獲得充分訊息以澄清若干疑迷。然而元鼎的詩文作品，卻深深獲得當時潛園主人林占梅與文士們的青睞，可謂是竹塹流寓文人中，甚受推崇的一位；可惜查氏生前所撰《草草草堂吟草》詩稿已佚，目前所存者僅屬部分殘作，《全臺詩》〔註120〕尚收錄有一百餘首。

感賦查元鼎（少白）

名園常作客，吟味送天涯。世事經千卷，愁懷酒一車。

黃花應笑我，白首未還家。故國正戎馬，年年負物華。

在查元鼎的詩稿中屬詠物與課題之作也不少，如：老妓、幼妓、病妓、韻妓、茶煙四首書院擬作、簾影、燈影、帆影、雲影、花信、花品、花影、花韻、宜蘭仰山書院課題飛白、汗青、軟紅、硬黃……等，可以想見查氏是熱中此道的：

老妓

爭妍心事久消磨，攬鏡還愁鬢欲皤。當日盛名傳未已，流年似水恨如何。

敢誇丰韻依稀在，畢竟人情閱歷多。妝淚闌干憐舊夢，春花秋月太蹉跎。

幼妓

問年三五月初盈，一曲琵琶早擅名。帶幾分憨姿更媚，似曾相識見猶生。

商量留客還羞客，調笑無情勝有情。覆額髼髼雲未整，雛鶯出谷韻偏清。

茶煙四首之一

青分爐火白跳珠，小苑春風恰與俱。繞遍花叢香宛轉，穿迷竹徑影模糊。

一絲徐引疏還密，幾縷輕颺淡欲無。畢竟飲多詩更好，品泉聊破睡工夫。

茶煙四首之二

閒烹日鑄試芳辰，花影輕籠碧縷勻。風嫋軟扶雙暈起，簾低淡漾一痕新。

盌浮嫩白評初焙，篆結純青淪早春。品到頭綱香色味，由來佳茗似佳人。

茶煙四首之三

詩脾沁澈思超群，火候親調試武文。傍水低颺梳碧柳，乘風直上薄青雲。

花間細合晴絲裊，簾外輕舒弱縷分。茗啜江心泉第一，瓶笙清透味含芬。

〔註120〕施懿琳主編《全臺詩》第六冊（臺南勢：國立台灣文學館 2008 年 4 月）。頁293～348。

茶煙四首之四

睡起餘甘舌本留，嫩芽小種雨前收。霞燒冷豔添紅葉，露沁清香泛碧甌。

縷欲過牆風約轉，鐺初濺玉篆空浮。煎從竹裡樵青慣，嘯傲煙波一釣舟

在眾多客居竹塹地區的流寓文人中，查元鼎的遭遇最為坎坷，雖然曾經接受潛園主人林占梅的濟助，然而晚年始終在與飢餓奮鬥，至其死後，後代子孫的家境仍未改善。對於這位清貧詩人，物質生活雖然無法得到滿足，然而由其詩稿可以了解，其人精神生活卻是豐盈可羨的。詩人或玩賞清風明月，或與古人氣息相通，而在家人嚎飢之時，仍然專注吟詩而不輟，也許是這一分的執著，使其成為文窮而後工的最佳代言人，所以在先生過世後，竹塹文人陳朝龍、王石鵬、張純甫、王松都曾讚揚其詩歌創作與人品，而連橫亦將其列入《臺灣通史》‧〈流寓列傳〉當中，可見是相當肯定其人其事的。

3、林維丞（1822～1895）

林維丞字奕圖，生於道光二年（1822）又字薇臣，福建閩縣人，新竹縣附生，父祖二世皆以詩名。維丞嗜酒工詩，來臺為潛園幕賓，客居潛園十數年，為占梅《琴餘草詩稿》編次，處理潛園詩社社務。常隨占梅及曾藹雲、葉松潭、陳性初、林若村、鄭貞甫等諸韻士聯袂遊歷各地，覽勝抒懷，吟詩唱酬。

從廖雪蘭教授著《臺灣詩史》的記載，我們可以得知潛園的吟侶，除上述幾人外，尚有淡水廳幕府許廷用、吳春樵，同知秋日覲及郭襄錦、姜紹祖、鄭用鑑、鄭如蘭等四十餘人，因為《潛園唱和集》未梓，故無法詳查。而林維丞著有《潛園寓草》，其香奩詩亦佳，惜已失傳。其所詠的〈潛園紀勝十二韻〉，正是今人對已逝潛園惟一可追憶的印象詩；抄錄如下：

潛園紀勝十二韻

此間小住即神仙，景物撩人別樣妍。

使酒連番開笑口，尋詩竟日聳吟肩。

靜編籬落栽紅鄞，斜倚闌干釣綠軒。（釣魚橋）

涵鏡軒迷楊柳岸，（觀音亭）

鬧春樓醉杏花天。

愛廬雅癖懷陶令（陶愛草廬）

拜石閒情慕米癲。（香石山房）

棲風碧梧堂爽朗，（碧棲堂）

盤螺幽境路迴旋。（小螺墩）

臺凌書舫通香榭，（嘯望臺、鄰花書舫、掬月弄香之榭）

閣接蘭汀繫畫船。（爽吟閣、蘭汀橋、吟周舫）

菡萏池環三徑曲，（浣霞池）

芭蕉牆護一亭圓。（宿景圓亭）

窗中梅影庭中月，（廿六宜、梅花書屋）

檻外風光閘外泉。（留香閘）

留客竹鳴新雨後，（留客處）

迎風萍約彩虹前。（雙虹橋）

源添水活饒情處，（清溝橋，

垣借篁圍結淨緣。

差喜消遙林下樂，（逍遙館、林下橋）

潛園勝跡許流傳。

　　《潛園琴餘草》詩集，並無特別描寫潛園全景的詩。而由此詩的記載與拼湊，至少我們可以知道「潛園」的概貌；其園中樓臺水郭，應有盡有，它的百樣花窗，更是全臺獨步，園中種梅一百多株，有白梅、紅梅、綠萼梅等，鐵幹冰枝、疏影橫斜，真是引人入勝。故「潛園深梅」亦為竹塹八景之一。可惜現在只能唅唅奕圖的紀勝詩，想像當時的盛景罷了。

　　甲午戰後馬關條約，日軍入臺，竹塹城破，居民四散。日軍司令入城下塌爽吟閣；因戰火瀰漫，潛園主人舉家內渡避難。那時，占梅及汝梅均已離世，人丁單薄，潛園也已荒廢；回臺的王松〔註121〕，遊至潛園時百感交集曾賦詩曰：

亂後遊潛園　　王松

醉過西州更愴神，潛園無復舊時春。忍看石筍鐫為柱，況說梅花斫作薪。
臨水高樓餘瓦礫，藏山絕業化灰塵。傷心來去堂前燕，悲語如尋舊主人。

〔註121〕王松（1866年12月22日～1930年1月6日）又名王國載，字友竹、寄生，自號滄海遺民。出生於臺灣新竹，先祖來自福建晉江。是台灣清治時期末期、日治時期間的知名詩人。未成年就展現文學才能，曾入北郭園吟社，專長詩作。1895年乙未戰爭爆發，攜眷回福建祖籍，不料隨即遭盜。1896年臺灣局勢穩定後，回竹塹北郭園吟社繼續漢詩詩文，直至去世為止共長達30年，對臺灣詩壇貢獻頗力。著作計有《臺陽詩話》、《如此江山樓詩存》、《四香樓餘力草》詩作、《內渡日記》、《餘生記聞》、《草艸草堂隨筆》雜文等。1924年中國上海出版商劉承幹曾以上述著作合刊曰《滄海遺民賸稿》。

大約再過十年，鄭虛一〔註122〕由外地回到故鄉新竹，路經潛園故址也留詩感嘆。

經潛園故址鄭虛一

一代勳名載口碑，亭臺池館已無遺。繁華自古多銷歇，舉目蕭條異昔時。我們由詩中的描述，可以瞭解，那時的潛園已由燦爛歸於平淡了。從咸豐八年（1858）用錫病逝之後，「斯盛社」也逐漸被人淡忘。按《新竹縣志》記載：同治二年「竹社」、「梅社」先後成立。「竹社」集曾得意科舉者，以北郭園爲雅集之地；而「梅社」成員多半爲未成名之童生，以潛園爲聚會場所。這兩大詩社有意無意中，形成分庭抗禮之勢〔註123〕；而詩風之盛，吟客之數，也不分上下。

四、詩社成員與活動方式

竹塹地區詩風鼎盛，實歸功於開臺黃甲鄭用錫與「潛園」主人林占梅的積極倡導，而「北郭園」也於第二代主人鄭如梁〔註124〕、鄭如蘭〔註125〕昆仲的努力經營下，從同治二年（1863）到光緒十二年（1886）廿三年間，儼然成爲北臺墨客騷人的雅集勝地。如此江山樓主——詩人王友竹〔註126〕曾在鄭如蘭的《偏遠堂吟草》跋文中提到他「弱冠時（光緒十二年）從諸先達入『北郭園吟社』」。由此敘述，我們可以瞭解當時除了「竹社」、「梅社」之外，還有「北郭園吟社」的存在，其實應該不只以上所說的這些社名而已。

當時這些竹城的詩人們，大多是跨社而吟，通常一人多具好幾個社的詩人身分，就好像今天我們憲法上說的「人民有集會結社的自由」一樣；其間並沒有很嚴格的區分，此時的所謂「○○詩社」「○○吟社」似乎也只是一個概念並無極大的分野。例如潛園幕客林維丞（亦圖）本是潛園主人的至友與幫手，他不只是「潛園吟社」的主力成員之一，更分別參加了「竹社」、「梅社」、「北郭園吟社」以及合併後的「竹梅吟社」。從他們的詩文創作與唱酬往來中，雖無法很精確的知道，但至少可概略性的瞭解，這些所謂的「詩社」，到底有那些成員？而他們的活動方式，到底又是有哪些呢？

〔註122〕鄭秋涵（1880～1930）又名霽光，字虛一，號錦帆，臺灣竹塹（今新竹市）人，爲鄉賢鄭用鑑之曾孫。少承庭訓，受業於鷺江周少雲門下，博覽群籍，諸子百家，靡不研究，而「尤好酒、工詩，善擘畫大字」。設帳於竹塹成趣園之守默窩，著意栽培鄉黨宗族子弟；性喜吟詠，爲竹社社員。
〔註123〕時人有謂「內公館（潛園）、外公館（北郭園），詩文那拼館」
〔註124〕如梁爲鄭用錫進士次子。
〔註125〕如蘭爲鄭崇和三男鄭用錦之子，鄭用錫進士之姪。
〔註126〕即《台陽詩話》作者王松。

（一）「詩社」〔註 127〕之成員，如表八所陳列，這些文士詩人們多有跨社參與及聯吟的現象。

表八：詩社成員

公元年	清朝	年代	詩社名	主持人	成（社）員
1851	咸豐	元年	北郭園吟社	鄭用錫	竹塹七子、鄭如蘭、許蔭庭、陳維英、黃蓄雲、曾蘭雲、黃雨生、汪韻舟、王松……等
1851	咸豐	元年	潛園吟社	林占梅	葉松潭、陳性初、曾蘭雲、鄭貞甫、林維丞、查元鼎、林豪（潛園築成，占梅廣邀海內外諸名士吟詠，初似無社名，潛園吟社之名係據其唱和集而來）……
1857	咸豐	七年	斯盛社	鄭用錫	鄭景南及其勝友等《北郭園詩鈔》
1863	同治	二年	竹社	鄭用鑑 鄭如蘭	鄭用鑑、鄭如蘭、鄭如梁、鄭如恭、鄭景南、楊浚、吳逢清、林維丞、黃淦亭、鄭毓臣……等
1863	同治	二年	梅社	林占梅	林占梅、林豪、秋日覲、許廷用、吳春樵、林維丞、郭襄錦、林汝梅、查少白、施和丞、許超英、黃玉桂、彭廷選……等《新竹縣志》、《臺灣詩史》等
1886 至 1894	光緒	十二年 至 二十年	竹梅吟社	蔡啓運	陳瑞陔、鄭家珍、黃如許、林鵬霄、李祖訓、吳逢清、鄭葦卿、陳叔寶、劉廷璧、陳朝龍、鄭鵬雲（即鄭毓臣）、林維丞、陳世昌、鄭如蘭、曾吉甫、陳連三、張謙六、戴還浦、鄭養齋、鄭幼佩、鄭十洲、王松、王石鵬、王瑤京、黃應奎、魏篤生、郭鏡蓉……等《新竹縣志》

（二）詩社的活動方式

1、詩社成員們的聚會，大多分爲定期與不定期兩種；定期聚會時，通常會把「課題詩」或「試帖詩」〔註 128〕，即是將在家磨練的詩作拿出來，共同討論析評鑑賞。至於詩社按期舉行的課題習作，係屬學習中的一個進程，亦爲社友之間，借此以爲進步程度的衡準而已；對「揚風扢雅」的基本精神，與作詩的宏旨，均有極大的助益。

2、擊缽吟會，〈擊缽吟〉的宗旨，在乎的是「以文會友」。大家聚集在一起，以限題、限體、限韻、限時，競賽作詩。擊缽聯吟是「會友」，是場中最熱烈而精彩的餘興節目，並對獎掖後學兼而有之。是以〈擊缽吟〉可以說是一種帶有趣味性的學習方式，因爲這種詩會的活動設計，有競賽、有獎品，又有餘興節目，同時也有聚餐，更能藉此聯誼暢敘，又可達到互相切磋、觀摩的效果；是一種多元性的活動。

〔註127〕蘇子建《塹城詩薈》下冊，（新竹：新竹市文化中心，1994 年 6 月）頁 69。
〔註128〕古代科考均須作詩，此爲詩作部分考試的模擬試題；多爲八韻十六句。

3、除課題吟作外，尚有「詩鐘會」，通常都會另定日期或於晚上舉行。

4、閒詠或口占，即詩人自己平日，興之所至的作品，亦可藉詩社活動時發表分享。

小結

由於詩人與詩社的活動日趨興盛，社與社之間亦時有競合，是以本來由竹塹地區兩大名園所主導的北臺詩風，也因隨著主人鄭用錫、林占梅的相繼謝世而有所改變；繼之而起的則是樹大分枝，枝大分葉，百花齊放百家爭鳴的時代。這些詩社成員聚會的場所，也已不再跼限於兩大名園，而一切活動的主導權，也逐漸在擺脫過去鄭、林家族獨大的局面；換言之，「潛園」與「北郭園」，這兩大家族左右文壇的盛況已逐漸消退，竹塹文人世代交替的時代已然來臨。光緒十二年（1886），苑裡茂才蔡啓運移居新竹，由於他爲人豪爽，愛好風雅，頗得人緣。啓運眼見竹塹詩壇濟濟多士，亟待重振騷風，於是邀陳濬芝、陳朝龍、劉廷璧、鄭鵬雲等諸名士發起，多方撮合將「竹社」與「梅社」與竹城各詩社合併爲「竹梅吟社」重振旗鼓；每次詩會，百家齊鳴、佳作連篇風騷於全臺。

光緒廿年中日甲午之戰，清廷兵敗議和，訂定馬關條約割地賠款。臺灣遂爲日本的殖民地。乙未之役，蔡啓運隱跡林下，後來移中部參加「櫟社」。鄭家珍、鄭鵬雲、陳濬芝、陳朝龍等多人移居大陸後，或終老斯地；其他如王友竹、葉文樞、張純甫、張息六等人則內渡避亂，亂平回臺。因此「竹梅吟社」的吟詩活動便告曲終人散了。

第三章　日據時期新竹地區書房與詩社

　　清光緒二十年（1894）中日甲午戰爭，清廷戰敗，一八九五年四月十七日，中日雙方於今日日本本州的山口縣下關市簽定「馬關條約」，將臺灣割讓予日本。五月八日條約生效，這長達二一二年的清領時期正式結束。六月十一日，日軍進入臺北城，六月十七日，首任臺灣總督樺山資紀在臺北城舉行始政式，正式宣告日本開始進行對臺灣的統治，臺灣成為日本的領地。從這一天起，臺灣的漢文書房與傳統詩社，便在日本長達五十年的統治當中，死忠的扮演著維繫民族氣節，延續中華文化的太極推手。

第一節　書房與詩社概況

一、日人文教下的漢文書房（私塾）

　　日本據臺的文教政策，本來是要將「臺民」徹底改造成「日民」，然而就在此時卻與臺灣傳統書房、詩社的發展，起了你情我願（註1）的微妙關係。本來書房與詩社，除了曾是科舉功名的搖籃外，也是延續漢學命脈的兩個關鍵部門；而書房乃是前清時期遺留下來的教育機構，它是以啟蒙為主；詩社則為平日宿儒雅士們，與讀書人以文會友的組織，可謂是成人漢文教育書房的延伸。兩者的組成分子雖屬不同，其組織運作的功能意義亦有所別，但從其延續漢文化命脈的使命來看，卻是一脈相承的。這種共通的使命，一度引起日本總督府的顧忌，於是便採取雙向統治策略，一則高壓限制書房的發展

〔註1〕從「六三法案」到「內地延長主義」到「同化政策」等。

〔註2〕，一則懷柔獎勵詩社的設立，遂造成書房因公學校興盛，致無法生存而沒落，與詩社林立的兩種截然不同的命運。從下列表九「全臺書房、公學、詩社消長概況表」〔註3〕來看，即可得見一斑：

表九：1895之後全臺書房、公學、詩社消長概況

公元年代	書 房		公學校		詩社（概約累計）	
	書房數	學生數	校數	學生數	數量	增
1897	1127	17066	0	0	4	
1898	1707	29941	74	7838	5	
1899	1421	25215	96	9817		
1900	1473	26186	117	12363		
1901	1554	28064	121	16315		
1902	1822	33625	139	18845		
1903	1365	25710	146	21406		
1904	1080	21661	153	23178		
1905	1055	19225	165	27464	7	
1906	914	19915	180	31823	8	
1907	873	18612	192	34382		
1908	630	14782	203	35989		
1909	655	17101	214	38974	9	
1910	567	15811	223	41400		
1911	548	15759	236	44670	12	
1912	541	16302	248	49554	16	
1913	576	17284	260	54712		
1914	638	19257	270	60404	20	
1915	599	18000	284	66078	23	
1916	584	19320	305	75545	24	
1917	533	17641	327	88099	27	
1918	385	13314	394	107659	29	
1919	302	10936	410	125135	32	
1920	225	7639	495	15109	38	

〔註2〕 日本總督府於明治31年（1898）年發佈「書房義塾規程」將書房納入管理。
〔註3〕 參《新竹市志·文教志》〈教育設施篇〉（新竹市政府1996年3月）頁372～374。《臺灣教育沿革誌》頁981～984。廖一瑾（雪蘭）《臺灣詩史》·〈臺灣詩社繫年〉（臺北：文史哲出版社1999年3月）頁32～66。

1921	197	6962	531	173702	49	
1922	94	3664	592	200608	60	
1923	122	5283	715	215108	69	
1924	126	5165	725	220540	78	
1925	129	5173	728	220120	83	
1926	136	5507	735	216467	90	
1927	137	5376	744	218051	98	
1928	139	5597	749	223679	103	
1929	160	5700	754	231999	111	
1930	164	6002	758	246893	120	
1931	157	5383	761	265788	133	
1932	142	4722	762	283976	140	
1933	129	4491	769	309768	151	
1934	110	3524	775	335318	166	
1935	89	3176	781	365073	172	
1936	62	2458	785	398983	186	
1937	28	1469	788	445396	197	
1938	23（19）	1459	796	500271	199	
1939	18（17）	1008	810	548498	204	
1940	17	996	825	621450	209	
1941			852	678429	217	
1942			811	739052	222	
1943			882	797728	226	

　　臺灣在清朝年代的詩社，以光緒年間最為興盛，特別是從光緒元年至光緒二十年（1875～1894）之間；而到了乙未（1895）割臺日據時代開始，則以大正八年（1919）之後，才有著顯著的增加，經從《詩報》〔註4〕、《臺灣詩薈》〔註5〕、《臺灣詩史》〔註6〕及相關漢詩刊等資料的盤整比對後，日據時期的臺灣詩社應是超過三百個以上。我們究其原因，此實與日本總督府在臺

〔註4〕 《詩報》是日據時代當時少數特准獲得發行的漢文雜誌之一，同時也是發行最久的傳統文學刊物（1930～1944），從昭和五年十月三十日《詩報》發刊至昭和十九年九月五日，計發行319期，時間約十四年。

〔註5〕 《臺灣詩薈》乃是連雅堂於1924年2月在臺北創刊的古典文學雜誌，直到1925年10月赴杭州西湖養病停刊止，共發行22期。他曾在〈臺灣詩薈發刊序〉開章明義地指出這份期刊的創辦宗旨：「臺灣詩學於今為盛，文運之延，賴此一線」，延續臺灣詩學及傳統文化是他創辦這份刊物的動機。

〔註6〕 詳見廖一瑾（雪蘭）《臺灣詩史》·〈臺灣詩社繫年〉（臺北：文史哲出版社1999年3月）。

實施的教育政策有著密切的關係。日本據臺前後五十年間，其教育政策的變遷大約可分為前、中、後三個階段：

（一）前期階段：

此為日本據臺的教育試驗期自明治廿八年（1895）至大正八年（1919），這期間日本政府正致力於殖民政權的建立，教育方針尚未明確建立，事事均採因事、因地、因人的隨機處理方式。

（二）中期階段：

「臺灣教育令」〔註7〕公佈之後，從大正八年（1919）到昭和十八年（1943），日本政府則全力實施殖民地同化政策。「臺灣教育令」第二條：「教育基於教育勅語之旨趣，以育成『忠良國民』為本義。」第五條又云：「普通教育以注意身體之發達，施行德育，侍授普通知識技能，涵養『國民之性格』，普及國民語文（日語）為目的。」臺灣總督府諭告第一號云：「要之，臺灣之教育，在於觀察現實世界人文發達之程度，啓發島民之智能，涵養德性，普及國語（日語），使之具備帝國臣民應有之資質與本性。」此一階段乃在積極消滅臺民根深蒂固的華夏文化，從而同化為皇民化下的臺民，以為大日本帝國對外侵略效命。

（三）後期階段：

臺灣教育令修改之後，自昭和十八年（1943）至昭和廿年（1945），此一階段正為第二次世界大戰末期，日本在中國大陸戰場及太平洋戰區，正處不利，日軍節節敗退中；國家局勢不穩，於是設法積極懷柔臺灣人民，廢除教育差異，以期臺人繼續效忠日本天皇；然實表裡不一，其特權與差別待遇仍存在於各級教育當中〔註8〕。

是以日據初期，依照《臺灣教育沿革誌》〔註9〕、《臺灣省通志稿》〔註10〕、

〔註7〕 該命令主要發布過三次，分別為 1919 年發布的第一次《臺灣教育令》（大正 8 年勅令第 1 號）、1922 年發布的第二次《臺灣教育令》（大正 11 年勅令第 20 號）與 1941 年發布的第三次《臺灣教育令》。

〔註8〕 參見鐵血詩人吳濁流《亞細亞的孤兒》（臺北：遠景出版事業公司 1993 年 9 月再版）。

〔註9〕 《台灣教育沿革誌》，臺灣教育會 1939 年出版。

〔註10〕 《臺灣省通志稿》，係臺灣省文獻委員會主編纂修，該稿由學者方家六十二名執筆，自民國三十九年至五十四年間先後付梓，實際共十志五十九篇，平裝五十九冊。全書自史前時期始，大約斷限於民國卅九年。就內容而論，乃是一部「臺灣全史」的百科辭書。

《新竹市志·文教志》〈教育設施篇〉的記錄，當時的臺灣私塾（書房）約有 1822 所，傳統漢文亦端賴於此得以保存；在「臺灣教育令」〔註 11〕發布之前，即一八九五年五月至一九一九年的臺灣教育，日本人是直接依據日本內地的法令辦理，而臺灣人的教育則是依據總督府頒布的學校官制、學校規則和學校令；臺灣人以學習<u>國語</u>（日語）爲主，沒有完整的學制系統可言。

但日據中期自大正八年（1919），「臺灣教育令」公佈之後，地方政府便「於法有據」的積極從事私塾（書房）教育之監督與取締，私塾逐次第關閉，當時新竹的「讀我書吟社」導師泉州秀才葉文樞爲此憂憤成疾，險至於不起，其〈病中雜感〉十二首，所表現出的正是當時讀書人（漢文塾師）的萬般無奈：

病中雜感

去年欲返竟停蹤，回首家山路萬重。倘使者番眞不起，妻孥一見永無從。
不煩藥者與茶烹，侍疾空勞到五更。萬一宵深呼吸絕，時間詎必記分明。
年來實驗重歐西，愧我生平古枉稽。四十八時長絕粒，試將枯餓學夷齊。
一死原來萬事休，蓋棺何必更名留。叢殘舊稿刊難就，只合從人水火投。
賺得盈囊慰問詩，吟從病榻藉開眉。絕勝身後空哀輓，泉下茫茫未得知。
忽忽年華六十三，異能奇技未曾諳。只餘一癖渾難矯，志向書中似蠹蟫。
呱呱血跡記猶眞，飄泊歸來暫託身。除卻朋儕宗戚外，多疑我是異鄉人。
除夕爐憐不共圍，老妻念我淚應揮。心灰轉向燈前詛，苦戀何人久未歸。
三男三女盡成丁，悔未家居教一經。卻幸毫無遺產累，免教涉訟到公庭。
報得雙孫喜不支，阿翁謀面定何時。太平歸去能言語，合問新來客是誰。
奚分螻蟻與烏鳶，腹葬江魚也任天。卻笑病魔纏逐去，談詩問字又紛然。
年來日夜只吟詩，外事紛紜總不知。吟到如今應絕律，老天偏許復延期。

從葉文樞秀才的病中吟〈病中雜感〉十二首，我們可以深刻的體會到他那種鬱卒的心情與萬般的無奈；因爲從中日戰爭正式發生後（民國 26 年），在臺的漢文私塾已被層層限制〔註 12〕，文樞貧病交迫，又無法買棹回家〔註 13〕（福建），

〔註 11〕　日據時期，臺灣總督府爲了臺灣特殊環境所頒布的有關教育的法律命令。該命令主要發布過三次，分別爲 1919 年發布的第一次《臺灣教育令》（大正 8 年勅令第 1 號）、1922 年發布的第二次《臺灣教育令》（大正 11 年勅令第 20 號）與 1941 年發布的第三次《臺灣教育令》。

〔註 12〕　參見《新竹市志·文教志》〈教育設施篇〉書房義塾之設施。頁 370～382。

〔註 13〕　船期船票不確定。

狼狽不堪；他本是新竹北門出生的旺族，卻成為臺地的華僑〔註14〕，生於戰爭、亂世、四處奔波，遭逢一家四散的悲哀與無奈，處境實在令人鼻酸。

「詩社」本是書房之延伸，所謂書房，多系本省人士所自辦之私塾，而書房之設立，多由各教師自行辦理，或地方士紳舉辦之。大凡募集學生二、三十人，即可在教師自宅，或假廟堂等地開校授課，修業年限則按學生家庭狀況而定，貧者約三、四年，小康者六、七年，富者可達十餘年。其學科可分三級，高級者以經史文章、詩詞為為主；中級者以書註、作對為主；初級者以白話文背誦及習字識字為主。其他如珠算、記帳、行儀作法、灑掃應對等均有之，除詩書字之外，並及於道德人倫之陶冶〔註15〕。

日據初期，由於戰亂，全省書房數銳減，以新竹一地為例，光緒二十二年（1896 明治廿九年）以前，書房數為二六一所，學生四三四六人，日軍入臺後，書房只剩下一四五所，學生二二三一人〔註16〕，降幅相當大，翌年（1897）戰亂漸趨平定，加以傳統讀書人科舉受阻，為了餬口他們乃紛紛開設書房謀生，教授漢文，並作為民族精神寄託所在。在明治卅五年（1902）時，全省書房數已激增至一八二二所，呈現蓬勃發展之勢。由於日本總督府，見於書房數激增，無法實施新式教育，乃採漸禁政策予以斧底抽薪，先於明治卅一年（1898）發佈「書房義塾規程」〔註17〕，將書房納入管理，欲漸次改良，並利用之輔助僻遠地區公學校的不足，規程中規定，書房設立需經過申請及許可，且歸日本官府辦務署長監督；在課程中加設「日語」、「算術」兩科；對書房教師舉辦講習會及檢定考試。施行細則亦以公學校規則（總督府令第 78 號）為依據，完全視書房為代用公學校。並指定《大日本史略》〔註18〕、《教育敕語述義》〔註19〕、《天變地異》〔註20〕、《訓蒙窮理圖解》〔註21〕等書籍為書房必備參考用書。

〔註14〕 依馬關條約第五條規定，兩年之內，台人可自由遷往內地規定，秀才葉文樞並未取得日籍。

〔註15〕 參見《新竹市志·文教志》〈教育設施篇〉書房義塾之設施。頁 370～382。

〔註16〕 參見《新竹市志·文教志》〈教育設施篇〉書房義塾之設施。頁 370～382。

〔註17〕 參見《新竹市志·文教志》〈教育設施篇〉書房義塾之設施。頁 370～382。

〔註18〕 《大日本史略》全二冊：光緒 24 年（明治 31 年）出版。

〔註19〕 《教育敕語述義》全一冊：漢文譯本於光緒 25 年（明治 32 年）出版。

〔註20〕 《天變地異》一冊：日本小幡篤四郎編，漢文譯本於光緒 26 年（明治 33 年）出版。

〔註21〕 《訓蒙窮理圖解》全乙冊：日本福澤諭吉編，漢文譯本於光緒 26 年（明治 33 年）出版。

　　由於書房多不依規定辦學，日本總督府甚至授予公學校長權力，強迫書房教師，率領學生至公學校就學，午後再回書房就讀，形成「公私並學」的怪異景象。明治卅八年（1905）以後，公學校已呈穩定成長之勢，臺灣總督府更於大正十一年（1922），以書房影響公學校兒童就學，及教授漢文係破壞日臺融合為理由，將書房併歸私立學校規則下加強管理，並漸次禁止〔註22〕。而另一方面，書房本身實際上也存在一些問題，像是教師素質參差不齊，因經費不足而學費高於公學校，教材、教法不合時宜，管教嚴厲；又科舉已廢，考試仕進之途已絕，也已不具時代的需要性。因此，在日本總督府的刻意干擾下，書房乃漸趨沒落，及至昭和十八年（1943），皇民化運動〔註23〕正如火如荼展開之時〔註24〕，臺灣總督府便頒佈「廢止私塾令」，書房遂完全停辦。

　　日據時期，新竹地區的書房、義塾相當普遍，以光緒廿三年，即明治卅年（1897）為例，新竹支廳書房更冠於全省，茲錄當時全省書房資料如下以供參考：

（一）書房數資料來源〔註25〕：

1、1897～1898 年（臺灣教育沿革誌），頁九八一、九八四。

2、1899～I901 年（臺灣總督府學事年報）。

3、1902 年（臺灣慣習記事），第貳卷下，第五號，1902 年 10 月，頁一九〇。

4、1903～1937 年（臺灣總督府學事年報）。

5、1908～1940 年（臺灣學事一覽）。

〔註22〕詳見《新竹市志・文教志》・〈教育設施篇〉。

〔註23〕自 1936 年日本確定南進政策開始，一直到二次大戰結束的 1945 年為止，日本在台灣的殖民統治邁向了另一個階段。該時期因戰爭的需要，日本內地經濟泥足深陷，全國逐漸進入戰時體制，繼而孤注一擲，發動大東亞戰爭，國力消耗甚鉅，人力物力羅掘俱窮，需要台灣的協助。然而要台灣人「真誠」、「同心協力」，須由同化政策更進一步，除了取消原來允許的社會運動外，也積極從精神上消除臺人的民族意識，生活上脫離漢民族及臺灣原住民的生活型態與文化，全力推行皇民化運動，大倡臺人全面日本化，並全面動員台人參加其戰時工作，一直持續到 1945 年二戰結束，日本投降為止。本時期可以稱為「皇民化時期」

〔註24〕第一階段是 1936 年底到 1940 年的「國民精神總動員」，第二階段則是 1941 年到 1945 年的「皇民奉公運動時期」。

〔註25〕《新竹市志・文教志》・〈教育設施篇〉（新竹市政府 1996 年 3 月）。頁 375。

（二）公學校校數資料來源〔註26〕：

1、1898～1937 年（臺灣總督府學事年報）

2、1938～1942 年（臺灣總督府統計書）。

3、1943 年（臺灣學事一覽）。

表十：明治卅年（1897）臺灣全省書房資料〔註27〕

管轄廳舍		臺北廳	淡水支廳	基隆支廳
書房數		93	23	32
學生數		2142	455	508
一年中束脩之最高額	學費	5,148,000 圓	1,187,500 圓	1,427,500 圓
	米油		米　69 石 1 斗	米　71 石 9 斗
	薪炭			炭　　7100 斤
	茶鹽			
	金錢	791,000 圓	錢　64,400 文	240,500 圓
管轄廳名		新竹支廳	宜蘭支廳	臺中縣
書房數		151	40	111
學生數		2,341	629	1,562
一年中束脩之最高額	學費	8,225,580 圓	1,238,200 圓	5,871,800 圓
	米 油		米　90 石 2 斗 油　1,094 斤	米 206 石 2 斗 油　1,134 斤
	薪炭		炭　6,100 斤	薪 4，340 斤
	茶鹽			
	金錢	2,424,090 圓		61,380 圓

〔註26〕　《新竹市志·文教志》·〈教育設施篇〉（新竹市政府 1996 年 3 月）。頁 375。

〔註27〕　資料來源：《臺灣省通誌稿》卷五,教育施設篇,一八五至一八六頁。《新竹市志·文教志》〈教育設施篇〉（新竹市政府 1996 年 3 月）。頁 376～378。

管轄廳名		彰化支廳	苗栗支廳	雲林支廳
書房數		134	39	25
學生數		2,276	644	436
一年中束脩之最高額	學費	6,446,020 圓	1,409,000 圓	1,596,000 囤
	米油	米　228 石 6 斗 油　2，272 斤	米　98 石 1 斗 油　　640 斤	米　30 石
	薪炭	炭　4，440 斤		
	茶鹽	茶　32 斤		
	金錢	34,800 圓	128,210 圓	331,000 圓
管轄廳名		埔里社支廳	臺南縣	嘉義支廳
書房數		3	138	73
學生數		48	1,828	1,043
一年中束脩之最高額	學費	174,000 圓	6,123,000 圓	3,453,000 囤
	米油	米　10 石 油　80 斤	米　149 石 1 斗 油　　347 斤	米　134 石 9 斗 油　　351 斤
	薪灰	薪　120 擔	薪　　46 擔 炭　　100 斤	薪　8,600 斤 炭　1,550 斤
	茶鹽			
	金錢		金　　　13 圓 錢 569,100 文	
管轄廳名		鳳山支廳	恆春支廳	臺東支廳
書房數		160	23	1
學生數		1,940	283	22
一年中束脩之最高額	學費	7,777,000 圓	1,053,000 圓	80,000 圓
	米油	米　74 石 6 斗 油　　126 斤	米　118 石 7 斗 油　　811 斤	米　3 石 油　2 斤
	薪炭	炭　760 斤	炭　21，200 斤	
	茶鹽	鹽　12 斤		
	金錢	7,500 圓		

管轄廳名	澎湖島廳	合　計
書房數	81	1,127
學生數	919	17,066

一年中束脩之最高額	學費	1,838,000 圓	學費	53,047,600 圓
	米　油		米　油	1,284 石 4 斗　6,857 斤
	薪　炭		薪　炭	29,540 斤　41,350 斤
	茶　鹽		茶　鹽	32 斤　12 斤
	金　錢		金　錢	4,032 圓三九錢　633,500 文

資料來源：《臺灣省通誌稿》卷五，教育施設篇，一八五至一八六頁。

　　新竹市因居新竹地區中心、文風鼎盛，故書房、私塾設立亦遍於各里巷間。根據資料顯示，當時市區書房大抵可分為依規正式報設與非正式報設兩大類，前者計有八所，後者有資料可尋者則高達六十二所，可見其蓬勃發展之勢。

二、日據時期新竹市區正式報設之漢文書房（附表於後）

（一）靜課軒書房

　　　　報設時間：民國十三年（日大正十三年，西元 1924 年）
　　　　位置：新竹市南門外二二九
　　　　設立者：李謙一
　　　　修業年限：三年
　　　　教授科目：修身、國語（日語）、算術、漢文。

（二）育英書房

　　　　報設時間：民國十三年（日大正十三年，西元 1924 年）
　　　　位置：新竹市南門外三四八
　　　　設立者：謝華英
　　　　修業年限：三年
　　　　教授科目：修身、國語（日語）、算術、漢文、體操、唱歌。

（三）養蒙書房

報設時間：民國十三年（日大正十三年，西元 1924 年）

位置：新竹市南門外四九七

設立者：胡錦標

修業年限：三年

教授科目：修身、國語（日語）、算術、漢文、體操。

（四）集益書房

報設時間：民國十三年（日大正十三年，西元 1924 年）

位置：新竹市湳雅三八四

設立者：鄭銳

修業年限：二年

教授科目：修身、國語（日語）、算術、漢文。

（五）漢文專修書房

報設時間：民國十三年（日大正十三年，西元 1924 年）

位置：新竹市南門三一二

設立者：張麟書

修業年限：四年

教授科目：修身、國語（日語）、算術、漢文。

（六）六也書房

報設時間：民國十三年（日大正十三年，西元 1924 年）

位置：新竹市南門一七一

設立者：鄭得時

修業年限：三年

教授科目：修身、國語（日語）、算術、漢文。

（七）學渠齋書房

報設時間：民國十三年（日大正十三年，西元 1924 年）

位置：新竹市北門一四八

設立者：張壽

修業年限：三年

教授科目：修身、國語（日語）、算術、漢文、書方、體操

（八）新竹昭和義塾

報設時間：資料缺失

位置：新竹市南門一七一

設立者：佐久間尚孝

修業年限：資料缺失

教授科目：修身、國語（日語）、算術、漢文、體操、唱歌、體操。

表十一：日據時期新竹市區正式報設之漢文書房

市郡別	新竹市區			
名稱	靜課軒書房	育英書房	養蒙書房	集益堂書房
所在地	新竹市南門外 229	新竹市南門 348	新竹市西門 497	新竹市湳雅 84
修業年限	3 年	3 年	3 年	2 年
學級	2	1	1	1
教學科目	漢文、修身、國語、算術	國語、修身、算術、唱歌、漢文、體操	修身、算術、漢文、體操	漢文
教師數	1	2	3	1
生徒數 男	52	35	50	10
生徒數 女	4	5	4	
生徒數 計	56	40	54	10
卒業者總數（昭和六年）	31	30	20	52
設立者	李謙一	謝華英	胡綿標	鄭銳
市郡別	新竹市區			
名稱	漢文專修書房	六也書房	學渠齋書房	新竹昭和義塾
所在地	新竹市南門 312	新竹市南門 32	新竹市北門 148	新竹市南門171
修業年限	4 年	3 年	3 年	不詳
學級	1	2	3	2
教科目	漢文	修身、國語、算術、漢文	修身、算術、漢文、體操、國語、書方	漢文、國語修身、算術唱歌、體操
教師數	1	2	2	5

生徒數	男	15	55	43	63
	女	5	7	6	
	計	20	62	49	63
卒業者總數 （昭和六年）		20	130	38	
設立者		張麟書	鄭得時	張壽	佐久間尙孝

資料來源：1.《新竹州教育統計一覽》，昭和四年度；昭和六年度。
　　　　　2.《臺灣省新竹縣誌》卷七，教育志，一一九頁。

三、日據時期新竹市區非正式報設之書房（附表於後）

　　當時市內非正式報設之書房爲數甚多，且多爲私人設置，故多無明確之名稱，且設置時間亦多不詳，無法詳載。茲據《臺灣省新竹縣志》〔註28〕所載，列表於下：

表十二：日據時期新竹市區非正式報設之書房

地區別	所　在	塾師姓名	書房名	學　生	年　代	備　註
新竹街	北門前街	魏篤生	啓英軒		約六十年前 明治年代	儒士，設塾垂 十數年
同上	西門外五甲	童尙義			同上	儒士
同上	北門北郭園	連文逸	浣花居		同上	儒士
同上	北門北郭園	戴珠光			同上	庠生
同上	崙仔吳欽榮宅	王石鵬	養正軒		同上	儒士
同上	南門關帝廟	吳逢沅			同上	廩生
同上	大南勢郭宅	汪式金			同上	儒士
新竹街	大南勢郭宅	莊清河			同上	儒士
同上	東門暗街仔	高華袞			同上	
同上	南門	沈江梅	靜遠書屋		同上	
同上	南門義倉邊	鄭旭東			同上	庠生
同上	北門街	張迪吉			同上	庠生
同上	後車路	黃子清			同上	
同上	北門街	周國珍			同上	
同上	西門外	周莊霖			同上	

〔註28〕民國四十六年黃旺成修《臺灣省新竹縣志》，卷七，教育志，頁121～125。

同上	北門李陵茂	李子瑜	敬軒		同上	
同上	南門街	黃潛淵			約四十年前 大正年代	
同上	北門前街	李錫如			同上	
同上	巡司埔	蔡道元			同上	
新竹街	北門街	蔡明心			同上	
同上	水田街	吳蔭培			同上	
同上	水田街	鄭濟卿			同上	
同上	北門崙仔	黃世元			同上	
同上	南門街	陳金龍			約二十年前 昭和年代	
同上	北門街	葉文樞	讀我書齋		約四十年前 大正年代	庠生（秀才）
同上	水田吳宅	鄭家珍	耕心齋		同上	舉人
同上	北門後車路	張純甫	堅白書屋		約三十年前 昭和年代	
同上	西門石坊腳	洪文波			約四十年前 大正年代	
新竹街	青仔行	陳春源			同上	
同上	石坊腳童厝	童甘微			同上	
同上	西門外客雅	張順仁			同上	
同上	西門外客雅	莊鼎洲			同上	
同上	西門外小南勢	楊省三			同上	
同上	南門	莊景南			同上	
同上	南門	沈秋澄			同上	
同上	北門後車站	許闊			同上	
同上	南門	何文筆			同上	
同上	暗街仔	何道中			同上	
同上	東勢	鄭芸詩			同上	
同上	東勢	張星川			同上	
同上	城隍廟後	吳逢清			同上	
同上	南門	范耀庚			同上	
同上	南門隆王祠	查鴻章			同上	
同上	南門育嬰堂	林在榮			同上	
同上	南門公館埕	許謙六			同上	

同上	南門	張鏡濤		同上	
同上	南門	梁定		同上	
同上	南門	梁蒼年		同上	
同上	南門	陳富春		同上	
同上	北門	謝晴皋		同上	
同上	北門	陳信齋		同上	
同上	北門	鄭盧一		同上	
同上	北門後街	李倬章		同上	
同上	北門金德美	張金聲		同上	
新竹街	北門	楊禮		同上	
同上	北門外	高世仁		同上	
同上	北門外	張鏡村		同上	
同上	沙崙	陳寶炬		同上	
同上	水田	高福慶		約二十五年前 昭和年代	
同上	西門	鄭培基	樹德書房	約四十年前 大正年代	
同上	魚寮	沈江楓	龍淵書	約四十年 大正年代	
同上	南門關帝廟	曾秋濤		約二十年 昭和年代	

資料來源：民國四十六年黃旺成修《臺灣省新竹縣誌》，卷七，教育志，一二一至一二五頁。

　　上述兩類書房，隨著總督府的漸次禁止，數量亦逐年減少；至日昭和八年（1933）統計資料顯示，報設書房只剩五所；而全市之書房至日昭和十年（1935年）時，也只餘廿一所。到了日昭和十六年（1943年）新竹地區漢文書房在「廢止私塾令」的公布下，全告廢止。

　　雖然全臺書房逐漸廢棄，但考察日本據臺五十年間，能教授漢文，並維護傳統教育於不墜的最大功臣，實以漢文書房與傳統詩社居功厥偉。而在竹塹地區的眾多塾師中，又以「耕心齋」的主持人鄭家珍舉人，「讀我書齋」的主持人葉文樞秀才，及「堅白書屋」的主持人張純甫先生，影響最大，又因他們三位分別主掌了日據時期新竹地區由「竹梅吟社」回復到「竹社」而分枝的三大詩社：「耕心吟社」、「讀我書吟社」、「柏社」，對塹城地區的漢文教育的延續與推廣，功不可沒；也因他們無怨無悔的教授與堅持且桃李眾多，發展於各行各業，開花結果，使得沒落的漢文能延續至今（新竹）；我們將於第四、五章再敘。

四、詩社概況

　　詩人雅集自古即有，而臺灣詩社之盛，亦為歷代中國之冠；清康熙廿四年（1685），明末遺老沈光文等人在諸羅（今嘉義），創立了「東吟社」，此為臺灣有史以來的第一個詩社，且臺灣地處中國大陸的東南方，雖山高谷深，鮮有詩文，此亦有憑弔故國山河之意。這時科舉仍在，文人全力博取功名，因此，自康熙廿四年到道光六年（1826），臺灣便未再有其他正式詩社出現，這期間竟達有一四一年之久。但其間遊宦詩人倒是不少，雖有許多個人作品的詩集付梓，然多屬自吟自賞；或享之同好、或藏之名山，或登高狂嘯，或斗室沈吟，並沒有結社聯吟的活動。

　　到了清道光六年（1826），彰化的「鐘毓詩社」成立，是為臺灣的第二個詩社；直到甲午戰爭之後，乙未割臺，日據時代開始前，這長達七十年間，若依照《臺灣詩史・臺灣詩社繫年》的說法：臺灣亦僅有十所詩社〔註29〕出現而已；即是「竹社」（1851年新竹，鄭用錫創），「梅社」（1851年，新竹林占梅），「潛園吟社」（1862年，林占梅），「崇正社」（1878年，臺南，許南英），「竹梅吟社」（1886，新竹，蔡啟運），「斐亭吟社」（1889年，臺南，唐景崧），「荔譜吟社」（1890年，彰化，蔡德輝），「牡丹詩社」（1891年，臺北，唐景崧），「浪吟詩社」（1891年，臺南，許南英），「海東詩社」（1894年，臺北，林景南），即便是如此，以上所說十所詩社中，新竹地區即占有十分之四，可見直到光緒年間，新竹的文風依舊昌盛。而新竹地區的「竹梅吟社」因為馬關條約（1895）割地賠款，臺灣成為日本的殖民地與時局不安之故，主其事的蔡啟運等諸多名士便隱跡林下，而健將如：鄭家珍、鄭鵬雲、陳濬芝、陳朝龍、王松、葉文樞、張息六等則移居大陸，或終老斯地，或遠走他鄉或內渡避亂，或亂平回臺。因此新竹地區詩社總聯盟——「竹梅吟社」的活動便曲終人散而告解體了。

　　光緒廿一年（1895）馬關條約後，日本據臺，科舉廢除，士人功名路斷，文人傷古弔今之餘，乃藉詩酒澆愁，這時臺灣詩社卻急速成長。大正十三年（1924）全臺詩社已有66所，到昭和十一年（1936）則已達178所，而實際的數目已超過三百社以上，這在臺灣文學史上，或是中國文學史上，是從未有的現象。我們考其原因，實乃臺民不甘異族統治，有刻意延申漢民族文化之故，是以當時的漢文書房亦曾達到1822所之多；甚至老一輩的臺灣人，禁

〔註29〕見廖一瑾（雪蘭）《臺灣詩史》〈臺灣詩社繫年〉。（臺北市：文史哲出版社1999年），頁32。

止弟子入公學。另外基於士大夫的觀念，詩人寫詩除了自娛之外，亦可藉此
應酬交際，以提高其社會地位，不過主要還是因爲日本政府對於詩社另有盤
算與看法，而未加禁止，並圖藉此，一方面可籠絡這些地方上有影響力的文
人，另一方面也可營造出臺灣昇平的氣象。

　　割臺之後的「竹梅吟社」雖已解體，但竹社同人卻於光緒廿三年（1897）
將「竹社」復名，且並未因山河異變而消聲。反之，以「用之則出，捨之則藏」
的態度，爲延一線斯文，默默入世耕耘。因爲「竹社」的前輩們知道「飄零的
種子，只能尋求落地生根，才有出路」若只是一味的以武力對抗，所換來的，
定會是同胞們寶貴性命的慘痛犧牲；因此唯有以漢文化的默默傳承，才能夠對
抗異族的侵略。而此一時期本島的有識之士，亦多持這樣的看法與作法；所以
日本據臺期間應是臺灣地區詩社成長最多的一個特殊際遇的年代〔註30〕。

　　（一）日據時期復名後的竹社：

表十三：日據時期復名後的竹社

公元年	年　號	年	詩社名	主持人	成（社）員
1897 ～ 1945	清朝光緒 （日本明治） ～ 民國 （日本昭和）	23 年 （30 年） ～ 34 年 （20 年）	竹社	鄭以庠（養齋） 羅百祿（迴南） 鄭蘊石 陳竹峰（堅志） 李子波 謝森鴻	曾吉甫、葉文樞、葉文遊、 鄭虛一、張息六、魏潤庵、 林榮初、蔡汝修、鄭神寶、 林篁堂、謝森鴻、謝景雲、 吳祿、羅百祿、陳濬筌、 鄭蘊石、鄭雨軒、陳金龍、 黃龍潛、高華袞、鄭香圃、 陳竹峰、許炯軒、曾秋濤、 王子擎、鄭王田、林鍾英、 林知義、李子俊、張奎五、 鄭旭仙、郭仙舟、陳如璧、 黃祇齋、謝載道、洪曉峰、 許函卿、朱杏邨、郭夢凡、 林丙丁、郭茂松、黃嘯秋 ……等 《新竹縣志》、《竹社沿革志》

　　正因爲臺灣文人懷著國家興亡的責任感，遂相互鼓勵文士同好組織詩

〔註30〕康熙 24 年至光緒 21 年全臺僅有 12 個詩社；然日人據臺 50 年間詩社成立可
　　　　考者有 261 個以上。見廖一瑾（雪蘭）《臺灣詩史》·〈臺灣詩社繫年〉（臺北：
　　　　文史哲出版社 1999 年），頁 32～66。

社，並積極保存漢學文獻，及持續不斷的舉行擊缽聯吟，將傳統詩歌代代傳遞，此乃日據時代全臺各詩社社員的共同心聲與使命。新竹地區在「竹社風華」的引領之下，於日本據臺期間，亦不落全臺各詩社之後，分由「竹社」社員與社友出面主持或創立的詩社，陸續出現，至少有廿個詩社之多，（另不知名的詩社也有不少）其名如下，這些詩社與新竹地區的書房相互輝映，成就了漢學詩文與鄉土文化的命脈延續。

（二）日據時期新竹地區（新竹州〔註31〕）由「竹社」社員與社友出面主持或創立的新竹各詩社〔註32〕（表十四），這些詩社成員有塾師、生徒、公務員、乃至士、農、工、商、醫，他們大部分的人，表面上多是以揚風挖雅爲名，實際上是藉由詩社活動，來達到保持民族氣節，與延續漢文詩學傳承的目的。

表十四：日據時期新竹地區（新竹州）由「竹社」社員與社友出面主持或創立的新竹各詩社

公元年	日本年	民國	詩社名	主持人或創立者	成（社）員
1909	明治 42 年		奇峰吟社	王瑤京	李逸樵、張純甫、李逸濤、王瑤京、汪式金、王石鵬等。新竹縣知事櫻井勉常參與唱和。
1919	大正 8 年	8	亂彈會	曾吉甫. 張麟書	張式穀、陳旺成、李良弼、吳萬來、江尚文、新竹公學校教師之研究會（據江尚文質軒文摘）
1923	大正 12 年	12	耕心吟社	鄭家珍（竹市）原「竹梅吟社」成員。	集門弟子創立。葉文樞、張純甫、黃玉成、郭仙舟（江波）、謝森鴻（字啓書、號鴻安壺隱）、謝景雲（大目、小東山）、王少蟠（火土）、鄭炳煌（字旭仙、號郁仙）、陳竹峰（堅志、號寄園）、許炯軒（光輝）、高華衮、許炯軒、曾秋濤……
1925	大正 14 年	14	青蓮吟社	鄭香圃原「竹社」成員。	黃植三、鄭玉田、江尚文……

〔註31〕 1920 年，台灣總督府修改地方制度設五州三廳。五州即高雄州、台南州、台中州、新竹州、台北州，三廳即澎湖廳、花蓮港廳、台東廳。

〔註32〕 詳見廖一瑾（雪蘭）《臺灣詩史》·〈臺灣詩社繫年〉（臺北：文史哲出版社 1999 年 3 月）頁 32～66。蘇子建《塹城詩薈》下冊（新竹市文化中心 1994 年 6 月）頁 330～331、《詩報》。

1926	大正 15 年	15	陶社	邱筱園（竹縣關西）	與地方人士創立。陳子春、沈梅岩、鍾盛鑫、徐錫卿、葉步葴、吳雁賓、黃子鷹、蕭德宏、黃香模、羅南溪、羅潤亭、余子華、郭景澄、陳蒼髯、陳其五、徐修境、余皋鳴、羅玉書、陳鏡清、陳釣客、朱興、魏雲鵬、劉南雄……〔註33〕
1926	大正 15 年	15	大同吟社	鄭香圃原「竹社」成員。	葉文樞、葉文游、鄭家珍……
1929	昭和 4 年	18	讀我書吟社	葉文樞（竹市）原「竹社」成員。	集門人創立：張純甫、盧瓚祥（史雲）、蕭文賢（獻三）、莊田（禮耕）、鄭指薪（火傳）、周伯達（德三）、蔡錦蓉（希顏）、郭茂松（鶴庵）、蘇清池（鏡平）、徐煥奎（錫玄）、許水金（涵卿）、陳湖古（鏡如）、楊存德（達三）、吳文安、胡介眉、漢秋、祖坤、夢樵、敏鑑、林丹初、黃炎煙（嘯秋）、蔡燦煌（東明）、黃詠秋、張錫祺、友鶴、保三、雪峰、遠甫、柯天賜、莊禮持、曾宗渠（石閣）、文魁、孟玉、洪一擎、金隆、含實、聖和、鄭煙地、燦南。後期社員：清涵、敏燦、圖麟、鄭蘊石、盼青、鄭雨軒、許炯軒、沈江楓、蔣亦龍、邦助、定基、葉旭生、張寶蓮。
1930	昭和 5 年	19	切磋吟社	黃潛淵原「竹社」成員。	集門人創立。
1931	昭和 6 年	20	竹林吟社	謝森鴻等七人（新竹市）原「竹社」成員。	効竹林七賢而名。 謝森鴻、陳竹峰、謝景雲、許炯軒、鄭炳黃、王火土、郭仙舟。
1932	昭和 7 年	21	御寮（漁寮）吟社	戴還浦原（竹北）「竹梅吟社」成員。	邀集地方人士創立
1932	昭和 7 年	21	來儀吟社	曾秋濤原（鳳崗）「竹社」成員	集門人與地方人士創立
1933	昭和 8 年	22	南瀛吟社	羅南溪（關西）	邀集地方人士創立

〔註33〕見《大新吟社詩集》（新竹縣文化局 1990 年 12 月）。

1934	昭和 9 年	23	大新吟社	藍華峰（新埔）	邀集地方人士創立
1935	昭和 10 年	24	柏社（堅白書屋）（世第三孝人）〔註34〕	張純甫（新竹市）原「讀我書吟社」成員	純甫回鄉設塾後，集門人與詩友〔註35〕創立。葉文樞、蕭振開（春石）、陳泰階（伯墀）、鄭葉金木（天鐸）、張寶蓮、劉梁材（梓生）、張國珍（友石）、鄭木生（東青）、陳永昌（穎沖）、吳成德（達材）、陳淋水、陳瑯江、李樹木（樹人）、謝添壽（凱八）、潘欽義（宜徽）、曾廷福（亭鶴）、郭文彬（君質）、陳振基（礎材）、陳萬坤（厚山）、南洲、沈江枋（江楓）、陳蒼石、曾華維（夏聲）、蘇起五、謝振銓、張君聘、蕭新、吳澤生、陳太郎、陳星平、吳承得、保三、謝少漁、漢迪、寶臣、謝載道、傳興、欽仁、鷹秋、少滿、益村、曾文新（小東郎）。
1937	昭和 12 年	26	聚星詩學研究會	徐愼圭（錫玄）	邀集地方人士創立。
1937	昭和 12 年	26	鋤社	曾東農	鳳崗「來儀吟社」改組
1940	昭和 15 年	29	柏社同意吟會	洪曉峰原「竹社」成員。	社員多爲柏社社員與地方人士。黃潛淵、謝載道、周春渠、駱耀堂、謝少漁、洪燧初、郭仙舟、陳厚山
1942	昭和 17 年	31	竹風吟社	高華衰、林榮初原「竹社」成員。	邀集地方人士創立。周德三、曾石閣、謝森鴻、朱杏邨、陳湖古、徐錫玄、陳金龍、陳如璧、洪燧初、胡桂林、蕭竹生、陳雲從、黃詠秋
1942	昭和 17 年	31	新竹朔望吟會	鄭濟卿、羅百祿原「竹社」成員。	新竹各詩社合組新竹各詩社合組〔註36〕林榮初、吳蔭培、朱杏邨、吳瑞聰、洪曉峰、王緘三、彭嘉南、陳楚材、張極甫、謝景雲張奎五、郭茂松、曾寬裕
			敦風吟會	不詳	

〔註34〕張氏曾祖父首芳、祖父輝耀暨曾祖母陳順，承撫軍兼學政劉銘傳題奏，受旌表爲孝友、孝婦令譽傳頌當時，時故有三孝人家之美稱。
〔註35〕見詩報。
〔註36〕是年由於戰事緊，新竹各社幾瀕瓦解，熱心人士乃倡議合組一大社，每月朔望集會聯吟。

　　一九四五年（臺灣光復）前後，新竹地區尚有一群為數不少屬社不詳
的詩人們，常以詩文唱酬社交往返於各詩社；如：釋無上法師（青草湖靈
隱寺住持）、釋斌宗法師（古奇峰法源寺住持）、釋覺心法師（法源寺第二
代住持）、釋印心法師、寒崖、汪式金、沈國材、沈江楓、張國珍（柏社）、
陳福全（笑仙）、莊宏圖、李組唐、蔡燦煌、楊椅楠、吳朝綸等，實可謂熱
鬧非常。

第二節　日據時期的懷柔政策

　　在西元六百多年以前，古中國的文明已東傳到日本，特別是在隋唐時代，
日本來華朝貢學習的使節、學問僧與留學生人數更是達到顛峰。此後數百年
間，日本的華化運動並未間斷；明末清初更是加大仿效中國。直到清同治六
年（1867）日本明治維新之前，中國的漢唐文化始終為日本取法之泉源。因
此漢學之發展，對日本文化與其近代文明而言，實有鉅大的影響。而其所謂
的知識分子，均能以博通中國的經史詩詞為尚，漢文名家更是成為日本社會
的上流階層。光緒廿年（1894）中日戰爭爆發，清廷戰敗，簽訂了「馬關條
約」其中將臺灣割讓予日本。如此滿足了日本政府自明治維新以來，積極擴
張國力、領土的野心；更使得臺灣成為日本經濟資源的來源地，同時也成為
日本南侵策略的根據地。

一、武力對抗兩敗俱傷的反思

　　割臺之初，臺人不服，倉促間成立的臺灣民主國，不久就抗爭失敗而瓦
解〔註37〕。隔年春天，臺灣人民再組成游擊隊，與日本統治者繼續抗爭七年
才逐漸停止〔註38〕。而後臺灣各地方又陸續爆發許多反抗事件，第一次發生

〔註37〕 1895 年 5 月 25 日臺灣巡撫唐景崧在臺北發表《臺灣民主國獨立宣言》，宣告
　　　　「臺灣民主國」成立，並出任首任大總統，這也是台灣第一次獨立事件。然
　　　　而在隨後的抗日戰爭中，其中部分民兵首先叛變，台北遭到佔領，唐景崧不
　　　　久後便逃亡廈門，第一共和迅速瓦解。同年 6 月下旬，劉永福被選出任第二
　　　　任大總統，以臺南為首都建立第二共和，並以大天后宮為總統府，但劉永福
　　　　亦於同年 10 月 19 日西渡中國，兩日後臺南城即遭日軍攻陷，臺灣民主國滅
　　　　亡，歷時僅 150 天。
〔註38〕 參見王詩琅《三年小叛五年大亂──臺灣社會變遷》（台北市 海峽學術出版
　　　　社.2003 年 4 月）、翁佳音《台灣武裝抗日史研究》1985 年台大歷史研究所碩
　　　　士論文。

於明治四十年（1907）由蔡清琳聯合原住民發動的第二次〔註39〕「北埔事件」，接著明治四十年（1908）臺南廳破獲丁鵬〔註40〕的「二十八宿會」，又明治四十五年三月廿二日（1912）林圯埔的竹林農民，因不滿日本統治者強行霸佔其耕作地而群起反抗的「林圯埔事件」〔註41〕，此後幾年內臺灣各地持續發動武裝抗爭事件，最後一次也是最慘烈的一次的事件，乃是大正四年（1915）由余清芳、江定等人發動的「西來庵事件」〔註42〕，當時日本警署，擒捉主導者並將之槍斃或活埋；因傷亡過於慘重，終於遏止了臺人的武力抗爭行動。從一八九五年日本統治之初，至一九一五年的「西來庵事件」為止，臺灣民眾對日本政權抱持著強烈排斥的態度，且並不惜以性命反抗日本的殖民統治，遂才發生一連串的流血事件，此即所謂的「武裝抗日時期」。在這個時期，不僅臺灣民眾死傷無數，即使是在臺的日本人，亦有相同的慘重傷亡，這種兩敗俱傷的局面，促使日本當局安東貞美總督〔註43〕在會議上說：「義和團之亂已經是十幾年前清國的事情，為何今日臺灣還有此類的暴動？盲從暴動者至少也該知道，迷信是不能依賴的。這不只是我們統治的失敗，亦是教育的失

〔註39〕 1895 年 6 月，台灣割讓給日本。許多漢人不願接受日本統治而起兵反抗，是為乙未戰爭。北埔姜紹祖也組織「敢字營」義勇軍抗日，但最後仍壯烈成仁。其自輓詩曰：「遑戍孤軍自一支，九迴腸斷事可知，男兒應為國家計，豈可偷生降夷敵？」此為日本治台後「第一次北埔事件」。

〔註40〕 「二十八宿會」是嘉義朴子商人丁鵬所發起，丁鵬自稱會符咒法術，鼓勵民眾反日。

〔註41〕 又稱竹林事件，遠因是台灣總督府把嘉義、林圯埔（今南投竹山）、斗六等15,000 甲的竹林劃歸為「模範竹林」，強行收歸為國有地，並由日本三菱造紙株式會社掌握所有權，供其使用經營，且不准附近居民隨意進入，導致原依靠山林生活的 20,000 餘竹農與地主的生計陷入困境。近因則是受到日本警察欺壓林啓禎與佛教在家居士劉乾兩人，導致兩人心有不滿，合作在山中開設神壇，煽動前來的信徒抗日。1912 年 3 月 22 日，劉乾率領約 12 名竹林莊莊民，於攻擊位在林杞埔地區頂林駐在所（今竹山鎮頂林里），造成三位員警死亡。數日後遭日警逮捕，包含林啓禎與劉乾，總計十餘人為事件參與者，1人被當場槍斃，劉乾、林啓禎等 8 人被判死刑，1 人判無期徒刑，3 人判有期徒刑，僅存 1 人獲判無罪釋放。

〔註42〕 又稱「余清芳事件」、「玉井事件」、「噍吧哖事件」[a][1][2][3]，是發生於臺灣日治時期大正四年（1915）的武力抗日事件，領導人為余清芳、羅俊、江定等人。西來庵事件是臺灣日治時期諸多起事之中規模最大、犧牲人數最多的一次，同時也是臺灣人第一次以宗教力量抗日的重要事件，更是臺灣漢人史載最後一次大規模武裝臺灣抗日運動。

〔註43〕 安東貞美為日本據臺時第 6 任台灣總督（1915 年 5 月 1 日～1918 年 6 月 6日）。

敗。」〔註44〕之後，臺灣總督府也因此事件，展開更深入的宗教「慣習」調查。官方於是也不得不適時調整統治方針，轉而在開發殖民經濟及部署殖民統治機構的同時，亦努力去安撫民心、籠絡士紳，以期統治順利。

二、安撫民心與籠絡士紳的漸進手法

日本政府在統領臺灣的五十年當中，除其「教育政策」以漸進分階方式進行外，其統治方針亦常因應時局的轉變而有所調整，大致也是分為三個階段〔註45〕：

（一）自一八九五年至一九一八年，日人以兩面手法，一方面以武力鎮壓反抗者，另一方面對於臺灣原有風俗習慣採選擇性的寬容態度，而一切的強硬制度適時調整，用盡量不激起民憤的「綏撫策略」。

（二）自一九一九至一九三七年，此時世界民主自由及民族思想高漲，加上臺人接受新教育的啟迪後，日人為籠絡臺人而提出「同化政策」，高唱「內地延長主義」。

（三）自一九三八年至一九四五年，適逢第二次大戰期間，日本為了要求臺人與之站在同一陣線，更進一步推動同化政策，積極消滅臺灣人的漢民族意識，此一階段通稱為「皇民化時期」。

但是不論在那一階段，以經濟利益的掠奪為終極目標的日本統治者，始終都有著消滅漢文化，而以日本文化取而代之的企圖。由於最初臺灣人民的武力反抗相當激烈，故而在文教政策上，日本統治者欲以漸進方式，逐步地消解漢文化的存在。然而為了要徹底根除漢民族意識，日本統治者，面對富涵漢學素養且較具民族自覺能力的上層知識階層，因恐以高壓統治而激起民怨，遂行籠絡安撫策略；又面對下層百姓或年輕一輩的知識分子，則施以同化教育，由減少漢文教育課程開始，以從根本的文化認同上改造臺灣人，因此，臺灣人的漢民族意識就在日本執政者雙向政策之間，面臨著極大的考驗。

〔註44〕維基百科，自由的百科全書——安東貞美，本頁面最後修訂於 2016 年 3 月 11 日（週五）14:05。

〔註45〕王詩琅《三年小叛五年大亂——臺灣社會變遷》（台北市 海峽學術出版社.2003 年 4 月）頁 34。

日本據臺的第二年（1896）九月，第二任總督桂太郎便擬定對臺人頒給紳章的計畫並發出『諭告』〔註46〕周知臺民，並舉出發佈紳章制度的理由，他說：

> 本島人民今日之境遇，不論賢愚良否，既未享得相當之待遇，甚至具有一定之見識，或資望者，尚且需與愚夫愚民爲伍，實不忍睹，如斯，實不獨非待良民之道，復於島民之撫育上關係不尟。因此，茲特創設優遇具有學識資望者之途，俾能均霑皇化，惟此乃最必要之事也〔註47〕

接著第四任總督兒玉源太郎（任期西元一八九八年至一九○六年）與其最大的助手民政長官後藤新平，眼看著臺省各地的抗日事件不斷發生，深具傳統漢文化的臺灣人民不願臣服，於是便以一手拿著武士刀，另一手拿著糖飴的政策來交互運用。日本統治者爲迎合臺人敬老尊賢的傳統觀念，遂藉著舉辦頒發紳章、饗老典、揚文會，及鼓勵詩會活動，積極的來與臺灣地方的長老、仕紳、知識分子等階層搏感情，以建立良好情誼，拉近日臺雙方的距離。

三、頒授臺民紳章榮譽以提昇其社經地位

明治廿九年（1896）據臺第二任總督桂太郎，提出「紳章制」作爲安撫臺人的手段。紳章制度乃係考核個人之學識（指學力程度及經歷）及資望（指資產之多寡與地方名望），通過考核者將頒發紳章予以佩帶，作爲人民之典範。當時臺灣社會中符合考核標準而得以佩帶紳章者，多爲社會上層的領導階級與知識分子，一般平民百姓不易符合其要求，可見此制度乃係針對社會仕紳而訂定的。「馬關條約」第五款中決定割臺之初予臺灣人民以二年的時間考慮去留，竹塹秀才葉文樞即是因此變成臺僑，當時內渡者富商大賈不過一二，而貴族及仕紳之家則約半數。

而未離臺的這些紳商大戶，實有在臺的家產及社會地位上的考量，以致未前往大陸。日本統治者了解臺灣紳商爲顧慮家產及社會地位而未內渡大陸的心理，乃乘勢提出「紳章制度」，此制度正是日本統治者爲順應臺灣紳商的趨利心理，模擬了與清代科舉功名相近的名銜，發予紳商「功牌」的制度，證示紳商在臺的社會地位，達到日本統治者爲迎合上層社會仕紳階層的目的。

〔註46〕 王詩琅《三年小叛五年大亂‧臺灣社會變遷》台北：海峽學術出版社 2003 年
 4 月，頁 60～61。

〔註47〕 王詩琅《三年小叛五年大亂‧臺灣社會變遷》台北：海峽學術出版社 2003 年
 4 月，頁 34。

日本統治者為了籠絡臺灣紳商而授與紳章，部分臺灣仕紳為了保障其在前清時期遺留下來的身家財產，及鞏固原有的社會地位，則接受紳章表揚，官紳間遂在各取所需的利益均霑原則下，維持表面上的友好關係。這種制度本來就是一種政策的運用，無足輕重，但日本總督府卻又故意表示鄭重其事，有評審、有頒發、有徹（收）回；依據資料顯示以後紳章的頒發逐年都有增加，並編集成冊〔註48〕以昭榮耀，到了日明治卅九年（1906）頒發約有五六九人〔註49〕，當然因死亡繳還的或因事被收回的其數也在不少〔註50〕。這種制度初期，臺人懾於日本當局的淫威，受頒之人間也有依規配用，可是後來臺人逐漸不加理睬這種制度，不但配用者漸少，甚至也無人願意配用，而成為一種虛有其名的空殼，大正十五年（1226）以後就沒有新頒發，這一制度也就靜靜無疾而終了。

四、舉辦饗老典以彰顯日方尊重臺灣傳統的敬老尊賢美德

由於官方當局知道臺灣人素來有敬老尊賢的民情，故欲借著「老者」及「尊者」在地方上的影響力，達到收服民心之效，以期能順利統治臺灣。因此，第四任臺灣總督兒玉源太郎與民政長官後藤新平到任不久，即於明治卅二年（1899）七月十七日邀集臺北縣內八十歲以上的臺籍男女，在總督府舉辦第一次饗老典，以示其能接承漢民族道德教化的傳統。兒玉源太郎總督在開幕的祝詞上說：

> 夫人生之至幸至福，莫如長壽，然長壽縱求之也不可得，其能保之者，必在素行之表旌，是以事忠，奉親孝，加以德行須行堅貞，其有至幸至福之應報，豈非偶然哉？余敬此德行，欣此幸福，爰舉薄儀，聊表敬意。」〔註51〕

當時，所有的參加人員都聚集於臺灣總督府內的舞樂堂，會場上全是長椅凳覆蓋紅白布，在正門口則交叉豎立著日本國旗，四周則以繡著「壽世壽民」、「教忠教孝」等金絲字樣的紅布幕圍繞，而且還懸掛幾十個彩燈，顯現出

〔註48〕 大正五年（1916）監修總裁下村宏（民政長官）編修《臺灣列紳傳》刊行諸官。

〔註49〕 參《臺灣列紳傳》大正五年（1916）下村宏（民政長官）編修。新竹北郭園鄭氏家族鄭如磻、鄭如蘭、鄭拱辰、鄭神寶父子兄弟多人均佩戴紳章。

〔註50〕 王詩琅《三年小叛五年大亂──臺灣社會變遷》（台北市 海峽學術出版社.2003年4月）頁59。

〔註51〕 種村保三郎著、譚繼山譯、陳昱審訂，《臺灣小史》（臺北：武陵出版社，1991年），頁254。《慶響老典錄》1901年10月版，影印本，台南市立圖書館典藏。

隆重氣氛，隨後開饗宴，演新劇，奏洋樂，並贈送出席者一對紀念扇，若百歲以上的老者出席，則贈與鳩杖一枝，此外還聘請臺籍醫師駐場，以備萬一，並選派熟識本地情事的國語學校學生二十人，協助接待對參加的老人服務。

其後又分別於彰化文廟、臺南兩廣會館、鳳山辦務署舉辦饗老典，均由總督親臨主持。由於第一次饗老典盛會，舉辦得甚為成功，隔年四月（1900）兒玉源太郎總督又在彰化文廟主持第二次饗老典，參與人士多達三百多人。同年十一月則南下臺南在當地的兩廣會館主持第三次饗老典，邀集的翁媼約二百餘人；是時臺南地方著名的詩人蔡國琳、胡殿鵬、趙鍾麒、林馨蘭、連城璧、連橫皆有呈上頌德詩﹝註52﹞：

歡迎兒玉督憲南巡　蔡國琳

元戎開府鎮蓬瀛，滄海橫流一柱擎。豈有酖人羊叔子，直躋良將李西平。
煙澄鳳岫氛消蜃，日暖雞籠浪息鯨。猛似濟寬寬濟猛，版圖新闢費經營。

歡迎兒玉督憲南巡　胡殿鵬

蜺旌一簇指南天，萬里扶輪旭日懸。騎竹杖鳩齊爽道，官儀猶說漢當年。
彩旂爭擁玉花驄，翠幄高張紫陌紅，半月樓頭臨燊戟，秋風笳鼓漢門東。

慶饗老典　趙鍾麒

昇平人瑞來蓬島，浩蕩君恩遍海疆，泥古書生開眼界，莫須高話到羲皇。

歡迎兒玉督憲南巡　連城璧

赤嵌城外旭旂飄，紫氣東來戰氣銷。細柳春搖邊塞壘，落花紅漲海門潮。
虎符遠遞三千里，鶯堠遙傳十二朝。一路鐃歌天不夜，郊坰欣見霍嫖姚。

歡迎兒玉督憲南巡　林馨蘭

山勢似排衙，襜帷駐法華。旭旂輕颭處，圓影煥明霞。
召虎此旬宣，鳴騶鎧甲鮮。擁迎冠蓋盛，威振小南天。
夾道淨無塵，旗懸旭日新。群黎爭負弩，援溺望王臣。
饗老待開筵，桃華滿八千。施仁先尚齒，張樂奏鈞天。

歡迎兒玉督憲南巡　連橫

將進酒·公飲否，聽我一言為啟牖。臺疆屹立大海中，東南銷鑰宜堅守。
干戈疫癘繼凶年，天降災殃無奇偶。揚文會開集英才，策上治安相奔走。

﹝註52﹞ 見《慶饗老典錄》1901 年 10 月版，影印本，台南市立圖書館典藏。

王事鞅掌已靡遑，又舉南巡施高厚，福星光照赤崁城，冠蓋趨蹌扶童叟。

俯察輿情布仁風，饗老筵張隆壽耇，尤祈恩澤遍閭閻，保我黎民無災咎。

善教得民心，善政歌民口。勳猷炳烈銘旂常，立德立功立言，三者同不朽。

此後又在鳳山辦務署正廳舉辦第四次饗老典，其儀式與宴饗大致與首次在臺北舉行的相同。依據記載，饗老典先後共舉辦了四次，在饗宴的過程中，顯見日本總督府希望以此彰顯其對長者的尊敬，來達到以盛典宣傳統治者之「德政」。然而依據日方的紀錄和資料顯示，日本當局在此之後，似乎就未再舉辦這種活動，其理由何在？我們雖然無從得知，但顯而易見的是這種策略，老百姓終究是會看穿的。因此他們覺得這是吃力不討好的，是否就此打住而不再舉辦，我們便不得而知了。

五、舉行揚文會吸引知識分子

兒玉源太郎總督與他的搭檔民政長官後藤新平上任不久，即發覺留在臺灣的清國士大夫、遺老其實還是很多，要如何把他們籠絡起來善加運用，以消弭執政上的障礙，並藉此收攬人心，這是一個艱鉅又必要的工作；作的好，政事推動就會順利，且是事半功倍，作不好，就會適得其反，而阻礙重重。於是他們先在明治卅三年（1900）年三月十五日，於臺北淡水會館舉行「揚文會」〔註53〕；邀集前清時代曾中過進士、舉人、貢生、廩生、秀才之科舉者參加，藉以緩和人心，消弭抗日意識。當日出席者臺北縣有二十六人、臺中縣有十五人、臺南縣有二十人、宜蘭廳有十一人，共七十二人〔註54〕。

由於此次聚會對象為傳統文人，為表示日本統治者對聚會的重視，會場擺設如同舉辦饗老典活動一樣甚為講究，會場正面懸掛大書「揚文」兩字匾額，圍以布幔，懸上聯對，桌上插有鮮花點綴，當日所有出席人員在會場整列，隨後兒玉總督在爆竹聲中進入會場，並致開會祝詞：「夫揚文之會，望能

〔註53〕 1900 年 3 月 15 日至 3 月 26 日，第四任臺灣總督兒玉源太郎邀集全臺各地文士到臺北，於淡水館（原登瀛書院）舉行揚文會，表揚地方知名文士，對象多為科舉時代曾中進士、舉人，或貢生、廩生，計有 72 人與會。會議期間，除比照詩會訂題吟詩作文之外，也宴饗與會者及帶領參觀官衙、學校等。與會者有人建議成為永久性團體，並於各地設立分支機構，不過，並未施行，只是一次性之籠絡舊時代文人之舉措。

〔註54〕 許雪姬總策畫《臺灣歷史辭典》（台北市　遠流出版事業股份有限公司 2004 年 5 月）頁 880～881。

搜羅文人學士，共會一堂，施優待之典，隆敦風勵學之儀，展其所長，以同贊文明之化。」〔註55〕。會中總督府長官，期勉文士各展抱負，申述己志，並以振興文教為名目，徵其平日抒發懷抱之文章，以為治臺之參考資料，故而出席之文人依總督出題之策問作出三篇策議文章，議題包括：修保廟宇議（文廟、城隍廟、天后廟等）、旌表節孝議（孝子、節婦、忠婢、義僕等）、救濟賑恤議（養濟院、育嬰堂、義倉、義塚、義井等）三類，會後並由總督府編纂成《揚文會策議》。總督府在詩會期間，除於會場宴饗與會者外，還招待至臺北各官衙及學校等機構參觀訪問；此次揚文會中，與會人士曾開會協議此後仍將繼續舉辦，公推李春生為座長、蔡國琳為副，每年舉行小會一次，每三年開大會一次；此外，各縣廳成立支會，各支會役員為會長、幹事、委員、書記等，當時臺南支會役員為：支會長蔡國琳、幹事羅秀惠、王藍玉、委員盧德祥、張元榮、許廷光、蘇雲梯、黃修甫、書記蔡夢蘭、楊鵬搏〔註56〕。

在日本據臺的文獻當中，經常可見懷柔省內遺老的主張，例如中村櫻溪在上兒玉總督乞留籾山衣洲〔註57〕書云：

> 漢土自古尊崇文辭，臺灣人士素襲其餘習，故文辭之不美，不足以服其心。竊惟臺灣日日新報館員籾山逸也，蒙閣下之知遇，在臺疆六閱年，握毫摻簡，立論記事，贊襄政化，頌揚德政者，不一而足。嘗陪南行之轅，參揚文之會，為臺疆人士所推服，其冥功陰績，非尋常百執事之倫也……閣下若處之一閒地，委以翻譯編輯之事，其及有賓客饗宴之時，則使筆詩助歡，詩賦唱酬，則內以和鄉紳巨室之心，

〔註55〕 兒玉源太郎《臺灣揚文會策議》·〈揚文會辭〉，（臺北：臺灣總督府，1901年），頁首無頁碼。

〔註56〕 王詩琅《日本殖民地體制下的台灣》頁23～33。吳文星《日劇時期臺灣社會領導階層之研究》臺北：正中，1992年，頁65～67。施懿琳、中島利郎、黃英哲、應鳳凰、黃武忠、彭瑞金《台灣文學百年顯影》臺北：玉山社，2003年，頁12。《臺灣日日新報》第562號〈杯浮揚文〉（1900年3月18日），漢文版。

〔註57〕 籾山衣洲（1855～1919）名逸也，日本愛知縣三河西尾藩人為《花月新誌》執筆，曾主持《東京朝日新聞》的〈詩壇〉。與森槐南、本田種竹、野口寧齋等於同時期，執東都各詩社之牛耳。特別是其漢文佳，與依田學海、信夫恕軒、杉山三郊等人齊名。有《明治詩話》等著述。一八九八年以《臺灣日日新報》漢文主筆的身份被招募來臺，受到總督兒玉的寵信，得到寄居於總督別莊「南菜園」（按：今已不存，舊址為今和平西路、南昌街的南昌公園。）的特殊禮遇。其詩最初仿效清初詩風，中年以後綜採各時代名家之長，純情婉麗又帶沉痛蒼古之味，開拓了高蹈獨特的詩境。

而外使鄰邦人稅服，於閣下政教，未必無所裨益……〔註58〕

而中村櫻溪在其所寫的〈玉山吟社會宴記〉也一在提醒與強調：

　　　郁陳酒至，二校書周旋於其間，獻酬交錯，談笑互發，乃晏酣
　　興旺，杯盤狼藉，謳吟琅鏘，或爲僛僛之舞，或成玉山之傾，善謔
　　不爲謔，善飲不伐德，彼我相忘，新舊不間，人人既醉，不復知爲
　　天涯千里之客矣；而斯士人亦忘其爲新版圖之氓也……若夫徒飲食
　　醉飽，而貪一互之娛樂而已，則雖春華爛熳，秋草離披，與培塿煙
　　霧俱崩而俱消矣，，恐非所以設吟社之意也。〔註59〕

　　雖然揚文會於明治卅三年（1900）的第一次聚會之後，翌年各地方也曾開過會，但是之後即未再舉辦任何相關活動，也就和饗老典盛會一樣，日漸沈寂消失的無聲無息了。顯而易見的是，這種活動策略，臺人何嘗不知，而身爲知識份子的士大夫、文人們又何嘗不明白日方的居心呢？於是爲了在地生存與安全，你來我往，見招拆招，誰都不撕破臉。

　　爲了鞏固日本在臺的絕對統治，兒玉總督與後藤新平，多管齊下，而懷柔策略始終是總督府對臺的默契；是以在日據初、中期時，因治理政策的考量下，日本派遣來臺從事殖民事務的官員，大多具有漢學背景。善寫漢詩者，也時常藉著漢詩此一文學媒介，去進行官紳雅集，或徵詩交流，或彼此唱酬。這種種的懷柔策略，不僅化解割臺之際，傳統文人對於漢文學存滅處境的憂慮，也進一步確認漢詩及漢詩人在文壇中原有的地位，並鞏固傳統文人在社會上所享有的殊榮身份，如此一來，無疑是提供了舊文學一個持續穩定成長的空間結構。而當時在臺日本漢詩人中，寓臺較久，或較著名者，在臺時也寫下不少的作品，同時也與臺灣文人多所往來，甚至共同參與詩社活動。另外也自組詩社，如「玉山吟社」、「淡社」、「穆如吟社」、「南雅吟社」等。而在這樣氛圍下的臺灣社會，各階層紛紛投入創作傳統詩的行列，不僅各地經常舉辦各項聯吟詩會，報章雜誌〔註60〕也大量刊載詩作，傳統詩幾乎就是人際應酬的最佳媒介，甚至連酒樓藝旦亦多能作詩吟詩；這樣畸形的發展，反而造成傳統文學的延續，與漢文化深根鄉土的結果，這也是日本官方始料未及的臺人精神。

〔註58〕　中村忠誠（櫻溪）《涉濤續集》（臺中，文听閣圖書公司，2007 年）頁 170。
　　　　　廖一瑾（雪蘭）《臺灣詩史》（臺北：文史哲出版社 1999 年 3 月）頁 296。
〔註59〕　中村忠誠（櫻溪）《涉濤集》（臺中，文听閣圖書公司，2007 年）頁 124。
〔註60〕　「日日新報‧漢文版」、「臺灣詩報」、「詩報」、「風月報」「三六九報」……。

第三節　雅懷詩與擊缽吟

一、雅懷詩興各取所需

日本自孝德天皇大化革新後，即對漢唐文化情有獨鍾，特別是古中國儒家思想的忠君與王道精神，以及文化方面的詩學、書道、茶道、花藝道……等，而社會知識分子與精英也已能習得「漢學」為尚為榮；因此日本據臺之初，寓臺日人無論是官員或是來臺工作者多能漢詩文，且與本省詩人能並駕相匹者亦大有其人；如土居香國、櫻井勉、崗本韋庵、石川柳城、木下大東、館森袖海、祝起雲、尾崎白水、加藤雪窗、內藤湖南、後藤棲霞、鈴木豹軒、水野大路、中村櫻溪、結城蓄堂、宮崎來城、籾山衣洲、小泉盜泉、伊藤暘谷、池田健助、崗村巴城、伊藤天民、長谷川泰、岸邊半佛、白井如海、澤谷星、柳原松塢、湯目北水、中瀨溫獄、草場金臺、山口東軒、關口隆正、橫澤陶城、藤井葦城、加藤曉齋、八田霞山、滿井嚴海、田原天南、佐佐木有齋、橫窟鐵妍、金子芥舟、磯貝蠶城、村上淡堂、寺崎秋蘋、大內隈川、日下峰蓮、石井化石、神田由道、豬口安喜、九保香夢、吉川田鶴、山行雲林、德田多喜丸、隱內四郎、村上先、牟田翠煙、石田成治、丹野廣川等，均為明治末年到大正初年來臺的錚錚者，誠所謂為濟濟多士〔註61〕。

明治廿八年（光緒廿一年 1895）加藤雪窗自日來臺卜居臺北與「臺北民政局長」水野大路、「陸軍郵政局長」土居香國、伊藤天民、白井如海等創立「玉山吟社」〔註62〕；其後磯貝蠶城、中村忠誠（櫻溪）等人與部分臺籍人士李石樵、陳淑程、黃植亭及當時來臺應「臺灣日日新報」聘為論說記者的國學大師章太炎等三十餘人，相繼入社〔註63〕。每月會集擊缽敲詩，此為日人來臺後設有詩社之始。中村櫻溪尚有〈玉山社會宴記〉〔註64〕一文記其源由，其後館森袖海、小泉盜泉又與省籍人士另立「淡社」，吟詠不輟。茲簡錄當時諸家作品十三首〔註65〕如後：

〔註61〕 參見王文顏《臺灣詩社之研究》，廖一瑾（雪蘭）《臺灣詩史》頁 359～360。
〔註62〕 「玉山吟社」成立於明治二十九年（1896）台北縣艋舺江瀨亭，明治三十年（1897）11 月後，由於日籍社員退官東還者日多，因此遂趨衰頹。詳見許雪姬‧《臺灣歷史辭典》行政院文化建設委員會 2004 年發行。
〔註63〕 見廖一瑾（雪蘭）《臺灣詩史》與王文顏《臺灣詩社之研究》。
〔註64〕 中村忠誠（櫻溪）《涉濤集》（臺中，文听閣圖書公司，2007 年）頁 124。
〔註65〕 錄自王文顏，《臺灣詩社之研究》，政治大學中文所碩士論文，1979 年版，頁 108～111 館森鴻，尾崎秀 編《鳥松閣唱和集》（臺北：臺灣日日新報社，1906 年）。

歸任偶感　土居香國

野馬塵揚戰血痕，版圖美麗賴誰存。武夫白骨邦基礎，俗吏黃金世禍根。
潮去潮來魚冷熱，花開花落鳥朝昏。仰頭欲問盈虧事，明月天心皎不言。

罷官　土居香國

朝衣換此守魚簑，偏喜江湖知已多。笑出府門天地闊，男兒本領是煙波。

竹林啼鶯　加藤雪窗

春寒料峭透簾帷，煙竹深深欲曉遲。殘月半窗人未起，帶將宿夢聽黃鸝。

重陽與桃園諸紳士賦　加藤雪窗

冷雨荒煙滯異鄉，一年佳節又重陽。白頭未作歸田計，孤負東籬晚節香。

入臺灣　籾山衣洲

臥聽風潮超巨溟，臺隆曙色亂山青。銅標萬里新王土，水竹千村舊短亭。
塵漫古城非毒霧，日斜淡水又揚鰭。如何去國易裘葛，卻算遊程未沃蕘。

秋夜書感　木下大東

秋來灝氣滿蘭幬，雁影參差入翠微。南國已看濃露下，北疆翻想肅霜飛。
黑龍江上悲歌動，長白山頭健馬肥。璧月當空明似晝，誰家碪杵搗征衣。

下基隆溪　木下大東

煙淡風清水一灣，釣磯無客夕陽還。長堤十里浮新綠，白鷺斜飛雨後山。

雲林即事　白井如海

此地冤誰告，嫗啼淚滿巾。葉紅燒後樹，骨白夢中人。
屋破多無主，田荒少有民。幸生猶願死，乞食又遭瞋。

巡臺書感　白井如海

江山腥戰後，父老語猶悲。有屋他人住，共錢何國移。
田園憂歲旱，雞犬畏兵窺。誤被身投獄，冤情泣告誰。

鵝鑾鼻　尾崎白水

絕南一角屹燈臺，落日登臨海色開。奇勝如斯今始見，激濤高蹴九天來。

阿里山　尾崎白水

千山萬壑望難分，古木森森白日曛。鳥道盤空行欲盡，猿聲冷徹萬峰雲。

　　平頂彩霞　館森袖海

萬家紅樹帶江流，斷雨斜陽一片秋。平頂雲晴山似染，落霞孤鶩水明樓。

　　關渡遠帆　湯目北水

宿雨初收淡遠巒，斜陽十里荻蘆灘。鳥歸人去漁村靜，關渡煙波帆影殘。

　　誠如前面章節所寫，本來臺灣的上層社會士紳階級，大多有受過傳統詩文的訓練，而且文人雅集吟詩酬唱，幾乎已是他們的生活中不可或缺的一部分。而這一現象，反倒爲日本統治政權所乘勢利用，以順應前清遺儒的心意，如舉辦詩人聯吟大會、獎勵各地設立詩社等，其目的則是在於使士儒耽溺於詩酒之中，麻醉其反日意識，同時也方便監控其思想行動。日本官方所建立的社會制度，乃是以保護及鞏固其自身的特權地位爲目的，雖然其附屬團體未必能眞誠服從；但卻因爲臺人在實質上缺乏資源，而無法從事有效的反抗。也因爲如此，即使臺灣總督府對臺灣士紳階級採取籠絡策略，以減少日臺雙方的社會衝突，其期能順利達成統治的目的已昭然若揭。然而臺灣這邊的士紳就在未必誠心信服日本政權，但又不得不與統治者虛與委蛇的情況下，與統治者形成一種相當微妙的互動關係，或可說是彼此利用各取所需罷了。

二、擊缽聯吟彼此運用

　　臺灣詩社之所以能於日據中期以後，呈現蓬勃發展的現象，甚至皇民化時期，詩社活動仍持續運作不受阻礙，著實是因爲受著日本官方的刻意鼓勵，甚至到了日據時代末期，第二次世界大戰期間，日方雖積極推行『皇民化運動』，但基隆張曹朝瑞，所發行之《詩報》在全面禁絕使用漢文之際，仍能按期出刊，刊載各地詩社之擊缽吟稿；可見日本統治者對詩社發展，並未予以刻意壓制。日據時期臺灣地方詩社組織盛行，除了上述所言之外，還有可能是與日本人骨子裡對漢唐文化的崇慕心態有關。

　　唐太宗貞觀二十年（646），日本國內所施行的「大化革新」，即是效法唐代文化生活，當時的日本，大量吸納了唐詩、書法、茶藝及禪宗等漢唐文化因子，注入在大和民族的文化裡；日本人心中也常以能作大唐帝國的漢詩爲榮，這期間歷經千年的洗煉與沈澱，這些漢文化早已融入日本人的生活當中，自然而然地，日人對漢詩懷有景仰之情，甚至以漢詩訓勉青年的志氣及操守。因此，當日人駐進臺灣，盡其所能地壓抑漢文化的同時，緣於其傾心漢文化的根深蒂固觀念，使得漢詩在殖民強權統治時代裡，得以持續發展。

　　日本據臺之初，寓臺日人多能詩文，且其歷任總督中，如乃木希典、
兒玉原太郎、佐久間佐馬太、田建次郎、內田嘉吉、上山滿之進，及多位
民政長官如後藤新平等，皆能詩文，所謂上行下效，此其一也。根據楊永
彬的研究，在臺灣第四任總督兒玉源太郎與後藤新平來臺前（1898 年 3
月），雅集活動已非常頻繁，發表詩作的日人約有兩百人〔註66〕左右，其中
明治廿九年（1896）創刊的《臺灣新報》〔註 67〕成爲主要交流園地，同年
玉山吟社的成立，也促成日臺士人詩文唱和的種種活動。兩年後，《臺灣新
報》與《臺灣日報》被合併爲《臺灣日日新報》〔註 68〕，此報爲日治時期
臺灣重要的官方三大報〔註 69〕之一，是發行時間最長、發行量最大的報紙，
提供日本漢文人與臺灣文人詩文交流的廣大園地。日本與臺灣的漢文學於
此階段開始匯流、互相影響；連橫在〈臺灣詩社大會記〉中，曾引述內田
嘉吉總督〔註70〕之言云：

　　　　曩者，余宦臺灣，亦曾與本島詩人相唱和，今茲重來，更望列
　　位提倡風雅，並有補於本島之統治。聞昨日聯合吟會，適爲昨年皇
　　太子殿下巡草山賞覽八角蓮之辰而吟會特以八角蓮爲題，各抒其
　　志，以資潤色，實可喜也。所望列位更體殿下下賜令旨，有和衷協
　　同之語，而有所副焉。」〔註71〕

〔註66〕　楊永彬〈日本領臺初期日臺官紳詩文唱和〉，收錄於若林正丈、吳密察主編，
　　　　《臺灣 重層近代化論文集》，頁 115，臺北：播種者文化，2000。
〔註67〕　1896 年 6 月，前任日本大阪府警務部長山下秀實藉與首任臺灣總督樺山資紀
　　　　的同鄉之誼，帶著大阪《雷鳴新聞》的活版鉛字印刷設備在臺創立《臺灣新
　　　　報》，爲臺灣第一份近代化的報紙。
〔註68〕　《台灣日日新報》（1898.5.6～1944.4.1）是由《台灣新報》（1896.6～1898.5.6）
　　　　和《台灣日報》（1897.5～1898.5.6）兩家日系報紙合併而來。是日據時期臺灣
　　　　發行量最大的報紙，並兼發《府報》與台北、新竹兩州的《州報》。1905 年 7
　　　　月漢文版擴充，並有獨立發行的《漢文臺灣日日新》，每日有六個版面。1911
　　　　年 11 月廢除獨立的《漢文臺灣日日新》，恢復爲日文版中加兩頁漢文版的方
　　　　式，直到 1937 年 4 月全面廢除漢文版。《臺灣日日新報》最高發行量還曾達
　　　　50,000 份之多。而在台工作的日本人、駐在山區的警 官都要訂閱。至 1944
　　　　年 4 月 1 日總督府將《台灣日日新報》在內之六家報紙合併爲《台灣新報》
　　　　爲止，《台灣日日新報》也是台灣日治時期發行時間最長的報紙。
〔註69〕　即《台灣日日新報》、《臺灣新聞》、《臺南新報》。
〔註70〕　日據時期第 9 任駐臺總督（1923 年 9 月 6 日～1924 年 9 月 1 日）。
〔註71〕　《臺灣詩薈》第四號，連橫〈台灣詩社大會記〉（大正十三年〈1924〉5 月 15
　　　　日出版）頁 65～66。

日本據臺時的初來官吏，頗多能詩，彼輩偵聞各地士紳詩名，均另眼垂青，與唱酬，以圖溝通彼此情感。如臺南縣知事磯貝靜藏〔註72〕，常邀蔡國琳〔註73〕等，唱酬於臺南「四春園」〔註74〕。新竹縣知事櫻井勉〔註75〕，漢學修養深，能文能詩，暇則與竹塹諸文士游；更常與鄭毓臣、王友竹、王瑤京、王箴盤等，分韻敲詩，角逐於「潛園」、「北郭園」大開擊缽吟會。北郭園鄭幼佩〔註76〕在其〈北郭園吟社序〉〔註77〕其文云：

> 今夫暮春修禊，蘭亭飛醉月之觴；勝地尋詩，梓則罰流霞之酒。古之人及時行樂，感物抒懷，往往傳爲韻事者矣。余家有北郭園，規模庾信，標榜辟疆，一切滄桑，不堪回首；半堤煙柳，何暇問津。可憐辜負春光，鶯花笑我；豈復平章風月，鴻雪留題也哉！
>
> 戊戌之春，太守櫻井公退虛白之堂，遊橫青之室〔註78〕，曳吟笻，招詩侶，騷壇牛耳，慷慨主盟。滄海驪珠，從容在握，蓋有滄浪亭蘇梅唱和之風焉。
>
> 是日也，煙光一抹，雨意無邊〔註79〕；魚鳥親人，天機浩蕩；文章假我，吟興端非。夫固鮑俊庾清，莫名其妙；班香宋艷，各擅其長者矣。雖然古來逸士騷人，指不勝屈，而鏤花入句，琢玉成詞，固博一時之豪也。

〔註72〕磯貝靜藏（1849 年～1910 年 8 月 27 日），曾來臺擔任臺南縣知事。任內重視當地文史，任用舉人蔡國琳爲參事，提請將延平郡王祠改爲神社，並倡修《臺南縣誌》明治卅三年（1900 年）2 月秩滿去職，同年 8 月 27 日去世。

〔註73〕蔡國琳（1843～1909）福建省泉州府晉江縣人，光緒八年（1882）中舉。光緒十六年（1890）以鄉試第三名授國史館校尉。曾擔任澎湖文石書院、臺南蓬壺書院山長，擔任「揚文會」臺南支會長。明治卅年（1897）蔡國琳偕許南英、陳瘦雲重振「浪吟詩社」，明治卅九年（1906）又與連橫、趙雲石等人籌組「南社」，並且榮膺首任社長。

〔註74〕四春園──日治時期台南的五星級旅館──日本的皇親國戚來府城就住在「台南縣知事官」即「行館」，其餘隨行官員，甚至包括台灣總督，統統住在「四春園」。

〔註75〕櫻井勉 1843～1931），號兒山，日籍詩人。明治三十年（1897），日據時期第一任新竹縣知事。雅好詩文，與新竹文士王松、王石鵬、李逸樵等人遊歷古蹟名勝，皆有唱和。在任年餘即返日從商。

〔註76〕鄭燦南字幼佩，竹塹貢生鄭用鈺後裔，喜吟詠不求聞達。

〔註77〕《臺灣日日新報》第一號第四版〈文苑〉（明治三十一年，1898 年 5 月 6 日）印行。

〔註78〕北郭園有橫青山室。

〔註79〕是日櫻井公以〈北郭煙雨〉爲題。

未幾風流雲散，壟斷碑殘，而半生心肝嘔盡，卒無隻字留遺，何哉？蓋德不掩其材也。如櫻井公者，先憂而後樂，發德業，爲文章。春原有腳，冰可同心。治竹二年，鑑空衡平；百廢俱舉，民胥賴之。其功業照人耳目，固有可傳者在也。況文字得江山助，八代起衰；詞華揚李杜之光，千秋獨步也哉。

嗟夫！岳陽樓傳於范仲淹，醉翁亭傳於歐陽修；名賢至止，園林生色，我北郭園亦自此傳也。爰樂而爲之序。

鄭幼佩自幼身處風光的北郭園，眼見世事滄桑，笙歌中歇，幼佩自是感慨萬千；而今由於縣知事櫻井勉的蒞臨與推動，使得北郭園風華再現，其內心自是五味雜陳，而其中之興奮、感傷，實無法言喻的。當時竹塹城南門外有古奇峰，建廟祀福德正神，環山面海，景趣頗佳；櫻井勉嘗集邑中文人王箴盤、羅百祿、李逸樵等人遊此，府仰陳跡，吟詩寄慨。其後並募捐築「大觀山館」於山腹以資遠眺。先是羅百祿爲佈置舊跡，以便向縣知事櫻井勉等宣傳竹城景勝，並爲吸引遊人起見，特以建設鐵路至新竹，功在竹邑之劉銘傳爵帥，曾到新竹巡遊爲可紀念之事跡；乃指崎下溪傍一石爲劉爵帥釣魚石，並抄示詩一首，稱爲爵帥所作。櫻井頗疑之，詩中乃有句云：「試問當年劉爵帥，曾於何處釣何魚」。於是王箴盤〔註80〕乃步韻爲之詮釋云：「省三原是功名重，釣爵情殷不釣魚」。櫻井乃笑而頷之云〔註81〕。此外如臺北縣知事村上義雄〔註82〕，也常束邀前清貢生李秉鈞〔註83〕、地方士紳陳洛、粘舜音等，至其別業「江瀕軒」，詩酒微逐。《櫟社沿革志略》〔註84〕也記載臺日詩人，歡聚一堂，交相唱和之事云：

〔註80〕 王石鵬（1877～1942），字箴盤，號了庵。光緒三年生於竹塹，十歲時即以通曉韻語，長於聯句而聞名；爲新竹大儒鄭家珍之高足。
〔註81〕 見王松《臺楊詩話》第二。
〔註82〕 村上義雄（1845～1919），日本九州熊本藩人（今熊本縣），爲日本 明治大正時代之日本政府官員。村上義雄於1898年（明治31年）5月3日接替橋口文藏，於台灣擔任台北縣知事，管轄今臺北市、新北市、宜蘭縣及基隆市等地的行政事務。
〔註83〕 李秉鈞（1873～1904），一名秉均，字子桂，號石樵。台灣台北艋舺人，出身耕讀傳家，清代貢生，日治後曾任台北縣參事、舊慣調查會委員、台灣日日新報編輯。長於詩文書畫，師承黃中理。曾參加日本人「玉山吟社」詩會活動，著有《石樵集》八卷，已散佚。部份收錄於《台灣日日新報》
〔註84〕 《櫟社沿革志略》台灣文獻叢刊第一七○種，台灣銀行經濟研究室編，1963.2月出版。

中華民國三年，東都名士籾山衣洲（逸也），工漢詩，向曾主臺
灣日日新報漢文筆政，去臺數年矣，者番來遊，四月二十七日（古
曆四月初三）集社友會之，癡仙、南強、滄玉、聯玉、魂庭、少齡、
伊若、惠如、卿淇、蘊白、子材、灌園、鶴亭等十有四人於臺中新
莊仔蔡君蓮舫別邸，開會歡迎之，正賓外，有枝臺中廳長，佐佐木
庶務課長兩陪賓。詩有贈衣洲、送春諸作。

又《瀛社創立六十週年紀念集》云：「民國十年辛酉十月廿三日，瀛社邀
請全臺詩人集會臺已，日人之能詩者亦與焉。」歷任總督對臺地內的詩社，
多所寬容，甚或獎勵有加，兒玉源太郎、田健治郎、內田嘉吉、上山滿之進
等四任，尤擅風騷，且常於全省各地召開詩人聯吟大會時親自與會蒞臨。例
如：第四任總督兒源太郎（光緒廿四年二月上任卅二年四月卸任 1898～
1906），於明治卅二年（1899）六月，在別墅「南菜園」落成時，特邀請全臺
詩人開吟會於園內，席上並自賦七言絕句一首：

古亭莊外結茅廬，畢竟情疏景亦疏。雨讀晴耕如野客，三畦蔬菜一床書。

本次會集共得和詩八十七首，由籾山衣洲編成乙冊，題曰《南菜園唱和集》。
第八任總督田健治郎（民國八年十月上任，十二年九月卸任），曾於大正十年（西
元1921年）十月二十四日邀集全臺詩社之吟友會於官邸，席上也自賦七絕乙首：

我愛南瀛景物妍，竹風蘭雨入詩篇。堪欣座上皆君子，大雅之音更蔚然。

與會者也一一唱和，由鷹取田一郎編為乙冊，題曰《大雅唱和集》。第九
任總督內田嘉吉（民國十二年九月上任，十三年九月卸任 1923～1924），於民
國十三年（1924）元月和日本天皇勅題〈新年言志〉七絕乙首，詩云：

東閣官梅旭影新，未成何事又迎春。微臣畢竟無他願，惟為天朝深愛民。

全臺詩人也共和之，並由鷹取田一郎編為乙冊，題曰《新年言志》。又同
年四月二十五日，臺北瀛社邀請全臺詩社之吟侶，開聯吟大會於江山樓，翌
日，內田總督席上賦詩乙首云：

薰風鈴閣捲窗紗，曉著輕衫掬翠霞。我愛詩人忠厚意，林園此日供清茶。

其後眾人接讀，亦次韻奉和，時微雨稍霽，萬綠空濛，乃於園中攝影紀
念，已而復開吟宴唱酬。第十一任總督上山滿之進（民國十五年七月上任，
十七年六月卸任 1926～1928），曾邀請日本詩界名家國分青厓、勝島仙坡二人
遊臺，昭和元年（1926）十一月二十八日開歡迎會於官邸，並邀全臺詩家名
流作陪，總督於席上自賦七言律詩乙首云：

有客南遊駕大鵬，三臺秋氣正澄青。超群風格陶元亮，憂國文章杜少凌。
杖屨連句探勝概，壺觴一日會吟朋。最欣賢俊如星聚，酬唱同挑五夜燈。

眾人亦依次唱和，並由豬口安喜編爲乙冊，題曰《東閣唱和集》。

三、上有所好下必趨之

　　光緒二十二年（1896）四月一日，日本政府公佈「六三法」，其第一條云：
「臺灣總督於管轄區域內，得公佈有法律效力之命令。」治臺總督集行政、
軍事、立法、司法大權於一身，臺民之生殺予奪，可任意爲之，然以其獨裁
之尊而禮賢下士，提倡吟詠，與布衣詩人交驩酬唱，其用意雖善，但「司馬
昭之心，路人皆知」，最終目的乃在於籠絡順民，以遂其徹底完全之殖民統治。
起初隨軍政大員來臺之騷人墨客，深知欲佐政教，貴在懷柔，又見臺灣之詩
社，南北競起，乃紛紛參與聯吟，期用以文會友的方式，藉以綏撫省內文士，
因此日人也就有了用唱和詩文以結社的詩盟，陸續創立了「玉山吟社」、「淡
社」、「穆如吟社」、「南雅詩社」等以日人爲主體的詩社了。

　　臺灣日日新報漢文主筆籾山衣洲，於光緒二十五年（1899），復以南荼園
爲中心，創立「穆如吟社」，兒玉藤園、後藤棲霞、內藤湖南、鈴木豹軒、結
城蓄堂、宮城來城、小泉盜泉、尾崎秀眞爲其社員。館森袖海、中村櫻溪雖
爲玉山吟社社員，然亦屢屢涉足其間。該社詩人，官紳居多，其黨亦以此自
負，故不多招攬。主持者籾山衣洲，才高藝精，其詩幽婉高雅，世人譽爲明治
三十年代臺灣日人文學之代表。但自明治三十七年（1904），加藤雪窗病歿於
臺北，籾山衣洲失意歸日，日僑這二詩社〔註 85〕之主持人，一死一去，從此
騷壇便爲之不振（日方）。

　　及至昭和五年（1930），久保天隨〔註86〕來臺，執教於臺北帝國大學，（即
今國立臺灣大學前身）。久保因精工漢詩，乃糾集同好，創立「南雅詩社」，
昭和六年（1931）一月十六日首次開吟會於「梅本亭」，社友十四人，臺籍唯

〔註85〕即「玉山吟社」與「穆如吟社」。

〔註86〕久保得二（1875～1934），號天隨，日本東京人。東京帝國大學文科大學漢學
科畢業，大正 15 年（1926）轉任大東文化學院講師，隔年 11 月獲頒文學博
士學位，昭和 4 年（1929）出任臺北帝國大學文政學部東洋文學講座教授，
並和尾崎秀眞、豬口安喜等共同擔任「臺灣總督府史料編纂會」編纂委員。
曾在臺灣設「南雅詩社」，將吟唱結集爲《南雅集》刊行。著有詩集《秋碧吟
廬詩抄》、《關西遊草》、《閩中遊草》、《琉球遊草》等。

魏德清〔註 87〕一人而已。此爲日僑最後且最堅實之詩社，月會一次，席上先聯句後課詩。該社創立週年，刊行《南雅集》，魏德清有序記其旨趣。明治時代的日本人大多有漢學素養，所以日據初期來臺的日本官員文士中，從總督府、學校到地方官吏，懂漢文與會作漢詩者，其實還眞的是不少人。在日俄戰爭中的統帥即據臺第三任總督乃木希典〔註 88〕，他在攻取的二〇三高地前後的詩作：

　　　金州城外 1904　乃木希典

　　山川草木轉荒涼，十里風腥新戰場。征馬不前人不語，金州城外立斜陽。

　　　爾靈山（203 高地）1904.12　乃木希典

　　爾靈山嶮豈難攀，男子功名期克艱。鐵血覆山山形改，萬人齊仰爾靈山。

　　　凱旋 1905　乃木希典

　　皇師百萬征強虜，野戰攻城屍作山。愧我何顏看父老，凱歌今日幾人還。

　　　詠富嶽　乃木希典

　　峻曾富嶽聳千秋，赫灼朝暉照八州。休説區區風物美，地靈人傑是神州。

　　就前述所言，日人對漢唐文化的仰慕，無論是爲將、爲吏、或是文士，那是一種大和民族骨仔裡的薪傳，而在日本據臺期間也確時適度發酵了。其他的幕僚官員也有具備漢詩素養的人，這類官員來臺後，常與臺灣傳統文人吟詠唱和的事例不勝枚舉。這些駐臺官員爲助長詩興，甚至邀集同好籌組詩社，王文顏教授的〈連雅堂先生的詩社活動〉就曾提及：「許多漢學根柢深厚的日本文士，或駐臺官員，他們也熱衷於吟詠詩歌，甚至還糾集同好，自行籌組詩社，吟詠無間，例如『玉山吟社』、『淡社』、『穆如吟社』、『南雅詩社』等，就是以日本人爲骨幹而成立的詩社。」〔註 89〕在臺日人近似於臺灣傳統文人以組織詩社，表現才華，抒發情志，並且借此以文會友，與臺灣人建立良好情誼，拉近距離；這對日本治臺是相當有助益的，自然官方也樂觀其成，

〔註 87〕 即魏潤庵，新竹邑庠生，性誠樸敦孝友，壯年移居台北曾執筆《台日新報》爲瀛社第三任社長。

〔註 88〕 日本第三任駐台總督乃木希典（1849 年～1912 年）日本陸軍大將，出生於日本長府藩藩士家庭。從師玉木文之進。多次參與日本内部及對外戰爭，在二戰前與東郷平八郎一起被多數日本人奉爲「軍神」。

〔註 89〕 《中國近代文化的解構與重建‧連橫》王文顏〈連雅堂先生的詩社活動〉（1997）頁 112。

所以日據時期臺灣竟會有近三百個詩社，這不能不說是對立的日臺雙方，因緣際會一拍即合的歷史奇蹟了。

第四節　文化傳承爲己任的生命連結──竹城詩社

一、時勢使然的傳統詩社

甲午戰敗馬關條約改變了臺灣人民歷史的宿命，日據時期清廷的科舉考試對留在臺灣的讀書人而言已是斷絕，傳統文人面對功名路斷，從此前程茫茫的命運，自是悵然若失，往昔所習詩詞歌賦已成無用之物，人生至此，窮途末路，或轉而流連詩酒，或另謀出路……，林幼春〔註90〕在〈櫟社二十年間題名碑記〉上云：

> 世變以來，山澤臞儒計無復之，遂相率遊乎酒人、逃於蓮社；
> 有一倡者，眾輒和之。迄於今，島之中社之有聞以十數。嗚呼是亦
> 風雅之林，民俗盛衰之所繫也；可不慎歟！〔註91〕

臺灣之詩社，所以盛行於日據時代者，實爲時勢使然也。當讀書人仕途無望，惶惶不可終日時，勢必要尋求一個適當的出口，在異族統治下，既要安全又必須得當（不能逆鱗），這才促使留臺的前清宿儒們相率組織詩社，藉詩遣懷，一時之間詩社成爲宿儒們安頓心靈的最佳處所，遂也帶動日據時期臺灣詩社的發展。前清遺儒既然無法改變日本統治的事實，與其武力反抗以卵擊石的傷亡慘重〔註92〕，不若因勢利導，利用日本統治的心理與策略，順應統治者的招攬，組識詩社，一方面可以虛應統治者的要求，另一方面可與志同道合者凝聚聲氣，共謀漢文化的出路。這類的文人懷著漢文化的使命感及被異族同化的危機意識，欲以統治者所允許的詩社代替書房，繼續散播漢文化的種子。是以臺灣在日據時代的中晚期時，才會在「書房」陸續消失之際，反倒是詩社大盛。而眾多詩社的成立動機，則是有見於日本政府禁絕傳統的書房教育，乃藉詩社作爲傳習漢文的場所。爲了在異族同化政策中，爭取一個眞正屬於臺灣人傳統文化的生存空間。

〔註90〕　林幼春名資修，字南強，晚號老秋，台中霧峰人，與其叔林朝崧相差五歲，情同手足，同爲台中櫟社健將，1880年生，卒於1931年。有《南強詩集》。
〔註91〕　位於菜園的「櫟社二十年間題名碑記」是林幼春在大正十年（1921）所撰
〔註92〕　如1907「北埔事件」、1912「林杞埔事件」、、1912「羅福星起義事件」、1915「西來庵事件」、1930「霧社事件」……等。

　　此外，亦有部分文人是欲藉著參與詩會活動，趨附日本執政者，以爲晉升仕途的階梯。同時，日本統治者也爲了穩定與傳統文人的關係，經常舉行詩會供文人雅士參與，如由官方公開舉辦的「全臺詩人聯吟大會」〔註93〕，或如官紳之間二三吟友烹茗酬酢，儘管詩會規模大小有別，但處處可見日本官方，極欲拉攏臺人的積極用心，特別是對前清宿儒與知識分子的企圖。面對統治者的懷柔動作頻仍，有識之士也就藉力使力，以書房爲輔詩社爲主交互掩護〔註94〕，繼續傳承漢文與鄉土文化；少部分傳統文人的態度或見風轉舵、或百般曲從，以謀取個人之所需，爲了生存，漢賊不兩立，已不是絕對了；傳統文人的氣節傲骨只能暫埋青山，取而代之的是，爲個人私利而向日本官方靠攏的低姿態，有人呼應統治者的籠絡政策附庸風雅，有人籌組詩社以取悅之，亦有人吟作頌德詩以迎合之。諸如此類的行動，果然獲得日本總督府的鼓勵與肯定，遂產生日據時代中晚期，雖動機不盡相同，但也確實造成日據時期臺灣地區傳統詩社的風起雲湧，數百詩社林立的現象。

　　由於漢文詩學具有比興諷喻傳統的文學的特質，有利於規避日人的監視，使詩社活動又多一層保護色。從表面上看來，詩社的蓬勃發展，似乎意味著漢詩在日本統治下的文壇裡「得天獨厚」，能蒙受政治糖衣的保護，不受到政治迫害，使其文學生命得以綿延不絕。但事實上，漢詩是否真有政治免責權，能免除於政治力的干預呢？其實不然，因爲在日據時期的臺灣文學界裡，漢詩通常較不若其他文體容易觸犯當局的禁忌；理由是除了部分詩作刻意以歌功頌德的內容，迎合統治者而得到保障之外，另一原因則在於漢詩是一種，具有比、興、諷、喻傳統的文學作品，通常在短短數十字中，常可寄寓作者心中豐富的意涵，再加上傳統漢詩寫作技巧常有以此寓彼的特色，使得詩中意涵隱晦難明，如此一來，漢詩反倒成爲臺灣文士規避日人高壓監控的利器。所以在日據時代，漢詩反而能借著此等保護色彩，來表達傳統文人心中的真正想法與情志。

　　日本治臺初期，一方面爲綏撫仕紳文人，而允許地方傳統詩社的活動，又另一方面統治者爲消除漢民族意識，乃逐步進行同化教育；這也不得不迫

〔註93〕　全島詩人大會 1921.10.23（瀛社主辦）、1927.3.20〜21（瀛社主辦）之後改五州聯吟 1931（竹社主辦）、1930 年、1932 年在台北詩題《春寒》、1934 年在嘉義舉行、1936 年（竹社主辦）……。

〔註94〕　書房「耕心齋」與「耕心吟社」、「讀我書齋」與「讀我書吟社」、「堅白屋」與「柏社」。

使有識之士欲借詩社的力量來保護臺灣固有的漢文化。故而在日據時代的中晚期，臺灣的傳統漢文學界，才會產生出詩社蓬勃發展的特殊景象。然而，此現象在後世的歷史評價中，往往也是褒貶參半，令人慨歎；何以會如此呢？主要是因爲有些文人或基於某些因素，對日本統治者的利益引誘趨之若驚，因此被稱之爲「御用文士」，原因是他們將吟詠詩歌視爲官場應酬的利器，將擊缽吟當作爲趨炎附勢的工具，漢詩寫作對他們而言，並非是爲了抒發內在的眞實情感與思想，而爲了沽名以釣譽，因此這類功利取向的作品，自然是難以呈現文學的價值，所以才會有部分後人對傳統詩社的批評與責難甚於讚美及肯定啊！

二、動機不一的文化使命

　　當馬關條約一簽定，無可諱言的就是割臺消息，傳到臺灣人民傳到讀書人的耳朵裡，這是多麼的令人震撼與悲憤的消息，當下各種反應紛紛出攏﹝註95﹞；而文人手上雖然沒有刀與槍，但卻有一個充滿民族氣節的腦袋及一枝春秋之筆。然而每個人想法不同，我們必須瞭解的是，日本當局據臺後，雖明裡暗裡鼓勵詩社，但其後各地詩社成立的動機卻並不完全一致，素質高下自亦相去甚遠，且各詩社之基本格調亦未可一概而論。所以就其正面的意義而言，當時傳統詩社對保存民族氣節、傳遞漢文化種子確實有其貢獻，這是絕對不容抹煞的。然而詩社之種種歪風，乃至詩人人格之扭曲，甚至喪失民族立場，也是不容諱言的事實。當傳統文人懷抱著傳承漢文化的使命感，以及被異族同化的危機意識時，遂只有以統治者所允許的傳統詩社代替書房，繼續其鄉土漢文薪傳的重責大任。

　　打從日本政府在一八九五年據領臺灣之後，便一直以改造、同化臺灣本島人民爲終極目標，是以其表現在教育政策上的就是普及國語（日語）。從登陸臺灣的那一年開始，就從積極設立的所謂的「芝山巖學堂」﹝註96﹞算起，到後來的「國語傳習所」，乃至專收臺灣人子弟的「公學校」，都是以傳授日語爲第一目的。在公學校設立之前的教育機構，也都只是臨時性而且未制度化的學校，尚無法可完全負起臺灣人學童教育的全面任務；所以當時臺灣百姓幼童的啓蒙教育，則是由分布在全島各地近 2000 所書房﹝註97﹞的漢文先生

﹝註95﹞ 獨立武裝抗爭如「臺灣民主國」。
﹝註96﹞ 芝山巖學堂 1896 年 3 月 31 日創設，爲日本在臺實施殖民教育的濫觴。
﹝註97﹞ 《新竹市志・文教志》（新竹市政府 1996 年 3 月）。頁 372～374。

們，來擔負起們的教學工作。在明治卅一年（1898）「公學校令」〔註98〕公佈同時，總督府已於臺灣全島開設了五十五所公學校後，這時才算有了日本人自己主導的初等教育機構。

本來書房皆由臺人經營，自然都是以中原雅韻爲主（即河洛話、閩南語、客家話）教授、閱讀和書寫漢文，並且傳授中國固有的傳統禮教，亦即灌輸幼童中華思想文化。如此的教育方針，自然不能見容於日據時期的臺灣總督府，也不符合總督教化臺人的目標；於是日本總督府便想方設法，積極的欲予廢除臺灣的傳統漢文書房。惟初期因預算不足，無法在全臺各地設立足以收容所有學齡兒童的公學校，故只能容忍，任由民間書房繼續存在，直到昭和十八年（1943）日本總督府頒布「廢止私塾令」命令，停辦私塾。才如其願的完全廢除〔註99〕臺灣的傳統漢文書房。

在允許書房繼續經營的同時，由於漢文書房或私塾的教育精神，並不符日本政府的政策，於是日本總督府，對書房的授課內容進行了大改造。除了要求加授國語〔註100〕課程之外，原有的漢文課必須使用公家頒發的教本如：《大日本史略》、《教育敕語》、《天變地異》、《訓蒙窮理圖解》等漢譯本爲參考書。更出版了以日本爲本位的《臺灣教科用書——漢文讀本》六卷給公學校教學，並下令民間書房也必須使用，企圖藉此斷絕臺人繼續接受純漢民族文化的薰陶。從以上這些史實來看，日據時期的漢文教育絕非單純的只是授業解惑的課程，因爲有統治者與被殖民者的關係存在，致使漢文教育的背後隱藏著一場，無形的民族文化角力戰爭。

我們必須瞭解日據時代所謂的「漢文」與今日所謂的「漢文」是完全不同的。在今天，可能所有的人都會認定「漢文」一詞指的是傳統八股的文言文。但是在日據時代的異族統治下，臺灣人意識裡的「漢文」可並不如此單純。昭和二年（1927）的《臺灣民報》第174號曾有一段這樣的論評：

〔註98〕1898 年台灣總督府見國語傳習所成效斐然，於 1898 年 8 月 16 日再行發布〈台灣公立公學校規則〉、〈台灣公立公學校官制〉與〈公學校令〉。這些法令明定以中央或地方的經費開辦公學校，以取代國語傳習所，成爲正式的台灣教育機構。台灣的現代化教育出現於此。除此該法令並明定公學校的就學資格爲 8 歲以上、14 歲以下的臺籍兒童，另外也詳細制定六年制的公學校應教授的科目（修身、國語、作文、讀書、習字、算術、唱歌與體操）、師資與例假日等。

〔註99〕《新竹市志·文教志》（新竹市政府 1996 年 3 月）。頁 372。

〔註100〕即是日語。

臺灣人因為公學校不能滿足地教授漢文，所以不得不給子弟往
舊式的臺灣書房讀書，舊式書房的教授法，唯有形式的講解和強制
的背誦的兩個法子而已，教材多是從四書、五經、諸子、古文的中
間選取的，若是中國的新式教科書，形式內容都是現代的，舊式書
房的教師有些難懂，而當局也禁止不給教的。

又說：

漢文教授的目的若是在做思想的工具，一定要選擇現代的教材
才行。什是現代的教材？漢文專用的（祖家中國）自胡適提倡文學
革命以來，全中國差不多普遍的用著白話文，就是學校的教科書，
除去國粹學以外，大概都用白話文，因為白話文容易學，又容易可
以寫出自己的思想。所以臺灣人要學漢文，一定要從白話文中選擇
教材，才能夠合用。

從這些記錄我們就可以看出，當時臺灣人所認定的「漢文」，並不全都是
古典的文言文，連受到大陸白話文運動影響而產生的現代文也屬於漢文的範
疇。因此，若以今天的語詞來解釋日據時代的「漢文」一詞，最適切的解釋
應該就是當時中國大陸所使用的書面語，或是把範圍再擴大一些，認定為包
括各種方言在內的漢語亦算是。因為，當時的臺灣人堅持想學習的絕對不是
只有單純的「北京話」，而是屬漢語系統中，大中華的「閩南話」或「客家話」
的正統中原雅韻，即古雅的中原話。換句話說，在戰前相對於統治階層的國
語（日語），當時臺灣人對中國的語文文化還是有相當的戀慕之情，無論這樣
的戀慕之情，是真正因為憧憬傳統的漢文化而來，或是只為藉學習漢文化來
表達對統治者的不滿情緒。

由於有政治敵對的複雜感情介於臺日人民之間，當時臺灣人只要是代表
中國的東西，不管它是北京話、泉州話、漳州話、廈門話、客家話、福州話，
也不管它是文言文、白話文、詩詞歌賦等的文體，都一律視為「漢文」。然而
日本總督府為了早日完成對臺灣人民的同化政策，也不惜以各種方式無所不
用其極，例如：到了日本據臺的後期，臺灣總督府整個教育政策的終極目的，
就只在於推行國語「日語」，以行其同化政策，而非真心的教化臺灣人的子弟
成為日本國民了。所謂的「漢文課」，也只是為了吸引臺灣人家長，將其子女
送往公學校就讀的一個誘餌而已。

　　此外臺灣總督府除了對書房的漢文教育一再地限制和取締，以壓縮書房
的生存空間外，對公學校的漢文課也毫不留情，多次縮減漢文課的授課時間，
最後終於整個完整的廢掉了漢文課；筆者整理其步驟如下：

表十五：廢除漢文課步驟

時　　間	頒　　布	說　　明
1897.10.31	國語傳習所規則	規定國語傳習所乙科課程中增設漢文課
1898.08.16	公學校規則	將漢文併於讀書課中，每週十二小時。
1904.03.11	公學校規則改正府令發佈	將作文、讀書、習字等各教科一併納入國語課；漢文課獨立為一科。每週漢文課改為五小時。
1907.02.26	公學校規則中改正發佈	五、六學年的漢文課授課時數，縮短為每週四小時。
1912.11.28	公學校規則中改正發佈。	三、四學年的漢文課授課時數，也由每週五小時縮短為四小時。
1918.03.31	公學校規則中改正發佈。	漢文課的時間，一律縮短為每週二小時。
1922.04.01	臺灣公立公學校規則發佈	為因應「臺灣教育令」之「日臺共學」的新措施，將所有漢文課改為每週二小時的「隨意科」（即選修），並得視地方情勢，廢除漢文課。
1937.04.01		公學校漢文課程完全廢止

　　從上述年表就可以看出，總督府以漸進的方式，花了數十年的時間，終
於在第十七任總督預役海軍大將小林躋造〔註101〕任內，即據臺末期日本軍部
權力最高漲〔註102〕之際，皇民化運動如火如荼地展開之時，強制地廢除了所
有的漢文教育。

三、竹城詩社的生命連結

　　臺灣傳統文人創設詩社，非但能振興地方文風，亦能在日本統治者壓制
臺人之際，發揚傳統漢學文化。日本據臺之後，斐亭鐘絕，騷壇知音難覓，

〔註101〕　小林躋造（1877～1962），日本據台時期駐臺第 17 任總督（1936 年 9 月 2 日
　　　　　～1940 年 11 月 17 日）。以「皇民化、工業化、南進基地化」三原則統治臺
　　　　　灣。任內強力推動皇民化運動，強制廢止臺灣報紙的漢文欄；獎勵臺灣人改
　　　　　日本姓名；禁止 歌仔戲、布袋戲；廢止臺灣陰曆年習俗。
〔註102〕　日本據臺派駐臺灣的總督：初‧中期第 1～7 任總督為武將，中期第 8～16
　　　　　任為文官系統，後期第 17～19 任為武將軍系。

統治者不能尊重被統治者的權益及文化，使有識之士憂懷其志，覺醒到漢文即將絕之危機，並且深切地體認到組織詩社維續漢文之迫切性，於是，傳統詩社的詩人們便寄望在詩社裡，定期舉行擊缽吟哦，於字字推敲之中，宣洩胸中抑鬱的不平之氣，同時，也能在風雨飄搖之際，持續漢詩文的寫作與薪傳，以接續民族文化命脈。連橫〈城東雜詩〉云：

> 滄海歸來已夕暉，夢中五嶽尚依稀。書生未與興亡責，除卻看山百事非。

正因為臺灣文人懷著山河興亡的責任感，遂積極從事組織詩社，並網羅漢學文獻，持續不斷的舉行擊缽聯吟，將傳統詩歌代代傳遞，此乃係日據時代全臺大多數詩社社員的共同心聲與使命。日本據臺廢止科舉，辦理日式學校教育，壓迫臺灣人民學習日本語文與文化，以期對臺民的思想徹底控制。有識之士認為：為了維繫祖國文化，必須設法使漢文不致被消滅，所以文人相率結成詩社。而文人相濡以沫的同理心，亦為促使傳統詩人組織詩社的重要原因之一。

文人雅集，詩酒交會，以聲氣相投的風氣，自古即在知識階層流傳著。尤其是濟濟多士的開臺進士鄭用錫的故鄉，此風氣幾乎成為地方傳統，因此，竹塹地區的傳統文人，組織詩社非但是為了存續漢文命脈，亦可能是營造一個地方士紳文人附庸風雅的場合。又籍詩社活動鼓勵青年學子學習漢文，而〈擊缽吟〉可以說是一種有效又帶有趣味性的文化活動，因此在時勢因緣的造就下，全臺各地的詩社便如雨後春筍般的相繼成立。日人據臺五十年，雖大肆與強力推行「皇民化」運動，卻始終未能得逞，詩社的林立與詩風的普及，對漢學命脈的維繫，實在是有著巨大的影響。

而光緒十二年（1886）新竹地區各詩社在蔡振豐〔註103〕的整合下所聯盟成立的「竹梅吟社」在經乙未割臺的巨震之後，詩人社友們紛紛各自天涯，而繼續留居於新竹地區的鷺侶們，則於明治三十年（1897）將「竹梅吟社」恢復稱為「竹社」。其後王瑤京〔註104〕等人在明治四十二年（1909）五月，於

〔註103〕蔡見先（1855～1911），字振豐，又字啟運，號應時、運時，以字行，清新竹人。蔡氏博學能文，喜兵書，好交遊，時與諸名士詩文唱酬。光緒十二年（1886）將「竹社」、「梅社」聯盟為「梅竹吟社」，並擔任社長。光緒十七年（1891）取中秀才，二十年（1894）遷居苗栗苑裡……。

〔註104〕王瑤京（1876～1916），名國才，或作國垣。與王松、王石鵬為莫逆交，時人稱為「新竹三王」。少時師事李希曾貢生，乙未割台後有志未遂，寄意於詩。明治四十二年（1909）發起成立「奇峰吟社」，為日據時期除復名的「竹社」外，為新竹 地區第一個成立的詩社，參與者多係本地青壯輩文士，縣知事櫻

古奇峰大觀山館，發起組織「奇峰吟社」，與會人士達二十多人。社員有李逸樵、張純甫、李逸濤、王瑤京、汪式金、王石鵬等；而漢文學養深厚的新竹縣知事櫻井勉，也常參與唱和。

　　民國八年（大正八年，西元 1919 年），去臺十九年的甲午舉人鄭家珍，由泉州受聘回臺寓居新竹八載，因爲地方人士仰慕他的才學，特請別央請他設帳授徒。鄭舉人於大正十二年（1923）在新竹北門吳厝講授詩學，並與其門人締結「耕心吟社」。那時全臺詩風正盛，而臺灣文化協會〔註105〕也在同年秋天舉辦文化講習會。翌年春天，連雅堂創刊並主編《臺灣詩薈》。更促使詩社活動蓬勃展開。新竹各地以塾師主盟的詩社尙有葉文樞的「讀我書吟社」，黃潛淵的「切磋吟社」，張純甫的「柏社」，曾秋濤的「來儀吟社」，戴還浦的「漁寮吟社」……等，陸續成立。地方人士受此影響，也陸續成立了鄭香圃的「青蓮吟社」及「大同吟社」、名中醫師謝森鴻等的「竹林吟社」，徐錫玄等的「聚星詩學研究會」，以及「朔望吟會」，「敦風吟會」、「竹風吟會」、「柏社同意吟會」等，使得一個曾是竹塹文風冠北臺的新竹城，彷彿又回到清領時期的昔年風華〔註106〕，而異常熱鬧。

小結

　　一向以北臺文化重鎮有百餘年歷史光環自許的竹塹詩壇，在日本據臺後，短短約二十年之間，如曇花一現，突然產生了十數所由「竹社」社員或詩友所組成的新詩社，到處詩聲朗朗吟誦不輟。正因爲如此，在無形與有形中也培育出眾多日據時期及臺灣光復後，以迄於今仍以文化傳承爲己任的竹社人，持續爲新竹的漢文詩學與鄉土文化耕耘。在這些新竹城詩社與書房當中，又以舉人鄭家珍的耕心齋「耕心吟社」、葉文樞的讀我書齋「讀我書吟社」、張純甫的堅白屋「柏社」，對竹塹地區後來的地方漢文教育，乃至光復後鄉土文學的傳承，有著功不可沒的影響，可惜的是他們無怨無悔的付出，卻黯然於現實歷史的洪流之中，在下兩章中我們會依序來討論。

　　　　井勉亦常出席詩會。後爲「竹社」詩人，惜英年病逝，所遺作品甚少，主要
　　　　見存於《臺灣日日新報》中。
〔註105〕1921 年 10 月 17 日，「台灣文化協會」 在台北市靜修女學校舉行成立大會，
　　　　是以促進文化啓蒙與民族運動爲目的的社會團體。與會的知識菁英及青年學
　　　　生共 300 多人，推舉林獻堂爲總理，楊吉臣爲協理， 蔣渭水爲專務理事，創
　　　　立會員共 1032 人。
〔註106〕北郭煙雨與潛園探梅的光景。

第四章　日據時期新竹地區詩社

　　正當新竹詩盟總舵「竹梅吟社」於北臺詩壇吟旗高舉，意氣風發於全臺之際，中日甲午戰爭發生，不幸的是清廷兵敗議和（光緒廿年1894），被迫簽定馬關條約（光緒廿一年 1895）割地賠款，臺灣成為日本的殖民地。此時臺地時局官民不安，社會動盪前途混沌未明；蔡啓運等諸多名士遂隱跡林下，鄭家珍、鄭鵬雲、陳濬芝、陳朝龍等多人則移居大陸，或終老斯地，或遠走他鄉。其他如王松、葉文樞、張純甫、張息六等人則內渡避亂，亂平回臺。因此詩盟瓦解「竹梅吟社」的活動也就曲終人散了；直至光緒廿三年（1897）臺灣地區社會秩序大抵恢復，「竹社」重新復名入世，並於日據時期的新竹地區，再度扮演起漢文詩運的推手。

第一節　日據時期的新竹詩社——「竹社」

　　歷經乙未滄桑的「竹社」，於光緒廿三年（1897）復名之後，並未因山河異變而消聲，反之以「用之則行，舍之則藏」的態度，為延一脈斯文不斷，而默默入世耕耘。因為「竹社」的前輩們知道「飄零的種子，只能尋求落地生根，才有出路」若只是一味的以武力對抗或逞口舌之快，所換得來的，必定會是同胞們寶貴性命的慘痛犧牲；因此唯有以漢文詩學與鄉土文化的默默傳承，才能夠不著痕跡的對抗異族同化。在此同時全臺的有識之士們，亦多有此共識，是以日本據臺期間竟是臺灣地區漢文詩社成長最多的一個特殊際遇時代〔註1〕。

〔註 1〕康熙 24 年至光緒 21 年全臺僅有 12 個詩社；然日人據臺 50 年間詩社成立可
　　　　考者有 261 個以上。參見廖一瑾《臺灣詩史》·〈臺灣詩社繫年〉，臺北：文史
　　　　哲出版社 1999 年 3 月，頁 32～66。

一、日據時期的竹社

（一）鄭以庠（1873～1939），一說（1869～1937）

乙未（光緒廿一年 1895）之變「竹梅吟社」曲終人散，明治卅年（1897）「竹社」復名，首任社長爲鄭以庠，譜名安國〔註2〕，號養齋，乃鄉賢鄭用鑑之孫，世居竹塹家學淵源深厚，學有根柢，他以幼童入泮臺北府學。據說當紅榜報捷於其家時，他正與兒童嬉戲……一時傳爲趣聞。乙未（1895）割臺之際，與親族內渡泉州原籍，唯家業均在臺，不久仍回竹塹，但閉戶讀書，善詩文，不預俗事，有「高士」之稱。由於當時治臺總督府爲收攬人心，示惠文人，常邀文人讌飲吟誦，獎賞有加，於是各地詩社紛紛興起。爲重振竹梅吟社的塹城騷風與延一脈斯文之傳承，養齋遂與留在家鄉的鷺侶吟朋，陸續募集社員，訂立章程將「竹社」於明治卅年（1997）重新復聲復名，且被公推爲社長。

「竹社」復出後，即與各地詩社往復連繫〔註3〕。在社長鄭以庠的領導下活躍異常，經常與臺北瀛社、桃園桃社三社聯吟，四時輪值。每遇竹社值東時，多相會於其鄭家「北郭園」，雅士畢集，頗有重振清朝道、咸以來的竹塹藝文盛況。以庠社長更分別於昭和六年（1931）與鄭神寶〔註4〕，及昭和十一年（1936）兩次邀集全島詩人，主辦「全臺詩人聯吟大會」與全島「五州聯吟會〔註5〕」（時全島行政區劃分爲五州），此爲竹塹少見盛事，尤爲當時全臺詩壇盛事。鄭社長平日常率社友參加各地詩社集會，由於其漢文根基深厚且學養俱佳，亦常被舉聘爲詞宗，備受時人推重。此外他對宣講善書亦殊熱心，光緒年間嘗與竹塹士紳顏振昆、吳希唐、吳淦秋、鄭守恭、高世元等在北門外設置「福長社」〔註6〕義診，施醫贈藥，並設置宣講壇，講解善書，藉以獎善懲惡，淨化人心。其詩多感時傷逝之作，蓋經乙未滄桑之變，文人往復奔波閩臺之間，離亂頻見，感慨遂深。

〔註2〕鄭鵬雲（1862～1915）《浯江鄭氏家乘・族譜世系錄》。

〔註3〕參見日人伊能嘉矩《台灣文化志》。

〔註4〕鄭神寶（1880～1941），字珍甫，又字幼香。北郭園鄭如蘭之子生於竹塹北門外，個性風雅，賦性慷慨，被推爲竹社、瀛社、桃社等聯合詩社的副社長。

〔註5〕臺北州、新竹州、臺中州、臺南州、高雄州輪流主辦。

〔註6〕《新竹市志》卷七〈人物志〉（新竹市政府 1997 年 12 月）頁 130。

壯士行　鄭以庠

颯颯秋風劍氣腥，滿腔熱血灑滄溟，平生早作封侯想，誓斬樓蘭照汗青。

鼓浪山弔古　鄭以庠

乾坤板蕩有餘悲，兩島孤軍抗八旗，今日思明州畔過，斜陽荒草訪殘碑。

荒園　鄭以庠

竹怨香愁寫不成，名園寂寂賸啼鶯；綠珠去後花無色，金谷繁華感變更。

感時　鄭以庠

鯤身片壤已無存，猶見燕雲釀禍根，何處青山乾淨土，他年贏得葬詩魂。

斷雁　鄭以庠

平沙萬里鳥程迂，嘹唳聲淒度葦蘆；榾觸弟兄分秧後，相思秋水滿江湖。

明治卅四年（1901）嘗輯其詩作爲《拾翠園詩稿》〔註7〕，惜今稿不傳。鄭鵬雲《師友風義錄》曾選載多首，多以性靈取勝。晚年作品散見各地，不復輯錄。而「竹社」自以庠赴召修文後，竹塹詩壇頓失支柱，爲懷念以庠社長對新竹詩壇的貢獻「竹社」遂不再置社長，改以總幹事任之。

（二）羅百祿（1874～1949）

羅百祿，字炯南，號子壽，號署江東後人。同治十三年（1874）出生於竹塹北門。先世由同安遷臺，置有貨船數艘，航行廈門與舊港間，經商致富，其公號「羅德春」爲新竹著名郊商〔註8〕。百祿志不在此，棄商向學。投入高敬修門下，與鄭登瀛，劉梅溪合稱「高門三傑」，並加入竹社問學於諸前輩。

先生性喜揮毫作書，雖溽暑而不減其趣。明治卅一年（1898）畢業於新竹國語傳習所，與竹塹名人謝介石〔註9〕同爲第一屆卒業生。畢業後在新竹辦務署擔任「勤務」，協助編修新竹廳志，在碑文調查，文獻搜錄等方面貢獻良多。其才幹深受高山、三浦、家永等廳長器重，先後擔任新竹街議會議員，北門區長以及新竹市方面委員，其中以撲滅「嗎啡」運動出力最多，在公職及通譯的三十年間，受其庇護而免於日人迫害者亦不少。一九二二年退去官職，有〈感懷〉詩云：

〔註7〕參見王國璠《臺灣先賢著作提要》新竹：臺灣省立新竹社會教育館・1974）。
〔註8〕清領時期台灣各地的商業公會組織，隸屬該公會組織的商家行號，則稱爲郊商。
〔註9〕謝介石（1878年～1954年），表字又安，一字幼安，臺新竹人，任滿州國第一任外交總長，也是臺灣人於滿洲國期間獲得最高官銜的一位。

雲泥不事感升沉，宦海風波閱歷深，能退急流堪賈勇，獨彈古調少知音，

青氈舊物傳家寶，白社新詩曠世吟；一卷南華經妙諦，無何有裏寫胸襟。

先生晚年經營米穀業，建「四維堂」，廣邀友朋，吟嘯其中。他工於書法，深得趙孟頫、董其昌筆法興旨，晚年仿學劉石菴〔註10〕，如不署名，所寫書法幾與眞跡無異；先生詩文典贍秀麗，又富靈妙俊逸，北臺論詩，推爲作手。

誌別文樞詞兄由粵旋梓　　羅百祿

大家惜別老春秋，每爲思群強挽留。是我常聽高詠處，因卿將作遠望樓。

賦吟平子思京日，棹擬陶公入粵舟。宜待邵窩並樓隱，舉杯快洗萬千愁。

送文樞詞兄渡廈　　羅百祿

零落空山掃葉秋，故鄉無計慰遲留。雪泥又見添香路，春雨還來聽小樓。

照漾水中閒數影，思清天外快移舟。瘦詩話當頌年別，祇爲念劉不寫愁。

春闈南部某孝廉下第曹房官，詩以誌別（七絕兩首）　　羅百祿

忽聽猛雨夜來過，更盡挑燈喚奈何。有意留春春不住，杜鵑枝上落花多。

丹黃叢裏費搜尋，較短量長一片心。無數桐材終入爨，自然聽曲未知音。

遊古奇峰即景（七絕兩首）　　羅百祿

大觀坪上於吟眸，海粟茫茫蜃氣浮。萬里渡頭懸一線，雲羅穿入碧天秋。

福地娜嬛景色幽，許多騷客試閒遊。有誰攜得驚人句，吟撤峰頭萬里秋。

每逢佳節先生則率詩社吟侶，參與臺灣南北各地詩壇吟會，且經常拔其幟而回。新竹縣知事櫻井勉，對其最爲推崇，先生於竹塹詩壇極爲活躍，嘗與鄭濟卿〔註11〕等於昭和十七年（1942）戰事吃緊漢文被禁之時，再組「朔望吟會」，每逢朔望，課題限韻，定期交稿，由羅、鄭二人 評定甲乙〔註12〕。而竹社自鄭以庠逝世（1939）後，便不置社長，先生爲社友公推以總幹事之銜，繼續領導並整頓社務。其平生作品豐富，集有《四維堂詩抄》一書共八卷，但並未付梓，一九六七年其哲嗣啓源根據家藏原稿影印，存詩僅七十多首，惜已難窺全貌了。

〔註10〕 劉墉（1719～1805），字崇如，室號石庵，山東諸城注溝鎮逄戈莊村人，書法造詣深厚，是清代著名的帖學大家，被世人稱爲「濃墨宰相」。嘉慶九年十二月）病逝，諡文清。

〔註11〕 鄭濟卿，學名國楨，新竹之浦雅人也，性穎敏德量宏深，以詩聞，凡赴會擊缽多奪錦歸，爲「竹社」中有數之人物。

〔註12〕 參見黃旺成《新竹縣志》卷十一藝文志。

此外，鄭蘊石（1875～？），與鄭雨軒兄弟，係北門鄭用鈺之曾孫，漢文深厚工書法爲塹城名家，也曾與羅百祿、主持竹社。其後陳竹峰、李子俊、謝森鴻亦分別接續竹社薪傳。

清明節同文樞兄純甫及胞弟雨軒遊翠壁岩即景　鄭蘊石

上嶺車聲輾不停，下車多半駐春庭。靜山莫管遊人鬧，動水能留過客聽。
如雪頭從愁裏白，穿雲腳踏病中青。憑誰伐盡相思樹，大海依然對小亭。

石灰　鄭蘊石

洪荒鑿破幾何年，也似滄桑感變遷。天地爲爐岩石爛，陰陽作炭劫灰然。
好將塗抹東西壁，補就河山缺陷天。煙火氣銷眞性在，長流清白萬家傳。

獅頭山開全島聯吟會重遊賦此　鄭蘊石

樟林入伐木丁丁，耳飽羊腸路幾經，閱盡水簾溪畔洞，半山尚有不名亭。

清明後一日同純甫胞弟雨軒遊新竹公園作　鄭蘊石

南池淺綠北池清，領略春山一枕橫，昨日天寒今日暖，踏青聊可補清明。

鄭雨軒（1883～1943）名淵塗，又名淵圖，字雨軒，漢文深厚，北門子弟，與其兄鄭蘊石同爲新竹書法家名家，其詩清雅有致又善寫竹，且專善眞草隸篆各體皆佳。

詠臺灣　鄭雨軒

草昧延平拓海東，又開甲第祉亭公。新高嶽峭寧無雪，赤嵌樓存合有風。
波水維英懷外祖，羅山得祿想姻翁。霧峰剛愍還千古，奕世人才出不窮。

祭掃先塋　鄭雨軒

祭掃年年敢忽忘，香燒不讓老眉長。纔來草刈雲初散，忽看羊歸日未藏。
蝦穴眞成人膾口，枕山不厭路迴腸。左旗右鼓靈泉湧，大海當前帶夕陽。

中秋夜同胞兄蘊石遊公園　鄭雨軒

弟兄握手到山時，路轉山腰足不疲。幾點紅燈船載月，一環綠水鴨眠池。
登樓湖畔人爭醉，泛棹橋邊女亦嬉。夜半潭澄光閃爍，蒼松倒影鳥棲枝。

同胞兄蘊石遊客雅山即景　鄭雨軒

時出耐園天外大，枝梢芽茁又凝煙。夕陽斜照林投外，翠竹輕搖客水邊。
神苑燈臺光北郭，誰家瓦屋傍西川。白雲繚幻高低起，十八峰頭映水田。

次文樞詞兄瑤韻　　鄭雨軒

遠離妻子感雖深，體健何妨一病侵。樓住街頭聊托足，鄉思集尾欲歸心。

讀書不倦春秋忘，擊缽難拋日夜吟。自有朋交相慰藉，勝他法灸與神針。

新埔看花燈　　鄭雨軒

樂事春燈夜，欣看物外鮮。陣頭專鬥巧，街尾已爭先。

花散憑天女，雲遊訝地仙。弟兄同領略，到處駐吟鞭。

書箱　　鄭雨軒

竹垞於中蓄典墳，曝書亭裏溢清芬，一焚秦政何曾盡，萬卷依然飽翠雲。

與內海忠司知事閣下同遊古奇峰　　鄭雨軒

高軒枉過古奇峰，聲價從今重雪鴻，但願竹城賢太守，林泉重整啓吟風。

　　陳堅志（1899～1998），字竹峰，以字行，號寄園。新竹人，昭和七年（1932）移居花蓮，但仍頻頻往來於新竹；戰後曾任花蓮縣議會議員、花蓮縣文獻會委員、花蓮市建築信用合作社經理。先生平素愛好吟詠，在新竹期間便曾參加篁聲吟社、竹社、竹林吟社、啓蒙吟會等，遷居花蓮後，創組奇萊吟社，擔任社長，亦為臺東寶桑吟社成員。民國四十五年（1956）蓮社成立後，曾任社長，與臺北瀛社、新竹竹社輪流舉辦「瀛竹蓮三社聯吟」。其詩作常載於《臺南新報》、《詩報》、《風月報》、《昭和皇紀慶頌集》等，後輯錄為《寄園吟草》，書前〈自序〉云：「余生平愛讀少陵及放翁詩，前者不忘時，後者不忘國，均係情高意真，句工體備。余生平亦愛盤山涉水，所遇所接，每每剪裁入詩，留作日後追憶」，由此即可略窺陳老其詩風與主題之一斑，至於其他見本文第六章。下列日據時期的竹社表格係筆者參考《新竹縣志》與《竹社沿革志》所製：

表十六（同表十三）：日據時期的竹社（1897～1945）

公元年	年　號	年	詩社名	主持人	成（社）員
1897 ～ 1945	清朝光緒 （日本明治） ～ 民國 （日本昭和）	23年 （30年） ～ 34年 （20年）	竹社	鄭以庠（養齋） 羅百祿（迴南） 鄭蘊石（兄） 鄭雨軒（弟） 陳竹峰（堅志） 李子俊 謝森鴻	曾吉甫、葉文樞、葉文遊、 鄭虛一、張息六、魏潤庵、 林榮初、蔡汝修、鄭家珍、 鄭神寶、林篁堂、謝森鴻、 謝景雲、吳　祿、羅百祿、 陳濬鋆、鄭蘊石、鄭雨軒、 陳金龍、黃龍潛、高華袞、 鄭香圃、陳竹峰、許炯軒、

| | | | | 曾秋濤、王子擎、鄭玉田、林鍾英、林知義、李子俊、張奎五、鄭旭仙、郭仙舟、陳如璧、黃祇齋、謝載道、洪曉峰、許函卿、朱杏邨、郭夢凡、林丙丁、郭茂松、黃嘯秋……等 |
| | | | | 《新竹縣志》《竹社沿革志》 |

二、日據時期新竹地區「新竹州」由竹社「社員」與「社友」[註13] 出面主持或創立的新竹各詩社（表十七）

表十七：日據時期新竹地區各詩社（同表十四）

公元年	日本年	民國	詩社名	主持人（或創立者）	成（社）員
1909	明治 42 年		奇峰吟社	王瑤京	李逸樵、張純甫、李逸濤、王瑤京、汪式金、王石鵬等。新竹縣知事櫻井勉常參與唱和。
1919	大正 8 年	8	亂彈會	曾吉甫.張麟書	張式穀、陳旺成、李良弼、吳萬來、江尚文、新竹公學校教師之研究會（據江尚文質軒文摘）
1923	大正 12 年	12	耕心吟社	鄭家珍（竹市）原「竹梅吟社」成員。	集門弟子創立。葉文樞、張純甫、黃玉成、郭仙舟（江波）、謝森鴻（字啓書、號鴻安壺隱）、謝景雲（大目、小東山）、王少蟠（火土）、鄭炳煌（字旭仙、號郁仙）、陳竹峰（堅志、號寄園）、許炯軒（光輝）、鄭卻（蕊珠）、高華袞、曾秋濤、林麗生……
1925	大正 14 年	14	青蓮吟社	鄭香圃原「竹社」成員。	黃直三、鄭玉田、江尚文……
1926	大正 15 年	15	大同吟社	鄭香圃原「竹社」成員。	葉文樞、葉文游、鄭家珍……
1926	大正 15 年	15	陶社	邱筱園（竹縣關西）	與地方人士創立。陳子春、沈梅岩、鍾盛鑫、徐錫卿、葉步葭、吳雁賓、黃子鷹、蕭德宏、黃香模、羅南溪、羅潤亭、余子華、

〔註13〕 經常出入竹社的他社詩人

1928	昭和 3 年	17	來儀吟社	曾秋濤原「竹社」成員。（今竹北地區）	集門人集門人與地方人士創立。劉彥甫、曾煥灶……。
					郭景澄、陳蒼髯、陳其五、徐修境、余皋鳴、羅玉書、陳鏡清、陳釣客、朱興、魏雲鵬、劉南雄……〔註14〕
1929	昭和 4 年	18	讀我書吟社	葉文樞原「竹社」成員。	集門人創立：張純甫、盧瓚祥（史雲）、蕭文賢（獻三）、莊田（禮耕）、鄭指薪（火傳）、周伯達（德三）、蔡錦蓉（希顏）、郭茂松（鶴庵）、蘇清池（鏡平）、徐煥奎（錫玄）、許水金（涵卿）、陳湖古（鏡如）、楊存德（達三）、吳文安、胡介眉、漢秋、祖坤、夢樵、敏鑑、林丹初、黃炎煙（嘯秋）、蔡燦煌（東明）、黃詠秋、張錫祺、友鶴、保柯天賜、三、雪峰、遠甫、莊禮持、曾宗渠（石閣）、文魁、孟玉、洪一擎、金隆、含實、聖和、鄭煙地、燦南。後期社員：清涵、敏燦、圖麟、鄭蘊石、盼青、鄭雨軒、許炯軒、沈江楓、蔣亦龍、邦助、定基、葉旭生、張寶蓮。
1930	昭和 5 年	19	切磋吟社	黃潛淵原「竹社」成員。	集門人創立。
1931	昭和 6 年	20	竹林吟社	謝森鴻等七人（新竹市）原「竹社」成員。	効竹林七賢而名。陳竹峰、謝景雲、許炯軒、鄭炳黃、王火土、郭仙舟。
1932	昭和 7 年	21	御寮（漁寮）吟社	戴還浦（竹北）曾秋濤原「竹梅吟社」成員。	戴還浦集門徒及地方人士創立。劉日昇、曾樂水、戴綸音、曾錦鏞、戴維欽、曾銀波、戴式宜、戴懋甫、王瀛洲……等。
1933	昭和 8 年	22	南瀛吟社	羅南溪（關西）	邀集地方人士創立：郭景澄、羅玉書、陳蒼髯、陳釣客、陳其五、張喚章……等〔註15〕
1934	昭和 9 年	23	大新吟社	藍華峰（新埔）	邀集地方人士創立。副社長：林孔昭、詹文光。

〔註14〕 見《大新吟社詩集》新竹：新竹縣文化局 1990 年 12 月。
〔註15〕 見《大心吟社詩集》新竹縣文化局 1990.12 出版。

					社員：葉心榮、張桂材、楊成泉、陳新龍吳明相、鍾泉春、吳建田（吳濁流）、潘欽龍、潘英龍、詹阿福、楊馨勝、蔡達材、張紹達、羅雲清、謝勝長、曾蘭芳、張桂士、張桂良、鄭維海、蔡步雲、林瑞三、劉世清、劉漁隱、朱春臣、詹氏英……。
1935	昭和 10 年	24	柏社（堅白書屋）（世第三孝人	張純甫（新竹市）原「讀我書吟社」成員	純甫回鄉設塾後，集門人與詩友〔註16〕創立。葉文樞、蕭振開（春石）、陳泰階（伯墀）、鄭葉金木（天鐸）、張寶蓮、劉梁材（梓生）、張國珍（友石）、鄭木生（東青）、陳永昌（穎沖）、吳成德（達材）、陳淋水、陳瑯江、李樹木（樹人）、謝添壽（凱八）、潘欽義（宜徽）、曾廷福（亭鶴）、郭文彬（君質）、陳振基（礎材）、陳萬坤（厚山）、南洲、沈江枋（江楓）、陳蒼石、曾華維（夏聲）、蘇起五、謝振銓、張君聘、蕭新、吳澤生、陳太郎、陳星平、吳承得、保三、謝少漁、漢迪、寶臣、謝載道、傅興、欽仁、鷹秋、少滿、益村、曾文新（小東郎）。
1937	昭和 12 年	26	鋤社	曾東農	鳳崗「來儀吟社」改組
1937	昭和 12 年	26	聚星詩學研究會	徐慎圭（錫玄）	邀集地方人士創立
1940	昭和 15 年	29	柏社同意吟會	洪曉峰原「竹社」成員。	社員多爲柏社社員與地方人士。黃潛淵、謝載道、周春渠、駱耀堂、謝少漁、洪燧初、郭仙舟、陳厚山
1942	昭和 17 年	31	竹風吟社	高華袞、林榮初原「竹社」成員。	邀集地方人士〔註17〕創立。周德三、曾石閣、謝森鴻、朱杏邨、陳湖古、徐錫玄、陳金龍、陳如璧、洪燧初、胡桂林、蕭竹生、陳雲從、黃詠秋

〔註16〕廖一瑾《臺灣詩史》·〈臺灣詩社繫年〉，臺北：文史哲出版社1999年3月，頁54。
〔註17〕蘇子建《塹城詩薈》新竹：新竹市文化中心1994年6月頁332。

1942	昭和 17 年	31	新竹朔望吟會	鄭濟卿、羅百祿原「竹社」成員。	新竹各詩社合組新竹各詩社合組〔註18〕 林榮初、吳蔭培、朱杏邨、吳瑞聰、洪曉峰、王緘三、彭嘉南、陳楚材、張極甫、謝景雲張奎五、郭茂松、曾寬裕
1942	昭和 17 年	31	敦風吟會	不詳	

　　昭和二十年（1945）臺灣光復前後，新竹地區除以上所錄廿餘詩社外，尚有一群爲數不少屬社不詳的詩人們，常以詩文唱酬社交往返於各詩社；如：釋無上法師（青草湖靈隱寺住持）、釋斌宗法師（古奇峰法源寺住持）、釋覺心法師（法源寺第二代住持）、釋印心法師、寒崖、汪式金、沈國材、沈江楓、張國珍（柏社）、陳福全（笑仙）、莊宏圖、李組唐、蔡燦煌、楊椅楠、吳朝綸等，實可謂熱鬧非常；但有些時候筆劍詞鋒擦槍走火時，也常會引發誤會。

　　昭和十八年（1943）九月七日的《詩報》刊載竹風吟會詩人周德三，遊古奇峰感作兩首，引起了一場詩戰。後來《新竹叢誌》也將其中一首收錄在詩文篇留傳下來。其詩如下：

遊古奇峰感作　周德三

石級迂迴步步登，閒遊新刹伴吟朋。畏途曳杖因防犬，疥壁看詩又逐蠅。
城外遠分山外海，寺中倦臥病中僧。古奇峰外斜陽路，多少行人感廢興。

又

興盡青山去復回，薰風吹散白雲堆。卻憐佞佛還多事，未必談經是異才。
野徑漸稀香客過，禪關半爲美人開。法王寺遠堪追憶，日暮鐘聲逐水來。

　　此詩將所見所聞及所感，表現得很坦白，卻也容易被認爲句中有刺，遂引起署名草湖逸隱者之不悅，乃步韻回答。

次德三游古奇峰感作原韻（錄自 1943.9.24 詩報）草湖逸隱

叢林亦許俗人登，頑石他年可作朋。勝地莊嚴來白象，靈山清靜絕蒼蠅。
是眞法界驅魔鬼，何幸奇峰駐聖僧。寄語竹城騷擾客，須知釋教應時興。

又

春燕戶飛秋雁回，倩君移否土成堆。談玄久得生公法，覓句無慚佛印才。
五蘊眞元千葉展，三乘妙諦一經開。劇憐群犬山門吠，禪杖隨身日曳來。

〔註18〕是年由於戰事緊，新竹各社幾瀕瓦解，熱心人士乃倡議合組一大社，每月朔望集會聯吟。

　　詩人吟唱相酬乃平常之事，不過句含諷刺甚至對罵起來，就斯文掃地了。因為答詩不但針對周詩，也一竿子打到竹城的詩友們。所以引起眾詩友圍攻。先後有陳、蕭、曾、彭諸氏發表罵作。加上周氏疊韻，炮聲隆隆，轟動一時。其中陳鏡如〔註19〕詩云：

次草湖逸隱寄德三原韻　陳鏡如

行腳曾聞五岳登，應親頑石點頭朋。人遊勝地當群犬，自掩空門戲小蠅。
漫罵竹城騷擾客，敢稱佛教聖賢僧。一篙押到一船載，名剎如何獲振興。

又

學法名山對岸回，四方聚米可成堆。俗人也有知書趣，佛印真無罵世才。
最是禪參心不動，如何禮失口輕開。貪瞋已背沙門戒，漫道高僧布教來。

　　後來鄭香圃〔註20〕出面勸和，逸隱也否認投稿此詩，遂結束一場詩戰〔註21〕。筆者於竹塹社區大學教學時，常以生活周遭事物即興為題，引發學生們創作古典詩的興趣，以下〈打掃〉，係某假日早晨筆者在家打掃庭院時，即興之作，後即以手機 Line 給「雅韻薪傳班」群組，當日上午學生們給我回饋是：

打掃　筆者

一掃千絲無敵手，不容志氣染塵埃。明心見性思沈靜，滾滾松濤萬壑開。

和老師打掃原玉　李光聲

一帚橫揮似萬手，不平夷盪入塵埃。明明性德真清靜，山海空靈境界開。

自清（步韻試和武老師「打掃」原玉）　鄭會章

玉樹臨風搖素手，紅塵驟雨落微埃，青天麗日自清靜，意轉心隨一瞬開。

步武老師原玉　許偉隆

心隨意轉纏絲手，步踩乾坤惹塵埃。不掃一方非得靜，還吾清淨混濛開。

〔註19〕陳湖古先生，字鏡如或鐵鏦，號陽雲山人，竹塹文人書畫名家。人品磊落，自幼嗜畫，精繪人像，暇時輒作山水，人物以自娛。筆墨流暢，氣韻圓潤，運筆撥墨，依時聘意，無所拘執，先生每畫必以詩詞相配，集其詩題，著成「十錦齋吟稿」存世。在新竹倡議成立「國畫研究會」是「益精會」之先聲。另亦精通琴藝，曾在廣播電台演奏古箏。

〔註20〕鄭香圃（1891～1963），戶籍名水寶，譜名建水，以字行，又字清渠，號梅癡山人，又號醉白。孝廉方正鄭用鑑裔孫。香圃個性豪放慷慨，詩書畫堪稱三絕；一九二五年，曾結合詩友同好，組織青蓮吟社。定期於其宅中課題賦詩，擊缽聯吟，本人尤好遊歷，遍交全島詩友。

〔註21〕蘇子建《塹城詩薈》新竹：新竹市文化中心 1994 年 6 月，頁 158～159。

早安樂　筆者

光聲起和會章來，敝帚千金辭藻栽。班長偉隆遑不讓，三同步韻筆花開。

早安樂（步武老師原玉）　鄭會章

晨鐘木鐸奮詩來，雅韻傳薪勤力栽。青出於藍紅不讓，同聲唱和心花開。

老師我再疊前韻　鄭會章

步詩疊韻用心來，喜見菁莪鬱鬱栽。生是狀元師傅讓，波翻寸槳浪花開。

早安樂（再步武老師原玉）　李光聲

詩詞文藝大家來，薪火唱吟接力栽。競放爭妍紅不讓，傳承世代百花開。

再疊前韻　鄭會章

老師麥擱連環來，急煞秧苗頭倒栽。作對吟詩相禮讓，枯腸苦索腦花開。

李光聲

惠章會長長的快！腦袋勤用不會壞，吟詩作對搭高鐵，來日鰲頭不奇怪。

步武老師〈早安樂〉原玉有感　謝慧綺

吟詩作對道同來，夫子喚頻矻矻栽。捨我其誰今不讓，晨寒忽覺文思開。

再疊前韻　鄭會章

添酒回燈大家來，風花雪月詩心栽。生花妙筆全相讓，喜迎金口一一開。

三疊前韻　筆者

師生連對同心來，妙語如珠陸續栽。一字一詞揖次讓，文耕社大筆田開。

鄭會章

有志一同來，薪傳雅韻栽。棗推梨不讓，舌燦蓮花開（更正）

李光聲

慧綺吟詩作伙來，心田播種又勤栽。新苗代代傳不讓，盼得鮮花一路開。

鄭會章

無懼做詩獻醜來，句佳韻巧筆田栽。詩仙李白也相讓，絕妙好辭花盛開。

四疊前韻　筆者

和詩步韻似泉來，律絕文言同體栽。勵己勵人相及讓，桃源總在庶門開。

這樣也算疊韻嗎？　許偉隆

首首詩信手拈來，句句意有志競栽。字字心當仁不讓，人人作雅韻遍開。

雖然作品用語通俗，文字淺白尚須推敲，但能提升學生們的學習動力，增添生活情趣，亦可說是師生同樂，在教學相長之餘，不失風雅。

三、面對林園百感生的老竹社詩人

不願被日本殖民的臺地詩人們，抱著回到祖國大陸回到故鄉福建（泉、彰），溫馨懷抱的憧憬，卻因不爭氣的政府〔註22〕而再度失望；於是只好打道回府返回臺灣，原有的期待與希望破滅。對離臺避亂的這些臺地詩人們，如王松、鄭家珍、葉文樞、張純甫、張息六等人，在「面對林園百感生」之餘，無可奈何之際，為了固有文化與漢文傳承，同時也為了生計與肚子，於是紛紛結社立塾〔註23〕，這個中之感受，想必是五味雜陳難以言喻，同時為了生存與社會認同所不得不的詩文應酬……，我們從他們的作品中就可知道，當時這些詩人們心中是多麼的無奈：

亂後遊潛園　王松
醉過西州更愴神，潛園無復昔時春。忽看石筍鐫為砌，況說梅花砍作薪。臨水高樓餘瓦礫，藏山絕業化灰塵。傷心來去堂前燕，悲語如尋舊主人。

舟至滬口見臺山有感（二首之一）　鄭家珍
一別臺山近廿年，本來面目尚依然，者番相見多情甚，不斷流青到眼前。

癸亥三月日皇太子莅臺代友人撰頌　鄭家珍
天風吹下朵雲紅，捧出黃離若木東。千里婆婆開博望，五州民物繫深衷。隨車合晉甘霖頌，補袞咸思贊日功。不獨覃恩歌小海，寰遊樂事眾心同。

鄭家珍舉人寄寓於新竹北門外水田街紫霞齋堂時，曾於紫霞書室設寄齋，並自撰短文〈寄齋〉下註乙丑仲秋，其文曰：

「寄齋者何？余於寄留地所自署之齋名也。齋無定處，紙之所在即其處；齋無長物，隨身之物即其物。余即忘此身之為寄，余又何知是齋之有無？則以是齋為無格有之齋也可，以余之寄於是齋為余之寄所寄也可。」〔註24〕

〔註22〕 1895後清廷內政腐敗列強環伺割地賠款地方不寧。
〔註23〕 鄭家珍的耕心吟社（耕心齋）、葉文樞的讀我書吟社（讀我書齋）、張純甫的柏社（堅白書屋）……等。
〔註24〕 鄭家珍《雪蕉山館詩集》（莊幼岳、周植夫、黃錠明編訂）（中華民國傳統詩學會1983年）頁233～234。

爲了生計奔波外地，不能與家人團聚而寄宿他人宅第，天地之闊無有差別。有一年多末鄭家珍寫了一首〈諸生修脯有除夕猶未送至者戲書〉，雖說是「戲書」，但也何嘗不是一個眞實貧苦的生活寫照呢？

諸生修脯有除夕猶未送至者戲書　　鄭家珍

詩舌爲生不礙荒，硯田惡歲又何妨。築臺避債君偏巧，我愧提燈夜索償。

這是多麼尷尬的事，對一個飽讀詩書曾是光緒甲午科舉人，而暮年垂垂的老塾師而言，這又是何等的殘忍與現實，遠在泉州的至親、妻小正等著鄭家珍帶著束脩回家過年呢！

同樣的張純甫爲生計與傳承幾經他鄉，前後遷移館址於新竹、松山、臺北、基隆、等地，萬里長途奔波各地。而葉文樞也是爲生計與傳承，新竹、頭圍、泉州等轉換了好幾個地方，難得安定，眞是同病相憐。

贈張純甫先生　　葉文樞

移硯頻年類轉蓬，松山臺北又基隆。三間老屋歸堅白，萬里長途踏軟紅。書巨療飢藏枉富，詩能作祟詠偏工。十從十不存深意，曲諒貳臣經略洪。

文樞文以詩見贈，次韻奉和　　張純甫

每見麻中有直蓬，何曾道必計污隆。柏松寒歲青還綠，桃李公門白與紅。獺祭先生書不釋，蟲雕吾輩詩難工。他年爐火純青俟，九轉丹成送葛洪。

再次文樞丈韻　　張純甫

海天洲島本瀛蓬，樓閣金銀運正隆。雪下樹宵全體白，爐中碳已十分紅。飢蛇象肉言將實，猛虎猴拳語尚工。我等如爲僧一日，只能鐘叩幾聲洪。

書籍不能療饑，卻枉藏了那麼多。張、葉兩位都有好讀書、好藏書之癖，所以常把餘蓄都充爲購書之資。尤其是張純甫藏書萬卷卻身後蕭條，死後藏書也流散各地，著實可惜。新竹出身，旅居花蓮的老竹社詩人駱香林〔註25〕，在張純甫去世時送他一對輓聯說：

〔註25〕駱香林，名榮基，以字行；1895 年出生於新竹，爲張麟書高足，詩文詞賦書畫專精，與張純甫爲至交迭有詩文往來。1933 年移居花蓮開館授徒；1951 年受聘花蓮文獻會除主編《花蓮文獻》，主修《花蓮縣志》，編輯《臺灣省名勝古蹟集》外，又采五言新樂甫作俚歌《俚歌百首初輯》《俚歌百首初二輯》尚有《聯語》、《題詠花蓮風物》；後人將之編《駱香林全集》行世，1977 年負召修文，享年八十三歲，足爲當代台灣詩文大家。

讀完一書，乃買一書，十年間已通萬卷；

少離故里，老還故里，百歲後宜祀于鄉。

聯下並註說：「純甫輩聲吟社，讀書之多，吾堂無人出其右」。可見香林是相當的佩服他的好學。

四、釋無上法師與竹社、竹城詩人們

昭和十八年（1943）十月八日，竹社詩人蕭獻三從臺北回來看郭仙舟（江波），又聯袂到靈隱寺去進香。這裡的住持—無上上人是一位廣結善緣的得道高僧。僧俗的對談，對人生的看法，對宗教的見解，各有不同的意見。最後以唱和的方式刊在詩報上。

似無無上人，仙舟詞友　蕭獻三

南國秋深尚未寒，野寺尋詩興漫漫，片時能得舒中意，來日邅期計大難；
薦有心香虔即佛，縱無菊釀敬循官，放懷自補登高賦，莫埒黃花十日看。

敬和獻三先生原玉　釋無上

落葉蕭蕭漸覺寒，滿園秋意思漫漫。三生共話禪機妙，一席深談道理難。
喜捨慈悲人作佛，公平正直者為官。物資節約逢今日，淡泊猶須耐久看。

敬和原玉　郭仙舟

車勞枉顧雪中寒，促膝談心思渺漫。千日酒沽千日醉，一時事免一時難。
香行列列參丞相，柏撫森森憶錦官。賦小重陽詩餉我，披吟不厭百回看。

敬疊前韻　釋無上

春日纏經杳兩寒，秋風又感夜漫漫。百年身世光陰短，萬劫恐生解脫難。
但願九蓮居下位，不求一品作高官。任他滄海桑田變，自向本來面目看。

上面四首詩，都使用最先寫的蕭詩原韻：「寒」、「漫」、「難」、「官」、「看」，作韻腳。一唱一和，再疊前韻，回敬一首。像這樣步韻唱和的詩，在當時的詩報上俯拾即是，非常流行。

昭和十八年到十九年間（1943～1944），二次世界大戰與太平洋戰爭都正打得火熱，當時百姓的生活無論是物質或精神，都受到很多的限制與壓抑，世事多變令人苦悶與無奈；雅集便成了文人們最好的宣洩的出口。當時新竹的詩人雅集，常在靈隱寺〔註26〕舉行。因此住持無上法師和他們的

〔註26〕新竹市郊青草湖旁。

唱酬詩有很多次刊在詩報上。當時「竹風吟社」除了開擊缽吟會外，遊青草湖的前述三人及洪曉峰、陳厚山、胡桂枝、郭茂松、周德三、沈國材等都參加僧俗唱和。無上法師都一一步韻回敬。詩意包含詠景、述懷、談禪不一而足〔註27〕：

敬和遊靈隱寺原玉　釋無上

心境無窮豈等閒，大千變化此塵寰。欲明實相真空體，悟契本源流水間。三藏經文深似海，雙兼悲智願如山。涅槃〔註28〕道證超生死，苦樂俱忘念盡刪。

又

清涼境內煽香風，靜聽馴獅吼梵宮，覺岸先登稱佛子，迷津衝出算英雄；一塵遍入諸塵裡，萬法全收一法中，三界從來是牢獄，眾生何苦戀樊籠。

又

浮生萬事總由天，轉眼光陰過百年，苦海無邊因學佛，菩提有願更加鞭；掃除意地空空已，煥發心花燦燦然，欲會瞿曇言外旨，祖師衣缽冀真傳。

又

人情冷暖事全賒，擺脫塵緣便出家，軒冕泥塗同一瞬，窮通貧富等空花；不為世上爭名客，有意湖中伴落霞，彈指百年驚短夢，機心何故日欹斜。

那時正是太平洋戰火方熾，盟軍即將開始反攻，新竹也在遭受盟機的炸彈洗禮之時，無上大師寫了一首希望明年能看到太平的詩。

太平　釋無上

黃花吐秀桂香浮，為寫秋容聚鷺鷗，世事驚心成夢幻，烽煙滿眼漫懷憂；藜羹糲飯無佳味，倚馬雕龍有雋儔，來歲重陽催擊缽，太平和唱佛前求。

結句「來歲重陽」等語，果然言中。民國卅四年重陽節已能在佛前和唱太平之聲，臺灣光復了。詩人們雖無皈依法門，見解亦儒、亦釋、亦道，宛如宋朝蘇學士與佛印和尚談玄的翻版。茲錄幾首：

謹和原韻　陳厚山

秋影橫溪塔影浮，迢迢墨水浪寒鷗。三乘悟徹真無慮，一事成難實可憂。散策松林邀鶴伴，談經竹院會龍儔。閒偷夢裡禪難定，始信空空不易求。

〔註27〕參見《詩報》。蘇子建《塹城詩薈》（新竹市文化中心1994年6月）頁150～152。

〔註28〕涅槃：滅度。謂脫離一切煩惱，進入一切無礙的境界。

同題　蕭竹生

紅塵滾滾等雲浮，斑管蒲團總鷺鷗〔註29〕。不滅不生眞不死，無名無利更無憂。

百年過隙難爲計，半日偷閒樂與儔。任是滄桑多變幻，此身常健復何求。

同題　胡桂林

橫秋豪氣等雲浮，浪跡江湖一小鷗。見性修眞原愛靜，洗心樂道自忘憂。

且將風月當親友，聊把琴書作雅儔。緣結禪關超世外，玄機清福箇中求。

有人說寺廟爲出世修身的清靜之地，凡夫俗子非請莫入，但竹塹地區的清草湖、古奇峰向係名刹寶地，靈隱寺、法源寺更是學問僧住持所在，竹城詩風早已吹入此地，所以法師們縱要出世，也須入世；七十餘年前無上大師傳道，詩人們共參，將無限禪機蘊含於詩詞之中，使人吟味再三，釋、道、儒讓人著實有殊途同歸之感；而於唱酬之際，祥和的人生哲理，亦已昭然若揭於天地之間了。

臺灣詩社之所以能於日據中期以後，依舊呈現蓬勃發展的現象，甚至皇民化時期，詩社活動仍持續運作不受阻礙，實因受著日本官方的刻意鼓勵，甚至到了日據時代末期，第二次世界大戰期間，日方雖積極推行「皇民化運動」，但基隆張朝瑞，所發行之《詩報》〔註30〕在全面禁絕使用漢文之際，尚能按期出刊，刊載各地詩社之擊缽吟稿；可見日本統治者對詩社發展，並未予以積極壓制。日據時期臺灣地方詩社組織盛行，除了上述所言之外，還有可能是日本人覺得「文人雅集吟詩結社」有安定人心的作用，以及對漢唐文化的崇慕心態有關。

日本據臺的統治政策從一開始始政時期（1895年～1915年）的「無方針主義」，到同化時期（1915年～1937年）的「內地延長主義」，再到晚期（1937年～1945年）的皇民化政策時期，是有計畫一步步的教化臺民，漸漸的臺民的武裝抗爭少了，社會秩序表面上也趨穩定狀態；而包上糖衣的毒藥（懷柔與麻醉）也正在發酵當中，可是當盧溝橋事變一起，戰爭即籠罩全臺，而此時皇民化運動也正如火如荼展開，各式的社會控制便接踵而來，知識分子心中的矛盾與苦悶是可想而知的。

〔註29〕斑管是毛筆，蒲團是僧侶坐墊，就是說文人和僧侶都成爲詩友。

〔註30〕《詩報》昭和5年10月30日發行至昭和19年9月（1930～1944）發行人分別爲周石輝、蔡清揚（昭和7年11月18日以後）、張曹朝瑞（昭和8年11月15日以後）每月發行兩次，即每月月初及月中；爲日據時期傳統詩壇詩訊的重要刊物。

　　而在日據中期，新竹地區文風依舊鼎盛，縱使當時的社會氛圍已是籠罩在生活苦悶中，而傳統文人或在書房或在私塾，結社立盟相濡以沫以自我排解，透過寫作閒詠與擊缽應酬變成為一種生活常態了。然而從昭和十二年（1937）盧溝橋事變到昭和十六年十二月七日（1941）日日軍偷襲珍珠港，因戰事轉劇，日本政府對臺的策略轉向，漢文報紙停刊、公學取代書房，在國語家庭，全面皇民化運動下，全臺詩社才逐漸消音，竹社詩人們亦再度默默的走入了另一個世代了。

　　以下的「五、一九三七年之前塹城詩社雅集──閒詠篇」，與「六、一九三九年之前竹塹地區詩社參與擊缽活動部分作品」，為參照蔡瑤瓊女史（竹社前理事長）節錄自《詩報》中，為臺灣光復前塹城詩社同人的部分雅集作品。看前輩文人的作品，遙想當年的社會氛圍與庶民生活；這些文字不止是一時的紀錄，更是臺人歷史記憶的一部分，也是相當值得未來再深入研究的課題。

五、一九三七年之前塹城詩社雅集（閒詠篇）

表十八：一九三七年之前塹城詩社雅集（閒詠篇）自製

詩報日期及期號	詩　題	作　品	備　註
大正 15 年　1926/2 錄自日日新報漢文版	新竹青草湖感化堂八景	林篁堂 彌勒現肚 彌勒尊稱豈枉然　鐘峰南畔若參禪 本無色相何文字　一樣青山腹笥便 寶塔凌霄 寶塔莊嚴結構工　排雲七級照湖中 崔巍比得雷峰未　獨立超然證大雄 鐘峰夕照 鐘峰一角勢堂堂　指點空孔王道場 返照殘霞紅似錦　幾疑佛頂現圓光 山寺朝暉 曉起東窗曙色佳　一林好鳥語喈喈 山僧晨汲携瓢出　貪浴陽光立水涯 双溪環帶 俯看双溪水色濃　瀠洄環帶倩誰縫 祗應長繞招提境　為繫人心不放鬆 五指列屏 五指屏風闌許排　高僧題畫拓胸懷 奇山奇景猶能說　付與詩人賞識偕 柴橋春色 寺外溪光漾一奩　柴橋隱約碧波涵 春煙淡染鵝湖絹　畫意詩情一例參	青草湖八景

		蘆島秋聲 葉捲西風一夜情　鐘聲斷續雜秋聲 白頭野老深更裡　蘆管橫吹烏月明	
昭和 6 年　1931/2/17〔6〕	北郭園雅集	**久保天隨** 撒手相逢處　名園發興新　南山呈壽色 北郭會才人　詩境開常好　交情久倍眞 仍期再游日　紅紫繪濃春 次天隨先生北郭園雅集原韻 **鄭神寶** 南雅文旌降　庭園氣象新　迎年開瑞菊 鎮日待詩人　有酒須當醉　無看亦率眞 森森喬木在　北部百餘春 **鄭養齋** 老拙渾無事　驚看白髮新　形骸猶故我 訕笑任時人　翰墨知交好　園林景物眞 清遊陪杖履　浩蕩小陽春 **葉文樞** 南雅聞名久　今朝握手新　橫青又來我 浮白本輪人　坐客瞻安倍　居停羨子眞 聯吟臨大會　重晤訂明春	唱和詩 久保天隨的詩共有 10 人步韻，選錄 3 人。
昭和 6 年　1931/12/15〔26〕	別文樞夫子	**莊　　田** 許多桃李列門墻　檀欒還居弟子行 角藝騷壇纔故土　傳經馬帳忽他鄉 三年陶鑄情原重　百里馳騁路已長 惆悵濃春分袂後　何時問字到蘭陽	讀我書社成員莊田先生對其恩師將遠赴宜蘭授業依依不捨，賦詩道別。
昭和 7 年　1932/1/15〔28〕	仲冬歸梓承同學諸君招飲席上賦示	**張純甫** 四月同堂尚淺緣　却教君等共情牽 他鄉猶不輕拋也　故里奚曾敢挈然 歸約心期如此水　勞人身世奈何天 仲冬一醉春將到　知是迎筵是別筵	
昭和 7 年　1932/6/1〔36〕	歡迎詩	**鄭養齋** 天教有脚屬陽春　竹邑巡行政日新 垂老猶肩君國重　知公能讀典墳人 無分畛域蒼生望　誕降巍峨富士身 佇看征南化文雅　鯤溟從此不揚塵 **鄭神寶** 遙瞻榮戟耀南天　三月鶯花也結緣 珍重雪山有嚴武　憖無子美好詩篇 築港期成久主催　繁榮市肆富民來 百年大計煩裁決　敢藉巨川作楫才 **張麟書** 三春新霽趁巡行　士女衣冠滿竹城 指點慶雲垂鳳崎　節樓鼓角雜歡聲	南總督於四月十八、九兩日巡視新竹產業、教育、衛生等設施，竹社諸同人賦詩歡迎。 賦詩者計 22 人，選錄社長鄭養齋，副社長鄭神寶及張麟書先生三人的詩。

昭和 7 年　1932/7/1〔38〕	步詩	將離新竹感賦 陳竹峰 無窮感慨痛臨歧　故里重歸合有期 薄歎人情如片紙　紛傷世事等枰棋 生涯不定悲萍梗　別恨長牽怨柳絲 此後休忘舊吟侶　旅懷相慰寄新詩	陳竹峰將離竹赴花，感賦一首，詩友周伯達敬步相慰。
昭和 7 年　1932/8/1〔40〕		敬步竹峰詞兄將離新竹感賦 周伯達 驪歌一唱路分歧　猶是天涯夢遠期 病減聰明需藥石　閒消意氣慣枰棋 輕如逐水桃花片　長不繫人楊柳糸 古竹塹城吟社健　鉢聲日日擊催詩	
昭和 7 年　1932/7/1〔38〕	步詩	花蓮暮春寄懷竹城吟友 陳竹峰 西望家鄉路杳漫　千重離恨總難寬 米崙山上雲猶濕　朝日橋邊雨乍乾 客地鶯花愁裡過　故園風月夢中看 春將歸去人猶濕　怕聽潮聲入戶寒	陳竹峰暮春寄懷竹城吟友七律共三首（選錄一首），詩友周伯達敬步第一首。
昭和 7 年　1932/8/1〔40〕		敬步竹峰詞兄花蓮港暮春寄懷竹城吟友瑤韻 周伯達 故人東海去漫漫　有所能行強自寬 客旅清朝書牘伴　英雄末路酒杯乾 鳥須知倦還林宿　雲有無心出岫看 萬物得時休共羨　菊松三徑不多寒	
昭和 8 年　1933/1/1〔50〕	新年四詠	葉文樞 年賀狀 飛將片紙賀三元　吉語爭題往復繁 幾輩未曾謀一面　還通姓字到豪門 門松 兩行戶外列森森　皮似龍麟葉似針 晚節高於籬下菊　依人還抱歲寒心 鏡餅 蒸糯擣就趁新春　鬒鬖菱花案上陳 好與年糕同一視　團圓說待補吳均 締繩 縱橫絢就掛門前　荊楚遺風海外傳 疑未制成文字日　古人結此紀新年	葉文樞秀才賦詩四首慶賀新年，有其時代背景意義，特錄之。蓋欲了解日治時期過年情景（20 世紀初期）與現今（21世紀初期）之差異。
昭和 8 年　1933/1/1〔50〕	祝文采先生如蘭女士新婚	來儀社一同 共聽笙簫迓七香　賀篇急就費平章 文心善聘同騏驥　采羽雙飛匹鳳凰 如意三生諧夙好　蘭馨滿室兆其昌 新人端合關雎頌　婚譜鴛鴦燦洞房 柏社一同 多情月老注良緣　好頌關雎第一篇 香氣如蘭長馥馥　風流文采已翩翩 應償才子偕双願　合配佳人到百年 試看藍田生玉處　別開一朵並頭蓮	來儀吟社曾文采新婚，柏社、竹社及該社社員賦賀。

		竹社一同 文鸞對舞新珠樹　　采鳳双棲老碧梧 答列位詞兄賜祝詩 曾文采 多歲群仙賜賀章　　清風空暢溢茅堂 明年定步花磚早　　今日新歡意味良 謝表無文慚李白　　騷章舉世擅元長 嗤承惠澤何時報　　權作詩箋答子陽	
昭和8年　1933/5/1 〔58〕	史雲芸兄擬就學 新竹囑覓寓所書 此代柬	蕭獻三 遠詣師門不計程　　端陽重聚約分明 西遊心決儀根矩　　後會期應踐巨卿 翰墨因緣經兩載　　金蘭結契合三年 早偕仲則相携到　　為覓新居已告成 （指漱六芸兄）	1. 由獻三代柬詩可知，文樞秀才回竹後，頭圍盧續祥仍依依不捨，欲隨葉夫子到新竹就讀。特馳函請獻三代覓寓所。 2. 史雲乃盧續雲雅號。 3. 漱六為頭圍登瀛吟社黃振芳之雅號。
昭和8年　1933/5/15 〔59〕	輓麟書張夫子	曾再傳 不幸吾儕失斗山　　斷腸詩就淚潸潸 諸家深討惟尊孔　　後進栽培似鑄顏 黃土半堆人已杳　　青衿一領命偏慳 千秋位置宜何許　　文苑儒林兩傳間 老來絳帳尚高懸　　絕學惟憑一線延 人比先生為六一　　我叨弟子列三千 博聞誰敢嗤書簏　　豐稔多因賴硯田 再坐春風問奇字　　從今可惜已無緣	
昭和8年　1933/6/1 〔60〕	丁卯秋仲遊山腳 海水浴場順途造 曾生秋濤家小憩	鄭雪汀 十里荒原望眼賒　　雷聲隱隱走輕車 遊踪我暫經山腳　　勝會人爭說海牙 南北去來風過耳　　新陳代謝浪淘沙 病軀未敢泝同浴　　且自行吟到點家	鄭雪汀孝廉，名家珍，新竹人。滄桑後歸籍南安，嗣復寓於新竹博覽群書。
	丁卯秋同許生炯 軒遊白地及山腳 海水浴場	鄭雪汀 汽笛西風驛路秋　　雷聲曉過上溪州 偷閑且暫塵囂避　　得趣相期汗漫遊 金粉已消餘白地　　綺霞欲晚幻田邱 水仙自有天然操　　何用成連別刺州	鄭家珍精通天文、地理、曆算及命卜，著有雪蕉山館詩草，由其高足曾秋濤、許炯軒、鄭蕊珠共謀付梓。
	輓詩	戊辰春夢中忽成一律 鄭雪汀 偶現曇花詎久留　　後因前果悟從頭 禍根未必胎情種　　多病非關積舊愁 畢竟刘蘭歸一夢　　不勞采葛賦三秋 他生莫卜今生己　　天竺何人訪牧牛 輓詩　葉文樞 老向鄉關作寓公　　歸舟三度許相同	雪汀夫子曾於一日春夢中，忽成一律，醒後錄之。人均訝其與平日手筆有異，慮非佳兆，不數日遂歸道山。塹城秀才葉文樞夫子特賦輓詩二首憑弔之。

		新詩論辯毫芒析　　舊學商量蘊奧窮 破碎山河悲剖豆　　飄零身世感飄蓬 從今永絕卬須望　　浮海何人話寸衷 平生抱負鬱難伸　　多藝多材莫療貧 占巧傳疑歸日者　　算精名合附疇人 詩才敏捷追文琰　　葬法深微悟景淳 至竟蓋棺公論定　　千秋絕學仰經神	
昭和 8 年　1933/9/1 〔66〕	感詠	李傳興 莫因挫折感前程　　甘自消沈屈一生 試看天中星萬點　　團團猶與月爭明	此詩鼓勵人不要灰心，要有力爭上游的決心。
昭和 8 年　1933/10/15 〔68〕	瓜月望日與表姊戴蘭英劉舜英同謁富美宮有作	戴桂英 一度梵宮禮佛人　　行香抱志氣尝珍 敲鐘聲落漁江止　　擊磬音搖塹港頻 下拜明天同祭日　　步虛後殿恰生春 雲煙縷縷隨儂繞　　法界歸來又俗塵 和前韻　戴蘭英 中元祭罷作騷人　　謁廟雲香亦足珍 看客談經聲朗朗　　聽僧說法感頻頻 煙霞可喜心同潔　　水月堪憐鳥共春 最是三人花下客　　徘徊終日若飛塵 同　劉舜英 莊嚴廟貌拜行人　　姊妹同携列果珍 儂篆香煙層縷縷　　僧敲鐘鼓响頻頻 禪庭綠樹陰如海　　寺苑黃花景似春 到此清談心上佛　　不知濁世劫埃塵	閨秀詩壇 戴桂英、戴蘭英、劉舜英既是表姊妹又是詩朋，能同遊又能相互唱和，真是人間一大樂事。
昭和 8 年　1933/12/1 〔71〕 昭和 8 年　1933/12/15 〔72〕	唱和詩	留別竹社諸先生　旅竹蔡乃登 山明水秀畫澎臺　　文化偏驚海外開 我亦偶然留雪爪　　飄飄鬢髮上蓬萊 身世浮萍可奈何　　一朝分袂唱驪歌 西窓今夜巴山雨　　添得長亭別淚多 奉和留瑤韻并以送行　羅炯南 吟鞭快著到吾臺　　如舊相逢笑口開 莫漫我材歎無用　　芎藭盡有雜蒿萊 濟世今將奈世何　　仲宣作賦且高歌 儒生筆墨英雄膽　　定有風雲際會多 同前　張純甫 久將路柳視章臺　　一任殘花自落開 觀火猶多同隔岸　　何人為剪故園萊 傳經尚有老田何　　廿載空唵麥秀歌 聞嶠瘖痺今更甚　　竹林只惠我咸多	竹社之友蔡乃登先生行將離，竹社同人均和詩送行。 （賦詩者計有羅炯南、鄭養齋、葉文樞、張純甫、謝景雲、郭仙舟等，選錄羅炯南及張純甫二人之詩）
昭和 9 年　1934/2/15 〔75〕	敬步清淵先生五秩大慶瑤韻	陳金龍 五拾懸弧一室春　　高朋滿座慶華辰 培蘭盈砌香堪羨　　種竹千竿雅足珍 愧我無才人盡厭　　聞君有德士爭親 老　益壯年年健　　壽比南山日日新 張文燦 客到稱觴四座春　　漫嗟生世不逢辰	王清淵先生五十初度，新竹詩人敬步原韻的尚有黃潛淵、陳竹峰、許炯軒、曾秋濤、高華袞等人。另謝碑賦祝詩一首。

			功名早鄙羊頭賤　勳業長欽燕頷珍 不與煙霞爲伴侶　惟同木石結交親 遙知祝嘏聯吟日　險韻詩敲鬪句新 郭仙舟 籌添海屋廿回春　會擬耆英繼拱辰 酌斗酒傾前日釀　登盤果薦及時珍 騷人未晤神光契　遠客相逢意倍親 漢代衣冠周禮樂　於今無不倡維新	
昭和9年 1934/3/1〔76〕	成趣園憶鄭虛一前輩	竹塹　黃洪煌 園涉足時趣最長　夕陽山色入書堂 尙嫌教讀他鄉日　歉老嗟卑意味忘 交到忘年見性眞　江山非土獨傷神 哀時每灑陸沈淚　滄海珠遺尙有人 文星墜後成千古　得見遺文己足榮 況是詩名傳海外　神交千里有京卿	七絕四首,選其三。
昭和9年 1934/3/1〔76〕	冬夜懷吳君紉秋	謝景雲 虛度光陰半古稀　幾多事竟與心違 但憑神聖勞工得　難把詩篇換米歸 愁緒可教歡伯散　夢魂常繞左營飛 南方欝抑知多少　寒夜思君欲解衣	
昭和9年 1934/4/1〔78〕	次景雲詞兄寄懷瑤韻	吳紉秋 重陽過後對尊稀　未雪吾仇志肯違 枵腹懶思求飯去　無才寗敢乞詩歸 頭顱漸覺蘆花白　踪跡渾如柳絮飛 差喜獨身生計好　未曾淚泣對生衣	
昭和9年 1934/7/1〔84〕	寄懷謝景雲先生	許君山 三春大會會吟旌　一見傾心鷗鷺盟 白雪騷章同杜牧　烏衣子弟勝韓荊 羅山健筆題書帖　打狗勞人夢竹城 縮地無從胸耿耿　問君何計慰思情 新竹雲天隔　屋樑落月思 詩才同李白　字法比羲之 瞻斗人千里　生花筆一枝 何時重聚首　酌酒笑開眉 敬和許君山兄寄懷瑤韻　謝景雲 羅山三月駐吟旌　牛耳騷壇共插盟 愁煞片時歌折柳　未知何日話班荊 經書叠叠高連屋　桃李株株艷滿城 多謝許渾詩句好　珠璣字字動吟情 躑躅望明月　遙遙寄所思 人情應復爾　吾道欲何之 墻滿栽桃李　辭新愛竹枝 何時一樽酒　兄弟共開眉	跨社詩友的翰墨情。許君山七律及五律各一,謝景雲敬和七律二首,五律一首,各錄其一。
昭和9年 1934/7/1〔84〕	寄懷郭仙舟先生	許君山 汾陽後裔史經鈔　拔幟才能等孟郊 六首懷詩蒙賜和　一心感子結知交 青氈地位吾羞恥　白戰騷壇人解嘲 大會羅山分判袂　丰儀夜夜夢難拋	同上。 高雄君山寄懷仙舟七律二首,新竹仙舟敬和七律二,五律一。錄七律一首。

		敬和許君山兄寄懷原韻　郭仙舟	
		六首高吟仔細鈔　敢誇瘦島和寒郊 先民巢父同歸隱　禪侶宗人本愛交 雅什珍藏魚遠寄　佳音捷報鳥頻嘲 殷勤手盥薔薇露　捧讀華箋未忍拋	
昭和9年　1934/12/15 〔95〕	六十初度述懷	陳金龍 韶華倏忽杖鄉時　往事追思只自知 世味酸鹹嘗已遍　人情反覆感無涯 財如有道儂當取　事若虧心我不為 倘得蒼天相眷顧　回甘蔗境豈難期 年逢耳順眼朦朧　所恨求安願尚空 三畏常存方寸裡　九思早印隱衷中 讀詩自愛消塵慮　貿易為因救困窮 却念生平無大過　癡心猶望振家風	
昭和10年　1935/3/15 〔101〕	陳金龍翁六秩榮壽	張純甫 六十唫哦興始豪　感懷世變語滔滔 咄嗟文酒忙能辨　進止商籌勝每操 克奮大鳴戰鞍鼓　朔饑常飽宴瑤桃 笑余三載思求闕　頗欲從君乞一韜 黃潛淵 知命未幾忽十秋　即今花甲數平頭 和平腹有詩書氣　溫飽心忘富貴求 四德妻賢能好合　二方子順可開休 東坡句妙堪賡壽　有鶴南飛曲唱酬 敬步陳雲從先生六十初度述懷原玉　張文燦 故鄉父老讚稱時　宰肉能均四海知 雖未含飴娛老境　却教餐玉憶清涯 揮毫醉草驚人句　彈鋏高歌聽客為 莫道駒光同逝水　期頤尚有冊年期 賤辰蒙諸吟友惠贈詩篇賦此道謝　陳雲從 生平傲骨厭時趨　六十懸弧自覺愚 愛我鷺鷗佳句贈　嫌儂卑鄙片言無 耽吟豈是求名計　好飲只因娛老圖 寄到詩篇情意重　銘心不敢忘斯須	
昭和10年　1935/8/15 〔111〕	偕純甫蘊石兩先生及献三訪毓川姻臺順途到惟鑄館中	葉文樞 同往逋仙處士莊　風清自不怕驕陽 安心即是黃金屋　適口何嫌綠豆湯 客有健談甘暫讓　主原耽詠惜多忙 九峰館近歸途訪　儼託先生兀者王	
昭和10年　1935/8/15 〔111〕	贈張純甫先生	葉文樞 移硯頻年類轉蓬　松山臺北又基隆 三間老屋歸堅白　萬里長途踏軟紅 書叵療飢藏枉富　詩能作祟詠偏工 十從十不存深意　曲諒貳臣經略洪 文樞丈以詩見贈次韻奉和　張純甫 每見麻中有直蓬　何曾道必計污隆 柏松寒歲青還綠　桃李公門白與紅 獺祭先生書不釋　蟲雕我輩技難工 他年爐火純青候　九轉丹成逐葛洪	

昭和 10 年 1935/11/3〔116〕	重九陪諸師友遊金山面有作	陳伯墀 登高作賦好重陽　自佩茱萸望故鄉 赤日猶炎驕草木　青峯不濯隱池塘 汗流口渴尋茶潤　氣急身疲得椅涼 一到金山鄭家裡　寬心又欲夢黃梁 翻帖爭觀不讓先　因書有趣始磨妍 得看墨蹟徵明筆　似讀清詩太白篇 幾個麻粢餐未盡　一盤米粉忍徒捐 深山可隱能延壽　雖是人間半是仙 喈喈野鳥為誰啼　暑後斷風秋未淒 峻嶺迎前疑路盡　浮雲落下覺天低 群鷗得水如追北　孤鶩催霞欲向西 一去一歸行未定　或車或步意難齊	三首全選。柏社陳伯墀和老師、詩朋同遊金山面，所賦三詩既寫實又眞切。生態、景緻、歡樂友情盡躍紙上。
昭和 10 年 1935/12/1〔118〕	同秋蟾登松嶺寄紉秋	謝景雲 爽吟閣外見斜暉一路行吟上翠微 好景名山遊不盡露營遺跡坐忘歸 松花滿地鐘聲動秋水長天白鷺飛 不信板橋分手後至今猶未返頭圍 次景雲同秋蟾登松嶺韻却寄 吳紉秋 莽蒼蒼處薄寒暉漫把愁懷賦式微 照影成三萍梗撮離羣獨自下埔歸 平生識我傾肝膽萬古才人要奮飛 未製棉衣冬又到不禁消瘦沈腰圍	
昭和 11 年 1936/1/1〔120〕	新年雜詠	陳金龍 鼠來豕去歲時遷　大地春回景物妍 出谷黃鶯鳴樹杪　營巢紫燕語堂前 桃符換罷迎親友　爆竹喧時奏管絃 但願干戈長息影　吾儕共享太平年	
昭和 11 年 1936/2/2〔122〕	祝戴維欽詞兄與吳采蘭女士舉行結婚式	曾楷模 寶扇香車鼓瑟迎　良緣夙契得雲英 延陵淑女沉魚貌　譙國才郎繡虎名 鶣集平林音稱意　睢關流水味深情 早梅香裡蘭徵夢　為祝鍾麟句載賡	
昭和 11 年 1936/10/2〔138〕	村庄偶詠	周伯達 田婦調烹備五餐　年豐多稼有餘歡 家家符得籌車祝　曬粟爭新用簸乾	
昭和 11 年 1936/12/2〔142〕	九日與達材兄遊武侯祠	陳伯墀 莫負重陽節　臨期逸興高　為沽松葉酒 　　　　　　更買菊花糕 布袋仙頭望　孔明廟塔峨　幾行依鐵馬 　　　　　　山徑認銀河 天塹摩登險　竹城眼底收　菊萸新酒泛 　　　　　　風雨小詩留 例作良辰會　聊同禊典修　騁遊逢晚節 　　　　　　贏得滿身秋	

昭和 11 年　1936/12/2〔142〕	悼亡	謝森鴻 二男三女賴誰持　四歲兒啼更可悲 枉我有方存肘後　癡迷一命重西醫	四首全錄 按謝森鴻子謝麟
		返魂無術了餘生　一夕嗚呼嘆不平 三十九年如轉瞬　水流花謝太無情 危急倉皇藥莫施　短修有定數難移 臨終忍聽遺言語　囑咐應憐小女兒 早起晨炊獨下樓　喜兒師率下雄州 離家有母歸無母　忍看兒啼泪不休	驥亦為竹城作詩高手。
昭和 11 年 1936/12/15〔143〕 昭和 12 年　1936/1/1〔145〕	淡水雜詠	登舊炮臺　鄭指薪 石室摧殘壑疊存　留供樵牧弔黃昏 霸圖已逐江山改　鎖鑰空鐫鎮北門 泛淡水江　同人 沙逐潮回港漸塡　怪他跡盡去來船 篙師不解興衰意　苦把繁華說往年 十八王墓　同人 十八人傳共一墳　幾多遺事尚流聞 年豐倘獲籌車滿　野老馨香薦更勤 過阿里荖　同人 家家雞犬盡從容　野碓無人水自春 若把村中風俗問　生涯多半是漁農	

六、一九三九年之前竹塹地區詩社參與擊鉢活動部分作品

表十九：一九三九年之前竹塹地區詩社參與擊鉢活動部分作品

詩報日期及期號	詩　題	左詞宗	右詞宗	左　元	右　元	備　註
昭和 2 年1927/3/22錄自臺灣日日新報	彌勒現肚	鄭養齋	葉文樞	鄭雪汀 不為藏經腹始便 鐘峰南畔坐參禪 肚皮一笑難諧俗 翻讓山靈作孝先	依同左	新竹青草湖感化堂祝武侯聖誕開擊鉢吟會 2～6 名： 林箑堂 鄭氏慰 鄭蘊石 張息六 鄭養齋 謝森鴻 陳竹峰
昭和 6 年1931/5/1〔11〕	燕巢	全體會員合選		一 花癡許烱軒 鳩占何愁與鵲同 小簷簷裡畫樑中 當時王謝堂前壘 料得芹泥落已空	二 酒癡鄭炳煌 銜泥啄草趁春風 營壘都參造化工 莫怨茅簷卑陋甚 樓身郤又勝吳宮	竹林吟社初回擊鉢錄 竹林有七癡，另五癡為 棋癡：陳竹峰 琴癡：謝景雲 詩癡：王少礑 畫癡：郭仙舟 書癡：謝森鴻
昭和 6 年1931/8/15〔18〕	荔枝譜	鄭養齋	張純甫	許烱軒 只將珍果論精詳 不啖奚知色味香 我道君謨偏靳筆 七篇僅述倚群芳	同左 當年象晉著群芳 此譜終推宋蔡襄 一卷渾如兔園冊 日丸風味論精詳	**竹社擊鉢錄** 2～10 名： 王少礑 鄭養齋 高華袞 郭仙舟 陳竹峰 鄭炳煌 陳金龍

昭和6年 1931/11/15 〔24〕	秋閨怨	黃潛淵	林篁堂	郭仙舟 白門衰柳影氋氃 獨對支頤淚半含 漫把婦人心比月 十分未滿夜初三	許烱軒 虫聲四壁听何堪 從此深閨睡不酣 纖錦未成偷盡泪 西風暮雨滿江南	竹社擊鉢錄 2～10名： 陳雲從 黃潛淵 王少磻 林篁堂 陳竹峰 植　三
昭和7年 1932/2/24 〔30〕	竹老	陳雲從	許烱軒	竹峰 細護免編籬 干霄喜可期 化龍休道晚 棲鳳憶當時 弄過多年月 猶存百尺枝 子猷還愛汝 白首不心移	仙舟 龍孫添繞膝 嶰谷久栖遲 葉綴文千个 影搖月一枝 長標君子節 別有古人姿 志獨凌雲抱 虛心似少時	竹社擊鉢錄 2～10名： 烱軒 交甫 少磻 篁堂 湖海 潛淵 金木
昭和7年 1932/5/15 〔35〕	含羞草	黃潛淵	鄭蘊石	伯達 羃煙和雨襯城春 不盡風情未了因 為問汗顏緣底事 王孫歸去有何人	烱軒 葉似含羞未敢伸 托根原上幾芳春 倘能有恥心常在 論德何關笑小人	竹社、竹林吟社、切磋吟 社三社聯吟擊鉢錄 2～10名： 竹峰 景雲 錦樑 大目郁 仙 金龍 堅志 交甫炳煌 雲從 鷹秋
昭和8年 1933/1/1 〔50〕	鳥人	高華袞	許烱軒	郭仙舟 進境思維各不同 人含鴻鵠志無窮 一朝奮翼沖霄去 九萬鵬程指顧中	張筑客 丘隅知止我能同 卻對飛機拜下風 自是身難生羽翼 卌年猶不脫樊籠	竹社擊鉢錄 2～10名： 郭仙舟 張奎五 高華袞 許烱軒 戴墩 陳金龍 戴　永 謝景雲 謝森鴻 曾克家 潛　潤 林篁堂 銅　鐘
昭和9年 1934/10/15 〔91〕	秋中修園 雅集	張純甫	黃潛淵	曾秋濤 木石平泉擬 騷人聚一庭 雅觀三曲徑 欣對四垂亭 苑潤茵鋪地 城荒嶂作屏 省園欽雁列 吾輩共忘形	葉文樞 小集中秋後 名園草尚青 康成推上客 茂叔仰居停 無酒澆胸臆 將詩寫性靈 不須涼月出 吟罷散如星	竹社擊鉢 2～10名： 錦　鏞 謝景雲 陳金龍 鄭養齋 黃潛淵 郭仙舟 曾文新 張純甫 林篁堂
昭和10年 1935/2/1 〔98〕	附驥	德昭	張純甫	張奎五 驥尾追隨萬里翱 雄飛且漫傲同曹 營營人亦蒼蠅似 附會彰名更自豪	許烱軒 驥尾追隨志已豪 長鳴豈得到吾曹 看他多少依人輩 成事何曾汗馬勞	栗社 竹社 來儀社 三社 聯吟擊鉢 2～10名： 曾禮亭 雅　齋 鄭養齋 黃袛齋 喬　材 黃潛淵 許聯璧 顏　甫 陳金龍 曾克家 曾秋濤 曾文新
昭和10年 1935/2/1 〔98〕	小別	張純甫	葉文樞	葉文樞 功課餘閒暫告歸 臨歧分袂倍依依 還家日比離家少 同學何須恨久違	張純甫 每聞臘鼓送人歸 老例年年總未違 不日春風重返棹 又須附驥共追飛	新竹讀我書社擊鉢 2～10名： 金　隆 蕭獻三 黃嘯秋 蘇鏡平 郭茂松

昭和10年 1935/8/1 〔110〕	白紙	葉文樞	黃濟淵	蕭獻三 攤箋枉把硯穿磨 自古酸儒本色多 莫羨銀鉤能透背 不持寸鐵有東坡	許烱軒 久親翰墨未登科 曳白頻年待切磋 笑我文章還後素 絕勝聲價洛陽多	竹社擊鉢 2～10名： 謝景雲 張奎五 謝載道 張純甫 蕭獻三 李傳興 葉文樞 陳金龍
昭和11年 1936/2/2 〔122〕	奇石	葉文樞	許烱軒	保三 可憐無罪著秦鞭 五色鮮明可補天 只爲望夫心不轉 故留怪狀立山巔	沈江楓 自昔媧皇克補天 煉成五彩至今傳 璞完豈只連城價 畢竟人間醜得全	柏社 讀我書社 聯吟 2～10名： 徐錫玄 葉文樞 楊達三 鄭指薪 黃嘯秋 黃詠秋 劉樑材 陳萬坤
昭和12年 1937/1/1 〔144〕	賀年信	張筑客	葉際唐	葉際唐 元旦新禧不厭諛 試思何事可歡娛 光陰往歲悲難返 相慰人偏一字無	張筑客 卌載隨人書吉語 一宵新夢醒屠蘇 春風排闥郵書入 混得梅花雪片無	新竹聚星詩學研究會擊鉢 2～10名： 林丹初 蔡燦煌 黃炎煙 徐煥奎 楊存德 蕭文賢 鄭指薪 黃詠秋 莊禮持
昭和12年 1937/1/1 〔144〕	牛	羅烱南	葉文樞	高華袞 報主分勞不憚忙 一車粟載許多囊 陶朱養畜風還在 五牸興家富敵王	許涵卿 牧豎麾來向草場 下山日夕每偕羊 破燕莫駭田單火 利欲驅人力更強	新竹讀我書社擊鉢錄 2～10名： 郭茂松 周德三 徐錫玄 洪一擎 黃咏秋 蔡東明 楊達三 蔣亦龍 莊禮持
昭和12年 1937/1/17 〔145〕	縛虎	葉文樞	張純甫	張純甫 毀玉群思出柙年 人人色變聚談前 早知他日難於放 得子何勞入穴先	葉文樞 斑奴維縶理該然 肆虐人群歷有年 縲紲誰云非汝罪 試聽歸哭泰山邊	新竹柏社擊鉢 2～10名： 鄭鷹秋 黃嘯秋 葉天鐸 黃咏秋 陳礎材 張國珍 徐錫玄
昭和13年 1938/3/18 〔173〕	冰鈴	張純甫	葉文樞	鏡平 聽時非渴不須煩 初夏街頭處處喧 比似風前淋雨曲 詩情來對玉壺魂	純甫 鳴鸞不復入宮門 急雨空聞驛馬奔 掩耳有誰防冷語 一聲熱客最消魂	聚星詩學研究會 2～10名： 文樞 漢秋 茂松 夢玉 嘯秋 天賜 德三 遠甫
昭和14年 1939/1/1 〔192〕	兔	高華袞	葉文樞	蘇鏡平 皎潔冰毫態絕殊 如今營窟復三無 蟾宮久伴嫦娥住 却笑人間尚守株	同左	讀我書社擊鉢 2～10名： 郭茂松 徐錫玄 周德三 郭友梅 鄭指薪 郭子雲 沈國材 許涵卿 陳如壁

第二節　竹梅詩魂——鄭雪汀

一、經綸滿腹有志難伸

　　鄭家珍先生（西元一八六八年至一九二八年），字伯璵，號雪汀，原籍福建泉州。曾祖舉砂公，贈文林郎。祖父賢濕公東渡來臺，居淡水廳城外東勢莊，務農爲生。父爾質公繼承之。曾祖母王氏、祖母陳氏俱贈孺人，母林氏誥封孺人。清同治七年（西元1868年）家珍出生於竹塹城外東勢莊。自幼聰

明好學，天性純樸；早年就學於竹塹通儒陳世昌（錫茲〔註31〕）門下時，已
顯崢嶸、受人器重，與張麟書、陳如椽、杜家修、黃平三等「憶從問字共師
承，引領群材每服膺。章甫立身何坦蕩，曲江風度自端凝。驚才絕豔黃山谷，
賦性多情杜少陵。三載聯床同話雨，盎然書味五更燈」〔註32〕，因而結爲異
姓金蘭莫逆之交，並互許將來同步青雲。家珍勤儉成性，每日上學途中，均
赤腳攜鞋至城內書房井邊，洗足而後穿之。

　　光緒十二年先生友人蔡啓運因客居竹塹，見咸、同年間先後成立之竹、
梅……等社群龍無首，乃從中奔走，合併竹城諸社改組爲「竹梅吟社」，社員
均爲當地名流，除先生外尚有舉人陳濬之、歲貢林鵬霄、黃如許、李組訓、
吳逢清、鄭兆璜、陳叔寶、劉廷璧、陳朝龍、鄭鵬雲、林亦圖、陳世昌、鄭
如蘭、曾逢辰、蔡啓運、陳編、張貞、戴珠光、鄭養齋、王松等詩人、學者
參加。家珍因早有才名，光緒十三年時年二十歲（西元1887年）即應鄉里要
求，設帳於東勢，開館授徒，啓迪後學；並與寓居竹塹北郭園的名詩人王松
交往頻繁切磋學藝；且仍遊學於蒙師陳錫茲先生門下，此亦見其尊師力學之
本性與爲人。

　　青年時期的鄭家珍，內心充滿著無比的熱情與抱負；爲報效家國一展青
雲之志，於授館之餘（以微薄束修維持家計）即積極準備參加科考，並全力
投入試帖等應舉課業。光緒十四年他考取新竹縣學〔註33〕，十五年歲考，補
爲廩生（有待遇）。至光緒廿年（西元1894年）二十七歲之年，以臺籍人士
取中甲午科舉人，年少登科聲名大噪。此時的鄭家珍對未來充滿著希望，也
正籌劃著下次會試的盤纏。孰料次年的馬關條約，清廷將臺灣割讓給日本，
臺灣士子們的希望已然破滅，國仇家恨一湧而至；五月日軍攻陷新竹，鄭家
珍遂以「受據臺日軍之侮，等於伕役。清掃街路馬糞，因不勝其辱，忿而挈
眷內渡」，返回原籍居泉州府城，以開館授徒，作育英才爲志。

　　鄭家珍家珍挈眷內渡後，居住於泉州府城，其原來在臺門人黃玉成之父
亦挈家內渡，乃租屋同住，玉成仍從先生受業。於時風景既殊，山河易色，
臺地親友天涯邈隔，先生與玉成旅次相依，滄海餘生惆悵之際亦相互憐惜，
而尤以避地之後，得於乾淨土地，願畢此生於昇平世界遂私相慰藉焉。當時

〔註31〕陳世昌（？～？），字錫茲。其餘生平未詳，其詩僅見《師友風義錄附編》。
〔註32〕見《雪蕉山館詩集》1983年中華民國傳統詩學會出版，頁211。
〔註33〕見張麟書〈鄭雪汀先生弔文〉。

泉州南安陳、鄭兩姓經常械鬥不已。家珍原在臺時，即與友人陳澤粟相交甚深，回泉州後與澤粟仍相晤交遊，交相勸化，陳鄭兩姓，受其感召，終不復動干戈，爭鬥遂止。

二、舌耕臺閩地桃李兩岸春

　　光緒廿四年（1898），鄭家珍被保送專科，錄取爲福建全省算術第一名，會考二等，籤分鹽運大使，任豐州學堂正教習，兼觀學所長，持續作育英才。光緒卅一年（1905）先生友人王松〔註34〕所撰《臺陽詩話》刊行，此書一出，風靡全島。其書上卷有兩則關於先生的記事云：「鄭伯璵孝廉（家珍），吾竹鉅子也，自少好讀近世譯本，精於術數之學。乙未，避地入閩，從學者眾，皆游泮而歸；譜弟箴盤亦出其門。在泉有年，造就良多。當道推其算術爲八閩第一。有英儒某氏聞其名，欲往試之，互相運算，竟被所屈。由是名益噪，遠近莫不知其人者。其詩余不多見，僅記其感臺事末二聯云：『虎旗強迫元戎拜，雞嶼終看故壘空。不及月樓身一死（謂張月樓戰死雞籠），猶噴熱血灑秋風。』」及：「臺屬稱師，嘗曰『某先』，講禮法者恒深鄙之，謂近世輕薄子之所爲；不知古人已有用之者，如西漢梅福曰：『叔孫先非不忠也』；顏師古註云：『先猶言先生。』俗例稱呼，或本於此。余記鄭伯璵孝廉寓泉州，其徒張某訪於客邸，問主人曰：『伯璵先有在否？』孝廉聞之，惡其無禮；越日答以詩，有『運蹇文章難入彀，途窮弟子亦呼名。』之句。噫！孝廉通貫古今，竟亦忘此典實。又孔子之門人，如子思所謂『仲尼祖述堯舜』、子貢所謂『仲尼日月也』之類，亦可爲呼名進一解。」〔註35〕

　　民國元年（1912），先生仍在豐州學堂正教習任上，且宿於校舍。《雪蕉山館詩集》有〈十二月十一夜在豐州校舍而上口占〉詩。並註「夜寒微雨余在燈下觀書內子於燈前相對刺繡口占一律（十二月十四夜）」，可見鄭家珍與

〔註34〕　王松（1866年12月22日～1930年1月6日）又名王國載，字友竹、寄生，自號滄海遺民。清同治期間出生於竹塹（今新竹），未成年就展現文學才能，曾入北郭園吟社，專長詩作。1895年乙未戰爭爆發，攜眷回福建祖籍，不料隨即遭盜。1896年臺灣局勢穩定後，回竹塹北郭園吟社繼續漢詩詩文，直至去世爲止共長達30年，對臺灣詩壇貢獻頗力。著作計有《臺陽詩話》、《如此江山樓詩存》、《四香樓餘力草》詩作、《內 渡日記》、《餘生記聞》、《草艸草堂隨筆》雜文等。

〔註35〕　見王松《臺陽詩話》上卷於1905年刊行。臺灣省文獻委員會歷史文獻叢刊，1994年。

其夫人伉儷情深，詩云：

> 蠟炬流輝照晚粧，墨香醞釀雜衣香；瑟琴在御音都雅，刺繡添紋漏正長。
>
> 無限衷情憑意會，暗通眉語卻神藏；劇憐骨格梅花瘦，紙帳清虛不耐霜。

民國二年（1913），先生四十六歲。一月十五日（農曆壬子十二月分九日），先生過鄒魯亭舊設帳處，百感交集之餘賦詩寄情曰：

> 十載星霜一刹那，重來此地感情多；宮牆如故荊花老，夫子泉清尚不波。

辛亥鼎革後，民國雖已成立，但到處仍是兵荒馬亂地方不靖，民國八年（1919）鄭家珍復避地來臺，同時亦是應北門鄭擎甫〔註36〕先生之邀來爲鄭家（鄭如蘭）勘定祖墳〔註37〕，由於新竹地方人士對鄭家珍其學問之淵博深爲敬慕，乃紛紛請求其在新竹設帳講學，鄭家珍遂允所請；首先設帳於鄭擎甫先生家中，至大正十年（1921.民國十年）則講授於鄭秋涵〔註38〕家中。鄭家珍秉性純孝，雖寓居新竹八載，但每年歲末必返鄉省親。

大正十一年（1922）鄭家珍返泉州，隔年（1923）再度返臺，並在竹城水田吳厝教學。當時日人嚴禁臺人講授「漢文」，唯獨特許鄭家珍教學，日人聲稱鄭家珍教的是文學，與政治無關。大正十四年（1925）鄭家珍移帳北門進士第鄭邦焯先生處講學半年，下半年即改在紫霞堂（寄齋）授課〔註39〕，鄭家珍在紫霞堂的教學一直延續到，昭和二年（1927.民國十六年）返回福建泉州爲止。鄭家珍博聞強記，對於各項學問多有研究，除了傳統漢學外，天文、地理、星相、命卜也均有鑽研，而且亦精於西學格致諸書，可說是通曉新學的舊文人。

鄭家珍一生作育桃李無數，在他考上秀才後至乙未年（1895）間即應鄉人之請設私塾於竹塹東勢莊，有黃世元、王石鵬等出其門下；而日據時期，在臺開設書房期間，則有「竹社」諸士地方學人曾秋濤、吳景祺、許炯軒、邱再傳、鄭邦圻、鄭邦熙、魏經魁、鄭蘂珠等，入塾受業。此外，先生亦喜

〔註36〕鄭樹南（1860～1923）又名安柱，字擎甫，號拱辰，晚號水田逸叟，鄭如蘭之子，其餘生平未詳，其詩作僅見《師友風義錄·附編》、《臺陽詩話》。

〔註37〕鄭家珍善勘輿，見其墓誌銘。

〔註38〕鄭秋涵（1880～1930）又名霽光，字盧一，號錦帆，臺灣竹塹（今新竹市）人，爲鄉賢鄭用鑑之曾孫。少承庭訓，受業於鷺江周少雲門下，博覽群籍，諸子百家，靡不研究，而「尤好酒、工詩，善學畫大字」；設帳於竹塹成趣園之守默窩，著意栽培鄉黨宗族子弟。性喜吟詠，爲竹社社員，常邀宴竹塹雅士，如族人鄭以庠、以徵、邦紀，舉人鄭家珍等均爲「冷泉品茗」常客。

〔註39〕位水田吳厝。

好詩文寫作，不僅在光緒年間參與詩盟「竹梅吟社」重興北臺文事之盛，日據時期更加入「竹社」，活躍於當時臺灣南北詩壇。大正十二年（1923），更以「耕心齋」私塾爲底，集合門弟子創設「耕心吟社」，除指導漢詩寫作外；同時也對新竹本地青年組成的「青蓮吟社」、「大同吟社」，多所獎掖提攜，鄭家珍對於新竹地區的漢詩、漢學傳承有其不可抹滅的貢獻。以下爲筆者整理鄭家珍乙未（1895）之後，寓臺八年時程簡記：

表二十：鄭家珍乙未（1895）之後，寓臺八年時程簡記

西　元	民　國	日　本	鄭家珍往返臺省與閩地
1919 年	8 年	大正 8 年	辛亥鼎革，國內地方不靖，鄭家珍復避地來臺，同時亦應北門鄭擎甫先生之邀來爲鄭家（鄭如蘭）勘定祖墳，地方人士對其學問之淵博深爲敬慕，請求其在新竹設帳講學，鄭家珍遂允所請；首先設帳於鄭擎甫先生家中，，鄭家珍秉性純孝，雖寓居新竹八載，每年歲末必返鄉省親。
1920 年	9 年	大正 9 年	設帳於鄭擎甫先生家中。
1921 年	10 年	大正 10 年	元月（農曆臘月）回泉州過年，農曆過年後返臺授課講授於鄭秋涵家中。
1922 年	11 年	大正 11 年	元月（農曆臘月）回泉州過年，農曆過年後返臺授課
1923 年	12 年	大正 12 年	二月（農曆臘月）先生夫人爲其生兩男，三月（農曆過年後）返臺，四月設帳於水田吳家耕心齋。
1924 年	13 年	大正 13 年	元月（農曆臘月）回泉州過年，農曆過年後返臺授課
1925 年	14 年	大正 14 年	元月（農曆臘月）回泉州過年，農曆過年後返臺授課；本次攜眷渡臺，同作客於水田紫霞齋堂。
1926 年	15 年	大正 15 年 昭和 元年	設帳於新竹水田紫霞齋堂。
1927 年	16 年	昭和 2 年	元月（農曆臘月）回泉州過年，四月返臺，本次歸臺較歷年爲晚係春雨之故。十二月廿四日即返泉州，緣老病思鄉，較往年爲早。
1928 年	17 年	昭和 3 年	四月先生赴召修文駕返道山，享年六十一歲。

三、作育英才惠我竹城

　　鄭家珍舉人寓竹期間，亦曾受北門鄭肇基〔註 40〕禮聘爲西席，不久即辭

〔註40〕鄭肇基（1885～1937）字伯端，出生於竹塹城北門外，鄉賢鄭崇和第三世孫，保有中國傳統士紳地位。此外，自明治三十二（1899）年始，在北郭園夜學會「嚶嚶學會」學習日語及近代新知。爲工商界舉足輕重人物。於地方事務

退。此後陸續教讀於水田吳氏「耕心齋」等地，並與竹塹詩人王松、葉文樞、葉文猷、鄭樹南（拱辰）、鄭以庠（養齋）、鄭秋涵（虛一）等酬唱甚密，並指導新竹公學校同仁組成之「亂彈會〔註41〕」習作詩文，對後起學子組成之「大同吟社」，「青蓮吟社」等亦多加獎掖提許，並集合門下弟子組「耕心吟社」，宏揚詩教。當時日人本極力阻止臺民學習漢學，且會多方刁難取締，唯獨對人品道德敦厚的鄭家珍特別優容，以家珍所授有益修身勵志，純為進學，不加禁制。

　　家珍教學時，嚴肅認真，準備週詳，教材吟誦熟練，不需翻閱書本，時時以「學然後知不足，教然後知困」自勉。除古文辭外，天文、地理、曆法、算術、星象、卜筮等，無不精專，且皆能窮探奧妙。嘗自言「平日無一日不觀書，無一歲不授徒，至若分外事，分外財，則漠然不屑也」；鄭家珍寓竹共計八載，作育桃李無數，其於日人統治下，對漢文化的推廣與保存，貢獻極大；此外他於本邑寄寓期間，創設「耕心吟社」傳承漢詩、漢學，並且擔任由新竹公學校及女子公學校本省教員所組成的「亂彈會」的詞宗，對於新竹地區詩社活動與詩風的提振，影響至深厥有裨益。鄭家珍平素即有寫日記之習慣，又其客竹期間撰有紀事，署曰《客中日誌》，記載時間自癸亥（1923）八月十三日至丙寅（1926）七月十一日止；即 1923 年 9 月 23 日至 1926 年 8 月 18 日，大抵真實記錄了先生他每日的生活作息，與一切人際往來情形，以及參與當時詩社活動的種種訊息，實有助掌握當時新竹地區文壇之概況。

　　昭和三年（1928）四月，返回家鄉過年省親的鄭家珍，病逝於南安祖厝享年六十一歲。遺著有《倚劍樓詩文存》泉州古華閣書局刊行，皆器局恢宏，旨深意正，臺灣鮮見傳本，《師友風義錄》書中頗多收錄，又有《雪蕉山館詩集》於一九八三年經門下弟子整理後，由中華民國傳統詩學會出版，書中除收錄各體詩外，並將聯語、詩鐘、詞文、歌曲一併收入。鄭家珍生前作育英才無數，可謂桃李滿天下，他的學生與他之間的感情，也幾乎是亦師亦友；其墓誌銘即是由黃玉成先生所撰，其文如下：

　　　積極參與活動，在「年功序列」的原則下，繼拱辰、神寶後加入，無役不與。1924 年配授紳章，先生於藝文甚有惠心，對詩社活動亦頗參與，大正三年將其祖香谷（如蘭）詩稿編校成《偏遠堂吟草》刊行，施士洁（1855～1922）譽為「雖不能詩，其人傳矣，況更能詩乎哉」。

〔註41〕日據時期由張麟書，鄭家珍、曾吉甫、黃旺成、李良弼、吳萬來 等人組成，由新竹公學校和女子公學校本省教師等參與研究詩文，每月均有集會課題。

雪汀鄭家珍先生墓誌銘

余師雪汀先生，捐館數日，其弟伯齡告余曰：吾兄之喪，將以今年四月二十六日，葬於淺寮山不可以不銘，銘之莫如子宜，嗚呼，吾師所交皆當世鉅人長德，及門弟子，亦遍海內外，其品學足以銘吾師者何限，乃不請於彼，而獨命余，豈非以余受業於師最久，知師最悉。又同避地內渡，可哀之事，皆宜見於余文者，所以獨命余乎，余與師臺產也。師以臺籍，登光緒甲午賢書時年二十七，余年始十二耳，越乙未歲，先君子命余受業師門方是時，師年少登科，才名籍甚，論文親友，日相過從，余上學時，輒見戶外履恆滿，是歲清廷割臺，臺地鼎沸先君子挈家內渡，師亦移籍歸泉，於郡城僦屋同居，余復從受業，風景既殊，山河亦異，臺地親友，邈隔天涯，惟余與師相依旅次，桑海餘生，惆悵相憐惜也。然猶有一事，以私相慰藉者，爲避地後，得在乾淨土，畢此生於昇平世界耳，迨辛亥鼎革，地方多故，己未春，師復避地渡臺，就臺人詩社之聘，嗣是寓臺八載。惟每歲一歸省親，余亦流離轉徙，與師日疏，丁卯冬師由臺抱病歸，至春更不起，於是而歎前後同一遭亂，欲再如曩時相依相保，亦不可得，嗚呼，可哀也已，吾師世系，贈文林郎，諱舉砂曾祖也。諱賢濕皇祖也。諱爾質皇考也。曾祖姓氏、王祖姓氏陳、俱贈孺人，母夫人林，誥封孺人，配蘇孺人前卒，繼配王，師博覽群籍詩古文辭外，凡天文地理，曆法算術，星命卜筮，無不窮探奧妙，著有成書，詩尤工，所著《雪蕉山館詩集》藏於家，由廩生中光緒甲午科舉人，戊申保送專科，取錄全省算術第一名，會考二等，籤分鹽大使，任豐州學堂正教習，兼勸學所長，民國戊辰三月初十日，辰時卒於家，距生同治七年，戊辰七月十六日午時，享年六十有一，男四，長榮俊，豐州學堂畢業生，次榮水榮璇榮璣俱幼，女四，三者名慰，特聰慧，十歲即能詩，尚待字，餘適人，孫男二，登洲登峰，榮俊出，師天性孝友，卒前三日，尚往慰其母，詭言己身無恙，遇諸弟尤有恩，三弟婦早寡，恤之惟恐不至，待人接物，一出至誠，古貌古心，一望而知爲長者，生平無一日不觀書，無一歲不授徒，分外事分外財，則漠然不屑也。甫五旬，即頭白齒脫，余固已哀其早衰，而遂至於此，豈重遭喪亂，精神暗耗於奔走憂患

中耶，師諱家珍，字伯璵，號雪汀，世居南安崎口鄉，其祖遷居臺
之新竹，乙未移籍歸，仍爲南安人，銘曰，吁嗟夫子，身際桑滄，
其學則富，其遇則窮，雖飄然世外，終愔然寸衷，錦繡心腸，水悶
幽宮，發爲書帶，墓草叢叢。

當時與鄭家珍情同手足的同窗好友張麟書〔註42〕，在得知他赴召修文後，哀痛逾常食難下嚥，後於先生將行安厝之禮，葬于淺寮山之時，含淚撰下〈鄭雪汀先生弔文〉以慰其靈：

維戊辰古曆四月二十有六日，亡友鄭君雪汀將於本日寮山行安厝之禮，謹繫詞以哀之曰：

嗚呼！鄭君往矣已矣，惟是前塵影事縈余懷思，輾轉寤寐而不能已也。君年弱冠，與余同遊陳錫茲夫子之門，塾中習舉子業者二十餘，而君爲天馬，驅騁文場，辟易萬夫，師國器目之。時有陳夢花、杜有輝、黃雲階三君子，同契金蘭，共相磋琢。戊子試童軍，君以府案第一人入泮。已丑歲試，君食廩餼。甲午鄉闈，君賦鹿鳴。黃君先一年卒。無何鯤洋羹沸，君避地溫凌，勞燕東西，忽忽一十九載。陳、杜二君亦先後赴召修文，同學知交，凋零過半。君於甲寅夏五，東渡省墳，面晤黃弟戒三，喜曰：『平三有弟矣！』平三者，雲階之字也，乃從舊雨聯爲新盟，作歲寒三友圖。君有句云：『自古占梅曾數五，於今對月恰成三。』作東渡行一篇，蒼涼沈古，情事宛然。嗣後梧松鳳鶴，暫爲新竹寓公，而攜眷重來，安硯北郭，賴以凌霄一指，撐斯文於不墜。滿城桃李羅致公門，可爲莘莘學子幸，亦爲君之避難慰！去秋九月，過訪蕭齋，促膝淡（談）心，自傷年華繞花甲，老病日侵，蒲柳光衰，爾我能得幾回相見？雖然自其變

〔註42〕 張麟書（1856～1933），新竹人，名仁閣，字麟書，以字行，又字孟仁，號焦庵。家境貧寒，賴剖製蓪草紙爲生，利用工作餘暇開卷苦讀。日本據臺之初，聞其品學出眾，聘爲新竹公學校漢文專科教師（1897～1916），擔任三年級生以上課程。當時臺灣總督府編有「漢文讀本」作爲統一教材，然而張氏以該讀本不合學生所 需而拒用，自行由傳統中國古籍中選取教材，日人無如之何。又因其教學嚴格，學生敬畏有加，成績亦爲全島之冠，日籍同僚亦待以師禮。教學之餘，張氏與鄭家珍、曾吉甫、黃旺成等成立「亂彈會」，由新竹 公學校與女子公學校之本省教師共同研究詩文，每月集會課題，由張氏評閱指導。退職後，仍於家中設置 書房，供有志青年學習漢文。富紳鄭肇基、黃鼎三等亦禮聘爲西席。1924年日人擬廢棄漢文，張氏設立漢文專修書房，致力傳承漢學。

者觀之，古今曾不能以一瞬；自其不變者觀之，則彭殤可齊、死生可一，而又何悲乎？惟八旬慈母、六歲孿兒仰事俯畜，中途捐棄，甚可哀也。余聽其言，回思戒三，年未五十，養生不善，追隨乃兄於泉臺；君今精神無復曩時煥發，余則菖氣蒼然，生意將盡；後顧茫茫，伊於捐底！不禁相與之感慨，歔歔泣數行下。冬臘南歸，河梁握別，曾約今春二月，仍渡婆娑洋，重與吾徒聚首。諸同人遙望文旌，眼爲之穿。村人譎言：傳君病劇，余戚戚然憂。旋見朵雲飛下，云在本鄉長通德常校，兼主別校講席；予欣欣然嘉。不圖靈耗傳來，君於三月十日遽赴道山，遺下衰親稚子。捐天不恤，而降此鞠凶耶？豈所生有自來，甚有所爲耶？抑有石上夙因，將談牧豎以了之耶？此理不可解，而命不可知矣。嗚呼！鄭君往矣已矣，流波絃絕，元伯魂歸。國事之傷，子猷之感情之所鐘（鍾），正在吾輩，余獨何心，能不悲哉？」

鄭家珍褻友吳蔭培亦作有〈輓雪汀先生〉七律一首〔註43〕：

千古斯文賴謹持，七年爲友更爲師；別君頻洗哀時淚，寄我曾傳遺興詩。
向願未酬憐弱息，萊身遽殞痛慈幃，八閩算學推推一，乍奈回天力不支。

秀才葉文樞亦有〈吊鄭伯璵孝廉〉七律一首〔註44〕：

平生抱負鬱難伸，多藝多才莫療貧。占巧傳疑歸日者，算精名合附疇人。
吟懷高淡宗元亮，數法精微悟景惇。至竟蓋棺公論定，千秋絕學仰精神。

昭和七年（1932）二月，先生門人曾秋濤〔註45〕、許炯軒〔註46〕至適園走訪李濟臣〔註47〕，語曰：

〔註43〕 吳黃張谷誠《新竹叢誌》十二輯·〈竹塹拾遺〉新竹：新竹市立文化中心 1996年 6 月，頁 439。

〔註44〕 吳黃張谷誠《新竹叢誌》十二輯·〈竹塹拾遺〉新竹新竹市立文化中心 1996年 6 月，頁 439。

〔註45〕 曾秋濤（約爲 1890～1957），世居竹塹，字壽三，名三省，祖籍泉州同安。少時師 事曾逢辰，後參加竹社、 耕心吟社，受教於舉人鄭家珍。歷任庄協議員、保正兼聯合會長、新竹水利評 議員等職。後創立漁寮御 江吟社（簡稱漁江吟社、又名御寮吟社）、來儀吟社。

〔註46〕 許光輝（1901～1978）字炯軒。鄭舉人家珍之高足。爲人儒雅敦厚，懸壺濟世。雅集詩作，每有出奇佳句，竹林七癡一。

〔註47〕 李濟臣（1875～1936），幼名其昌，名欽曾，字世會，號卜五，別署「適園老人」）生於竹塹北門，幼失怙恃，零丁孤苦至於成立。少有大志，持身嚴謹，處理事務，毫不苟且。口齒伶俐，文才洋溢，除長於古文外，其詩亦清適可

「先師雪汀夫子，松楸已拱，遺稿無存，今者收拾叢殘，將付
剞劂，庶不朽其人。子與吾師善，其序之母辭。」

濟臣許諾之，昭和八年年（1933）三月十日，李濟臣撰成〈雪蕉山館詩集序〉，
文末云：

「言笑如昨，而孝廉歸道山已五年許矣。一序之微，經年負諾，
非關疏懶，亦以交最親且久如張先生（麟書）者病未暇作，因之逡
巡。今雖張先生往矣，曾（秋濤）、許（炯軒）二君於時為詩人，力
足以得能詩者序其集，顧屬於韜晦之人，似其意別有在者。沘筆弁
言，蓋有不勝惘惘矣！孝廉少勤劬，凡天文、地輿、曆數之學，階
汎其涯，詩文特緒餘耳，而所詣絢爛情奧，世有定評；然不自愛惜，
隨亦散去，故雲篇賸墨亦僅留此區區，余捐能無感耶？」〔註48〕

就在這一年鄭家珍的同窗好友張麟書先生也駕返道山了，享年七十七歲。

一九八三年即中華民國七十二年，鄭家珍去世的五十五年後，其門下諸
生痛感教澤情深，師恩罔極，決將遺稿儘速付印傳世，恐或謄錄有誤，乃由
鄭家珍的表姪女（亦為其高足）鄭藥珠女史，將餘集分類整理，就正於中華
民國傳統詩學會理事長林錫牙，錫牙慨諾為題簽並出版；而詩人莊幼岳、周
植夫、黃錠明等共為編訂，遂順利付梓刊行。鄭家珍門生林麗生為《雪蕉山
館詩集》撰「跋」文云：

瀛海決決，師嶺蒼蒼，竹塹秀壯，絳帳流長。回憶立雪師門，
得沾春風化雨，雖事隔數十寒暑，但緬懷往事，恍然如昨，寧不使
人感慨系之！

雪汀吾師，生平著作多矣，門人欲集者亦久矣，乃吾師逝世多
年，而集未成；不集之多而集之少，不集之早而集之遲，何耶？蓋
吾師生性豁達，誠如李前輩所言：其不自愛惜，隨之散去，是以著
作雖多而留存者少。吾師辭世後五載，我門人中曾許二同學有心將
遺稿整理後付梓，奈彼等先後謝去，駒光過隙歲月如流，匆匆又逾
半世紀矣！諸多同學亦各因事忙，而遷延致遲遲未竟心願，實亦難

誦。日本據台後，以地方耆老待之，多方致意、籠絡，並贈紳章，以示尊重。
一九二○年後，任命為新竹街協議會員，勉而應之，不以為意，不久以志趣 不
合，辭職而去，築別墅南郊，名曰「適園」，課讀督耕，怡然自樂。因鑑於當
時風俗習慣，跡近荒誕，草擬「葬禮改善案」遺稿，以矯正世風。
〔註48〕 鄭家珍《雪蕉山館詩集》李濟臣序，臺北。中華民國傳統詩學會1983年出版。

辭惌期之咎，傳道、解惑、執經問難，教澤情深師恩罔極，午夜夢
回莫不百感交集。爲報師恩於萬一，決將遺稿儘速付印以傳世，吾
師在天有知，或責其餘墨有失之眞乎！謄錄有傳之誤乎！

　　癸亥孟夏由同學鄭蕊珠女士餘集分類整，並就正於中華民國傳
統詩學會理事長林錫牙先生，蒙慨諾爲題簽並設計出版；又蒙名詩
家莊幼岳、周植夫、黃錠明諸先生允爲編訂，使本集得以順利印刷。
爰在此先致謝忱，暨願斯集能受文人墨士珍惜收藏，得與河山同爲
不朽則幸甚矣！」

　　是年（1983）十月，鄭家珍遺著《雪蕉山館詩集》由中華民國傳統詩學
會在臺北出版，依版權頁所列，編輯者爲編輯委員會，召集人爲林錫牙，委
員爲莊幼岳、周植夫、黃錠明、施奕義，執行編輯爲幼岳與植夫，校稿者爲
鄭蘂珠，而印贈者則林麗生也。卷首有先生遺像，並有麗生所錄先生隸書體
自撰之聯對：

　　　　雪偶印鴻，尋遊釣於童年，某山某水尚存泥爪；

　　　　蕉曾覆鹿，悟塵勞之幻夢，浮名浮利俱化煙雲。

此書名爲詩集，除收各體詩作外，尙有聯對、詩鐘、詞、文、歌曲等，亦予
收錄；而亦有未及收入者，如於《新竹叢誌》中所載的〈李君文樵廣文哀詞〉、
〈蘇肯堂先生墓誌銘〉，及民國二十年陳秦纂輯《南安縣志》卷之二十五「忠
節」所採呂伯宗傳，皆其例也。至其墓誌銘所云：「天文地理、曆法算術、星
命卜筮，無不窮探奧妙，著有成書。」這些著作或毀於戰火，或湮沒於江湖
山川，諸書之下落，已不可得之；實有待進一步之訪尋，我們期待有一天他
會重現。

第三節　耕心吟社與耕心吟集

一、耕心吟社

　　據《新竹市耆老訪談專輯》[註49]鄭蘂珠女士回憶記述：民國八年（1919）
新竹出身的甲午科舉人鄭家珍字伯璵號雪汀，由泉州回臺寓居新竹八載。他
本來是應聘爲鄭家勘定祖墳，因地方人士仰慕其才學請求其留下設帳授徒，

〔註49〕《新竹市耆老訪談專輯》新竹：新竹市政府八十二年六月出版，頁 62～68。

起初在鄭擎甫家中，後來改在鄭秋涵館裏。大正十二年（1923）時則改在水田吳厝講授詩學，爲倡詩藝，並應學生的請求，家珍師生遂在吳厝以「耕心齋」子弟爲班底，組織成「耕心吟社」，並利用每日夜間講授詩學指導學生鑽研詩作，吟社成員有詩作累積抄本結集，稱爲《耕心吟集》。

而《耕心吟集》之能留存至今，實得力於編輯人魏經魁（伯梧）先生，他細心的用小楷毛筆，以工整的歐體楷書抄錄裝訂成冊，其功力之深厚，眞令人歎爲觀止。全集詞宗十一名，社員四十五名，分詠四十四題，以五絕、五律及七絕吟成。其中大半以七絕出現。相較於當時已成集只有七絕詩的《臺海擊缽吟集》〔註50〕，在體裁方面，又有截然不同的進展。

《耕心吟集》與成集的《臺海擊缽吟集》最大的不同之處，是除了體裁有進展之外，就是多了詞宗的評選與排列名次。這樣一來可讓生徒們瞭解那些詩是好的，那些詩較爲不受詞宗喜愛；二來可讓名列前茅的作者產生成就感，或受人肯定進而更加努力習作。

《耕心吟集》目錄裏所列的詞宗有十一名，都是當時的碩儒名師，堪稱陣容浩大。那時全臺各社擊缽聯吟成風，「臺灣文化協會」在大正十二年（1923）秋天舉辦文化講習會，翌年春連雅堂創刊並主編《臺灣詩薈》，更促使詩社活動蓬勃展開。各地詩社此時如雨後春筍般陸續成立。而這些詩社有很多是以塾師爲社長，生徒爲社員的半教學性組織。「耕心吟社」的詞宗，除了舉人鄭家珍是塾師兼主盟者外，鄭養齋是貢生，曾吉甫、葉文樞、鄭濟卿、黃潛淵、高華袞、林浴沂是秀才。林鐘英、張純甫、鄭虛一爲儒士。他們都是私塾的教師，也是熱心推廣詩學的前輩們，是一種以私塾爲單位設立的詩社。

廖雪蘭教授《臺灣詩史》中的〈臺灣詩社繫年〉，依詩壇記事年表的排序，「耕心吟社」是日據時期新竹地區除復名的「竹社」外，最先以塾師加上學生爲班底設立的詩社，其後則有葉文樞的「讀我書吟社」，黃潛淵的「切磋吟社」，戴還浦的「漁寮吟吐」，及曾秋濤的「來儀吟社」，張純甫的「柏社」等，這些詩社的成立，也造就了新竹詩壇詩社間聯吟的全盛期。

耕心吟社的社員群，按《耕心吟集》所刊的詩作統計，共有社員四十五名，然均以末冠姓的雅號具名於詩作之後。因爲事隔九十餘年，這些生徒後

〔註50〕蔡汝修編《台海擊缽吟集》，台北：龍文，2006 年；原於明治四十一年（1908）由蔡啓運之子蔡汝修編輯問世。

來在全省詩壇馳名的，如鄭香圃、謝森鴻、謝景雲、許烱軒、陳竹峯等均已去世。所以眞實姓名無法稽考。根據業師竹社社長蘇子建先生，於前幾年訪問當時還在世的陳竹峯老前輩（早已移居花蓮多年 87.5.27 逝世享壽 99 歲）他也說爲時已久，忘記了他們的姓名。是以據蘇老師的筆記，按圖索驥（吟集裡雅號），查到「耕心吟社」的社員姓名羅列出如下：

植三：黃植三。曾任公學校教師，黃珍香後裔黃鼎三之弟。

奇烈：黃其烈，中醫師。前省立新竹醫院黃共榮副院長尊翁。

香圃：鄭香圃〈梅癡，醉白〉鄉賢鄭用鑑之孫，詩書畫家。

瘦菊生：陳旺成，新竹縣文獻委員會主任委員，黃繼圖律師尊翁。

鐵鎹：陳湖古〈鏡如鐵鎹〉詩書畫家。

森鴻：謝森鴻〈啓書〉中醫師，鴻安堂中藥房〔註51〕店東，曾任竹社社長。

烱軒：許光輝〈烱軒〉中醫師，竹社詩人，前新竹客運公司副總經理許新民之尊翁。

景雲：謝大目〈景雲〉土地代書、書法家、曾任竹社社長

郁仙：鄭炳煌〈郁仙、旭仙〉塾師。

碧秧：鄭江山〈碧秧〉。

占梅：鄭經魁、貢生魏篤臣之後裔。

藥珠：鄭卻〈藥珠〉齋教先天派紫霞堂堂主；鄭家珍舉人表姪女與學生。

竹峯：陳堅志〈竹峯〉竹社詩人，曾任花蓮縣縣議員，蓮社社長。

瀛槐：曾瀛槐，曾任北區保正。

漢德：鄭榮俊，係鄭雪汀舉人哲嗣。

榮慰：鄭榮慰，係鄭雪汀舉人三女。

伯梧：魏經綸先生。

其他尚無法考其姓名者如下：

杏農、省三、季雍、節侯、塈南、傑臣、扯堂、問渠、魁俊、陋齋、聯璧、呈奇、水柳、劍雄、橫舟、子擎、士錦、淑潛、雲山、泛舟、簣舟、斯得、雪奄、犖、步雲、完眞。

二、詠物、課題與唱酬的《耕心吟集》

　　《耕心吟集》全集的題目大致與傳統的擊缽吟集相同。只不過是詠物的詩比蔡汝修所輯的《臺海擊缽吟集》增加不少，而且題目的字數也較以往減少許多，一見就可以知道，此乃爲師生切磋指導正在磨鍊階段的作品。其詩題如下：

題目一：種竹　　　　上平一東韻　　詞宗：鄭家珍家珍（雪汀）　　錄十七首

題目二：花影　　　　上平二冬韻　　詞宗：鄭家珍家珍（雪汀）　　錄十八首

題目三：綠意　　　　下平五歌韻　　詞宗：鄭家珍家珍（雪汀）　　錄十六首

題目四：粉蝶　　　　上平四支韻　　詞宗：鄭家珍家珍（雪汀）　　錄十五首

題目五：催詩雨　　　上平三江韻　　詞宗：鄭家珍家珍（雪汀）　　錄十二首

題目六：聞雷失箸　　上平十灰韻　　詞宗：鄭家珍家珍（雪汀）　　錄十一首

題目七：嫦娥奔月　　下平十一尤韻　詞宗：鄭家珍家珍（雪汀）　　錄十五首

題目八：謹步和雪汀夫子

　　　　　留別瑤韻　　上平十二文韻　詞宗：鄭家珍家珍（雪汀）　　錄十七首

題目九：海水浴　　　上平十四寒韻　詞宗：鄭家珍家珍（雪汀）　　錄十一首

題目十：採茶女　　　上平十一眞韻　詞宗：鄭家珍家珍（雪汀）　　錄十首

題目十一：葛巾　　　上平二冬韻　　詞宗：曾吉甫（逢辰）　　　　錄十首

題目十二：霜葉　　　下平十一尤韻　詞宗：鄭家珍、鄭養齋　　　　錄十四首

題目十三：瓶菊　　　下平十一尤韻　詞宗：鄭家珍、鄭養齋　　　　錄十八首

題目十四：鳥語　　　上平六魚韻　　詞宗：鄭家珍、鄭養齋　　　　錄廿八首

題目十五：歸帆　　　上平十五刪韻　詞宗：鄭雪汀、葉文樞　　　　錄十八首

題目十六：秋月　　　下平八庚韻　　詞宗：鄭養齋、葉文樞　　　　錄十八首

題目十七：鐘聲　　　下平一先韻　　詞宗：鄭養齋、葉文樞　　　　錄十四首

題目十八：村行　　　上平十灰韻　　詞宗：鄭養齋、葉文樞　　　　錄十一首

題目十九：寒梅　　　上平十一眞韻　詞宗：鄭養齋、林浴沂　　　　錄十九首

題目二十：雪夜　　　下平一先韻　　詞宗：林浴沂、鄭濟卿　　　　錄十六首

題目廿一：裸體美人　上平十一眞韻　詞宗：林鐘英、林浴沂　　　　錄十三首

題目廿二：失戀　　　上平七虞韻　　詞宗：鄭養齋、黃潛淵　　　　錄廿三首

題目廿三：荷錢　　　上平一東韻　　詞宗：林豫川、高華袞　　　　錄十四首

題目廿四：磨刀　　　上平十三元韻　詞宗：張純甫、林豫川　　　　錄十五首

題目廿五：圓扇　　　下平八庚韻　　詞宗：張純甫、林豫川　　　　錄十三首

題目廿六：鳴蟬　　　下平十一尤韻　詞宗：張純甫、林豫川　　　　錄十四首

題目廿七：月蝕	上平四支韻	詞宗：張純甫、林豫川	錄十四首
題目廿八：雨傘	上平一先韻	詞宗：張純甫、林豫川	錄十六首
題目廿九：妓女怨	下平二蕭韻	詞宗：鄭養齋、張純甫	錄廿八首
題目三十：庸醫	上平四支韻	詞宗：張純甫、黃潛淵	錄廿三首
題目卅一：落葉	下平四豪韻	詞宗：張純甫、林豫川	錄廿一首
題目卅二：冬菊	上平十四寒韻	詞宗：張純甫、林豫川	錄廿四首
題目卅三：螢火	下平十一尤韻	詞宗：張純甫、林豫川	錄二十首
題目卅四：蛛絲	上平十一眞韻	詞宗：鄭養齋、張純甫	錄廿一首
題目卅五：竹床	下平七陽韻	詞宗：鄭雪汀、鄭養齋	錄十七首
題目卅六：賞雨	下平一先韻	詞宗：鄭養齋	錄十五首
題目卅七：早菊	下平七陽韻	詞宗：曾吉甫	錄二十首
題目卅八：五指山	上平一東韻	詞宗：鄭雪汀、鄭盧一	錄十九首
題目卅九：雪觀音	下平十二侵韻	詞宗：鄭雪汀、鄭盧一	錄十首
題目四十：隄柳	上平八齊韻	詞宗：鄭養齋、葉文樞	錄廿五首
題目四一：摩拖車	下平八庚韻	詞宗：鄭養齋、黃潛淵	錄十六首
題目四二：陶淵明愛菊	下平七陽韻	詞宗：鄭養齋、黃潛淵	錄廿二首
題目四三：木魚	上平六魚韻	詞宗：鄭養齋、林毓川	錄十六首
題目四四：角黍	上平十二文韻	詞宗：鄭養齋、張純甫	錄十七首
詩鐘一：耕心（魁斗格）		詞宗：鄭養齋	錄十首

《臺海擊鉢吟集》與《耕心吟集》均爲詩社同仁雅集聯吟結集而成。不過《臺海擊鉢吟集》係詩人以文會友聯吟的成果；但是《耕心吟集》則是塾師生徒切磋指導的辛苦結晶；以現代人教育術語而言，他是一部老師教學成果的展覽集。不過在當時日人統治下，漢學能有如此成就，已經是很難能可貴了。這些前輩們有著紮實的漢學基礎，算是耕心齋的高級班學生，才會沉浸於詩學。通常在私塾就讀，大都以實用性的商用尺牘，及指導爲人處世的四書、《孝經》等修身教材爲主。鄭家珍除漢學淵博外，也精通天文曆算、堪輿命學等術數。所以這些學問也可能在講課中傳授一些。如：他在《雪蕉山館詩集》就曾爲詩〈藥珠生有夙慧幼通禪理暇日以易進質余略爲指點輒能了悟喜賦一律〉稱許他的女弟子鄭藥珠學習天文曆算的進境，可見一斑：

> 瓊枝立雪見精神，問字觥觥自率眞。丹篆夢中開夙慧，白蓮香裡悟前因。
> 掃眉才子通經士，束髮儒童幻相身。我擁皋比爲講易，天根月窟有餘春。

　　鄭藥珠女史曾在《新竹市耆老訪談專》〔註52〕訪問錄表示，其師鄭家珍在教授學詩的方法時，會一再提醒學生們學習漢文：

　　（一）要懂平仄，要習對仗。

　　（二）須熟讀各書，深知典故。

　　（三）須言之有物，含意廣遠方稱佳構。

　　《耕心吟集》的第八題與擊鉢詩的題目較為不同；是一種惜別詩，以步韻或和韻的方式賽詩；題目是〈謹步和雪汀夫子留別瑤韻〉，時間在大正十三年（1924）十二月十七日，耕心齋的惜別會席上，對象是家珍舉人要返回泉州南安老家過年的留別詩：

鄭家珍舉人

　　才盡江郎愧不文，有緣筆硯共諸君。鼕鼕臘鼓催人別，無限深情寄樹雲。

和韻詩，抄錄如下：

一　植三

　　杖履追隨愧不文，別離情滿雨紛紛。此行却為天倫樂，無限相思逐暮雲。

二　聯壁

　　自愧才疎憲不文，良師啓發勝嚴君。相催臘鼓歸鞍急，滿腹愁情寄暮雲。

三　呈奇

　　執經問字賴斯文，師弟情深未忍分。今日離筵孤館寂，敲殘臘鼓不堪聞。

四　省三

　　生花健筆振撕文，問字談心教更殷。師弟情深今欲別，聲聲折柳不堪聞。

五　杏農

　　教誨吾儕說聖文，而今惆悵別師君。默然無語離筵上，惟有愁情寄暮雲。

六　伯梧

　　鼕鼕臘鼓思繽紛，折柳長亭不忍聞。夕照無情歸馬急，離愁黯淡托寒雲。

七　植三

　　首葍闌干對夕曛，一樽未飲淚紛紛。離情別有關心處，不盡相思托樹雲。

〔註52〕《新竹市耆老訪談專輯》（新竹市政府八十二年六月出版）頁62～68。

八 季雍

峰帳春風約我文，無才自愧負師君。年華底事催人急，一曲鸝駒悵暮雲。

九 省三

世風不古嘆斯文，山斗尊嚴共仰君。此日長亭歌別曲，他時徙倚望停雲。

十 杏農

碌碌庸才愧不文，欣逢博古有韓君。而今欲向中原去，留戀多情感暮雲。

十一 聯壁

博約慇慇我禮文，滿城桃李屬東君。驪歌一曲催人別，萬斛離情託樹雲。

十二 省三

梅花初放正欣欣，折柳聲中未忍分。買棹省親歸思急，何時樽酒再論文。

十三 伯梧

立雪程門勉學文，嚴師思義等嚴君。無多聚首旋言別，汽笛嗚嗚咽暮雲。

十四 植三

降帳應推鄭廣文，甄陶有賴等嚴君。縱茲一別桐城去，攜手臨歧淚黯紛。

十五 杏農

皋比坐擁說經文，教誨吾儕意至懃。留戀鐘聲如惜別，遲遲搖出晚山雲。

十六 祇堂

小齋置酒祝殷勤，曲唱陽關不忍分。西望鷺江歸日近，絳帷何日再論文。

十七 鐵鏦

坐我春風博我文，有如百穀得霓雲。無多聚首旋分袂，臘鼓聲中悵別群。

是日與會生徒共九名，每人作兩首，共十七首詩，其中也有人只作一首的，由這些步韻詩的內容可以瞭解，鄭家珍是回鄉過年與久別的家人共敘團圓之樂。像這樣離別之前，作詩互道珍重，是別開生面的作法，比起飲酒或送禮餞別更有意義。

第十五題〈歸帆〉也是類似餞別之詩，由鄭家珍舉人與葉文樞秀才分別擔任左右詞宗，共有十八首詩，左右兩位詞宗在不知情的的狀況下〔註53〕互

〔註53〕擊缽詩作繳卷後，通常會由第三者（或工作人員）重新謄錄再交予詞宗評分（選）以示公平。

選爲元，一時傳爲佳話（誠所謂英雄所見略同）。其詩如下：

> **左一右避**　文樞
>
> 順風飽受似弓彎，何幸封姨肯破慳。料得檣頭纜一卸，行人便已到鄉關。

> **右一左避**　雪汀
>
> 遍舟睡穩听潺湲，計日星槎鷲嶼遠。檣影動搖風力飽，夢魂先已到鄉關。

> **左二右四**　季雍
>
> 孤蓬遠影逐波閒，桂滿秋風無恙還。欸乃一聲雲水裏，高懸一幅到家山。

> **右二左避**　雪汀
>
> 一帆風正去閒閒，千里江凌指顧間。願祝行人共無恙，葉舟睡隱夢刀環。

> **左三右避**　文樞
>
> 一幅高懸細雨間，乘風送我到鄉關。却欣也似人無恙，報與知交好破顏。

> **右三左十一**　季雍
>
> 中流一葉自閒閒，萬里關山指顧間。風正迢迢張遠影，舟中人已唱刀環。

> **左四右避**　文樞
>
> 隨湘助我返家山，風正高縣浩淼間。料早有人天際識，遙看一幅喜刀環。

> **左五右避**　文樞
>
> 春來有客唱刀環，一幅遙從海上還。最愛沼途風力飽，高懸未幾到家山。

> **右五左避**　雪汀
>
> 萬項江高夕照殷，碧空遠影有無間。沙頭風色何人候，望見應知一破顏。

> **左六右十一**　伯梧
>
> 迢迢雲水自閒閒，千里江陵瞬息間。帶盡暮煙舟一葉，秋風無恙望鄉關。

> **右六左避**　雪汀
>
> 去國漫云舟不繫，倦遊也似鳥知還。吳江有雨來應重，偏讓春風早度關。

> **左七右九**　植三
>
> 一葉扁舟意自閒，趁時高掛故鄉還。此行無恙秋風便，遙望前山即故山。

> **右七左避**　雪汀
>
> 輕舟擬趁暮潮還，八字分飛兩岸間。寄語石尤風莫打，有人正上望夫山。

左八右十　　植三

布帆無恙碧波間，一陣吹來便不艱。未過打頭船易進，秋風有意助人還。

右八左避　　雪汀

一篷煙雨夢刀環，檣影沉浮去等閒。為報我風幸無恙，行人安隱虎頭還。

左九右十二　　植三

羗里波清歸思刪，遠帆始覺往時艱。回頭多謝東風急，千里江陵指日還。

左十　　季雍

掛畫秋風海上還，有人唱罷大刀環。迢迢一望家千里，無恙逐波指故關。

左十一　　文樞

危檣高掛出前灣，細雨春從海上還。誰信車輪馬鞭外，更憑幅布返家山。

　　由這幾首詩便可以充分瞭解，是祝一帆風順的送別詩。那麼究竟是送誰呢？如果說得太白了，詞宗就可以猜出誰的作品；這樣會影響評詩的公正性。不過下面的詩，隱約可以嗅出歸鄉的人正是此詩作者，他就是葉文樞秀才：

　　一幅高懸細雨間，乘風送我到鄉關；却欣也似人無恙，報與知交好破顏。

　　葉文樞秀才的《百衲詩話》〔註54〕第四三集（1933 年 6 月 1 日刊於詩報）有鄭雪汀舉人的簡介。其見鄭家珍〈春夢中忽成一律〉與其平時手筆不類，葉文樞覺得不是好預兆，正在疑慮之時，不想數日後便傳來惡耗，鄭家珍駕返道山了。今錄其夢詩如下：

　　偶現曇花詎久留，後因前果悟從頭。禍根未必胎情種，多病非關積舊愁。

　　畢竟刘蘭歸一夢，不勞采葛賦三秋。他生莫卜今生巳，天竺何人訪牧牛。

三、竹社子弟耕心傳人

　　《新竹市耆老訪談輯》，載有鄭家珍的女弟子鄭蘂珠女士的一段回述，她說：

　　「鄭舉人學問十分淵博……除國學淹通外亦精天文、曆算、勘輿、命學等數術……命學方面，由其去世前測字一事即足證驗其神——這在他返鄉前一年之事，當時他已有病在身，有一日命我書一字以占吉凶，我書一『長』字，心中祝禱其能長命百歲。不意舉人先生見此字後云：『辰不出尾，中間一阻，大有可畏之象也』，自料活不過辰年，

〔註54〕《百衲詩話》為葉文樞秀才定期發表於日據時代《詩報》上的散文作品。

後果然於翌年（1928）之戊辰年辰月辰時過世。」〔註55〕

由此可見舉人對自己別世之日似有預知。葉文樞與鄭家珍都出生於新竹，別世於泉州，因乙未割臺內渡，後又同樣來臺設帳授徒。身世飄零，在臺子然一身，境遇相似。葉文樞秀才的〈輓鄭家珍〉的詩如下：

其一

老向鄉關作寓公，歸舟三度許相同。新詩論辯毫芒析，舊學商量蘊奧窮。
破碎山河悲剖豆，飄零身世感飄蓬。從今永絕卬須望，浮海何人話寸衷。

其二

平生抱負鬱難伸，多藝多才莫療貧。占巧傳疑歸日者，算精名合附疇人。
吟懷高淡宗元亮，葬法深微悟景淳。至竟蓋棺公論定，千秋絕學仰精神。

鄭蘂珠回述其師鄭家珍，學問淵博，手不釋卷，為人謙虛，時常面帶笑容；然而天生威儀，不怒而人自敬畏。其課子尤嚴，難怪對學生直呼其名會感不悅。學生中也有已當小學老師的邱再傳或當祖父的高齡者曾秋濤等，遇有疑問，多不敢趨前請益，而須託其他同學代問，可見舉人平日課徒威儀之一斑。葉文樞於丁卯（1927）年曾回鄉渡假，當年稍晚鄭家珍也回歸鄉里；而鄭家珍卻於翌年（1928）病逝於泉州，享年六十有一。文樞秀才則繼續在臺講學，輾轉於新竹、宜蘭（頭城）之間。其後又因抗戰開始，一切歸舟開航均告遙遙無期，後來幸得其學生前宜蘭縣長盧讚祥〔註56〕之助，始得如願，後於民國卅三年（1944.昭和19年）逝世泉州，享壽六十九歲。

<hr>

〔註55〕張永堂主編《新竹市耆老訪談輯》（新竹政府1993年6月）頁65。

〔註56〕盧讚祥，為葉文樞秀才之高足，明治卅六年（1903）生於臺北州烏山，祖籍福建省龍溪縣。六歲時，隨生父盧春發遷居宜蘭三星，復遷至頭城武營。春發東家盧廷翰乞讚祥為螟蛉孫。讚祥乳名阿枝，過繼之後，廷翰延宿儒鄭騰輝為之正名。祖母陳氏特設就正軒書院，廷翰延吳祥輝、葉文樞、萬惠生等教授漢學詩文四年。大正十五年（1926），盧讚祥與鎮內有志之士組織登瀛吟社。大正九年（1920），盧氏年十八歲，即經營榮興商行，昭和二年（1927）六月出任頭圍信用組合組合長，至昭和十一年（1936）。盧氏亦積極參與地方政治，昭和三年（1928），被任命為頭圍庄協議會員；昭和十年（1935），當選民選庄協議會員，昭和十四年（1939），被選為臺北州會議員。光復後，盧氏奉派為首任頭城鄉鄉長，民國四十年（1951）四月，當選宜蘭縣首任民選縣長，任內大舉造林、推行土地改革、纂修宜蘭縣志，政績卓著。民國四十三年（1954）六月任滿，獲聘為省府委員，民國四十六年（1957）五月二十六日，在省府預算會議上，因腦溢血而遽然去世，享年五十六歲。出殯之日，當時的副總統陳誠親臨致祭，曾題一聯曰：「三年名縣長，一代大詩人」；以示哀輓。

「耕心吟社」主持人鄭家珍舉人去世後三年，其弟子謝森鴻邀集志同道合的同學謝景雲、陳竹峯、許炯軒、鄭郁仙、王火土、郭仙丹七人組織「竹林吟社」〔註57〕，將耕心齋的詩風發揚光大，時在昭和六年（1931）；雖然那時鄭家珍已經去世，但是詩社聯吟之風卻方興未艾。同年「漁寮吟社」、三年後的「柏社」、又三年後的「聚星詩學研究會」，及更後面的「竹風吟社」等等都陸續成立。身為「竹社子弟耕心傳人」的他們當然不甘寂寞，為效法晉朝的竹林七賢，襲其名稱外，尤於吟詠時，謙稱「七痴」，在公開場合也如此自稱。因此竹林七痴這個名稱便傳遍詩壇。這七位詩人堪稱鄭家珍的「衣缽傳人」。和其他弟子，如曾秋濤、鄭藥珠、鄭香圃、陳湖古等，在新竹詩壇享有盛名。

第四節　耕心詩人行吟

一、魂縈舊夢中秋感懷念鄉關

明治四十年（1907）的中秋，正是鄭家珍乙未赴大陸後的第十二年，雖然此刻的他，生活還算穩定，繼續其作育英才的生涯；然每逢佳節倍思親，對臺灣這塊曾生養培育他的地方，卻始終令其魂縈舊夢。就在八月十五日這天，先生與友人月下把酒談論時局，心中無限感慨遂作〈丁未中秋夜月下共酌感懷八首〉七絕八首〔註58〕：

> 一樽晚酌佐清吟，院落沈沈燭影深。月自團團人自老，撫髀同此感時心。
> 酒綠燈紅興采高，倚歌羞唱鬱輪袍。中天明月無私照，秋色平分到我曹。
> 海國風多浪未平，癡雲還對月華生。與君把酒談時局，匣底颼颼劍欲鳴。
> 美人芳草猶縈夢，流水高山莫賞音。漁父不來老樵死，祇餘秋月是知心。
> 椑史有人傳紅拂，扶餘無地著張髯。全輸此局渾閒事，把酒問天月一簾。
> 椒山尚有蚺蛇膽，濠濮何無偃鼠肝。酒罷唾壺狂擊碎，月光晱晱劍光寒。
> 淮陰褲下謀尤險，燕市刀頭血尚腥。濁酒不澆胸壘塊，試歌易水與君聽。
> 南州自此無冠冕，東道於今亦弁髦。尚有幼安皁帽在，一竿遼海霜天高。

鄭家珍此刻雖已內渡泉州蟄居十二年，但其昔日的壯志並未消散，其內心依舊熱情澎湃，有著屈原、虬髯客、楊繼盛、莊子、韓信、荊軻、辛棄疾、蘇武的萬丈豪情與熱切的愛國情操。

〔註57〕廖一瑾（雪蘭）《台灣詩史》‧〈台灣詩社繫年〉，臺北：文史哲出版社 1999 年 3 月。

〔註58〕鄭家珍《雪蕉山館詩集》，臺北。中華民國傳統詩學會 1983 年出版。首題。

鄭家珍天性孝友，平日侍親至孝，曾有一回觀看目蓮救母戲劇時，大受感動，隨即爲賦〈戊申（1908）季春念日觀演目連救母事〉〔註59〕七絕四首：

寶炬蜀煌照綺筵，笙歌嘈雜眾喧闐。感人易入惟忠孝，婦孺紛紛說目蓮。

不辭祝髮入空門，爲報劬勞鞠育恩。今日現身來說法，也應感泣九幽魂。

漫嗤作戲是逢場，觀劇猶令眾感傷。我有自家生菩薩，莫辭頂禮爇心香。

血痕縷縷手中絲，哀感纏綿淚共垂。眞佛原來眞孝子，心經何似蓼莪詩。

光緒三十四年（1908）十月三十日，避居在福建泉州的鄭家珍，過樸兜鄉〔註60〕門人呂蟠齋小憩；獲讀呂宗健〔註61〕（字粹侯，號湘南）詠明鄭史詩〈哀王孫〉一篇，爲之欷歔者良久；頗有同是天涯淪落人之感。後匆匆就道，俄抵水頭〔註62〕，在肩輿中又口占七絕三首如下：

讀呂湘南哀王孫

偶過蟠齋促膝談，無雙才氣羨湘南。王孫一曲聲和淚，舊事淒涼說不堪。

訪古更番到井江，傳聞強半屬言哤。得君大筆描忠憤，五馬奔潮怒未降。

五里橋東捲募濤，肩輿冒雨朔風高。偉大事業才人筆，朗誦遺編興倍豪。

在黃旺成先生纂修之《臺灣省新竹縣志稿・卷十一藝文志》附有呂宗健〈哀王孫〉原文七言古詩，茲抄如下：

井江市上車紛紛，井江江上日欲曛；此間將相王侯地，行人聽我哀王孫。

失家王氣日蕭條，米脂阿闖太慹驕；烏雕甗笠射承天，大山煤山火已燒。

世祖南下黃金臺，手挽天河淨垢埃；司馬家兒江左走，晉安特爲隆武開。

臥榻豈容人鼾睡，況乃已登大寶位；蚍公往矣四鎮亡，幾行拭卻英雄淚；

天心眷明未猶已，正統十六交鄭氏；爾時遍地亞童謠，唱出草雞而長耳；

請纓終童廿一齡，雄心欲作中流砥；卻將儒服換戎裝，長慟一聲辭孔子；

天子召見拜明晃，咫尺天顏大歡喜；惜朕無女可配卿，克用沙陀賜姓李。

臣聞此語心骨酸。立身往鎮至霞關；生憎太師糧不發，致使六軍心膽寒。

我武維揚赫斯怒，江南難唱公無渡；鋋而走險擇何能，且將金廈據兩島；

涕泣募師閩廣間，旗上罪臣大招討；將軍三尺六爺赳；桓桓直與施琅伍；

更傳一將壁甘輝，曾向敵國誅老虎；手提人頭即虎頭，秤來其斤卅有五。

〔註59〕 鄭家珍《雪蕉山館詩集》（臺北。中華民國傳統詩學會1983年出版）。

〔註60〕 今屬福建泉州南安市。

〔註61〕 呂宗健，福建南安人。字粹侯，號湘南清嘉慶年間（1796～1820）人士。博學工詩，著作甚；惜稿多失傳，惟〈哀王孫〉一首膾炙人口。

〔註62〕 今福建省泉州南安市水頭鎮。

此時兵勢大縱橫，舳艫啣尾窮崇明；瓜步風搖旌旆影，金焦水振鼓鼙聲；
光據南京次北京，藩王指日望中興。天生對頭梁化鳳，掘城驅兵格悾腔；
本來藩主號知兵，此日直作華胥夢；苦言不聽甘將軍，柱折將傾大廈棟；
北來諸軍飛渡江，聚而殲游齊一慟。棄甲于思報已覆，制府猶能斬總督；
已亡八府縣六三，大軍何處扶日轂；昭烈勢窮借荊州，荷蘭何必非邦族？
荷蘭立國海之東，玉山一片與天通；將軍鶱從天上下，鬚思赭面走如風；
鹿皮盡屬漢家裝，磚子城頭日正紅。永華先生細料理，爲闢草萊誅荊杞；
北至三貂南郎嬌，其間沃野幾千里；嶄然一鎮好金湯，長與思明相角綺；
虬髯暫作扶餘王，烈士壯心殊不已。忽然五丈落大星，作作光芒馬棝驚；
鯤身港外怒潮來，共說金冠人騎鯨；歸東即逝前定數，軍國長交世子經。
世子承家僅守府，賴有國軒神與武；折將義憤雪先王，搖脣鼓動三藩主；
精忠既降尚孔誅，難拾明家一塊土。可憐人事日推遷，從此天心難問焉；
僅知主少好欺負，不悟艱難貴立賢；說到克__橫死處，杜鵑啼夕陽煙。
天朝窺衅詔討逆，靖海鬚髯已如__；藍家招得好先鋒，不待姚公爲籌策；
娘媽宮前殺氣橫，刁斗無聲江水碧。斯時之勢立不兩，義士談兵指其掌。
傷心欲留髮幾莖，五百從田本崛彊；采石磯頭虞允文，二千亦可邀懋賞；
師昌不死牛頭山，耿恭拜出甘泉湧；又高西北一聲雷，六月颶風靜不響；
舟師直逼六衛門，平時潮頭六尺長。君臣相顧淚漣洏，生死由人知不知；
啣璧唯思安樂公，洛陽青蓋所無期；車聲轔轔渡唐去，載將亡恨過江湄；
故國山河回首望，水天一色空迷離；冀北天寒八月雪，淒涼長倚漢軍旗；
朝回丹鳳門外立，猶望扶桑日出時；從此朱家王氣盡，了結輸贏一局棋。
嗚呼！東瀛水，萬馬奔，五妃墓，日黃昏；行人莫說當年事，
只恐痴兒也斷魂。庾信哀江南，儂成哀王孫；王孫儂有歌，子聽聞！
諸葛扶炎漢，蜀中之井不長燃；安石出東山，典午不能長爲君；興亡事，
何足論！且蠟阮孚屐幾輛，且開北海堂上樽。嗚呼！一眼覷破古今天，
許多龍爭虎鬥，於我如浮雲。

光緒三十四年（1908），鄭家珍臺灣的好友蔡啓運，命其子蔡汝修將所錄
輯的《臺海擊缽吟集》問世，計得七言絕句四百餘首，此吟集一出，即轟動
臺閩地區，也觸動了鄭家珍歸鄉的思潮。此較鄭家珍日後返臺在耕心齋教讀
漢文，師徒間所創的作品《耕心吟集》早了十餘年。

清宣統二年（1910），與鄭家珍鶼鰈情深的元配蘇氏夫人去世。先生不食
不飲哀痛欲絕，曾有〈清明日上墳〉七絕四首：

香塵埋玉已三年，佳節動逢倍惘然；酹汝一杯和淚酒，夜臺千日佐長眠。

環佩歸魂杳莫尋，淒涼短碣土花侵。迴風吹起墳頭紙，碧草無情夕照沉。

休論紅粉半骷髏，千載賢愚共一坵。癡絕詩師談地記，誤人到處索眠牛。

生前如寄死如歸，魂夢依稀是與非。幣制無由通鬼市，北邙空見紙錢飛。

宣統三年（1911.明治四十四年）鄭家珍在臺灣的友人陳濬芝〔註63〕、蔡啓運、鄭如蘭相繼謝世，其心情低落到了谷底，在其〈輓家香谷先生〉七律一首及〈輓家香谷先生〉聯中，得見其與如蘭間亦師亦友，亦父亦姪知己知音難捨的感情：

輓家香谷先生

猶憶童年即識荊，轉於如水見交情。登門未求挾魚劍，介壽慚虛濯兒觥。

世以富仁崇令聞，我從風雅重先生。道山歸去悲何早，松徑秋荒月自明。

輓家香谷先生

七二日秋風容易　南來雁後　北嚮雁前　死別吞聲生別惻

十九年舊雨淒涼　于化鶴歸　君乘鶴去　傷心不見素心人

民國二年元月十五日（1913. 大正二年）鄭家珍離臺內渡已經十九年，此時他正在豐州學堂正教習任上，那時鄭家珍，平日皆宿於校舍，曾作有〈十二月十一夜在豐州校舍而上口占〉一詩：

又聽譙樓五躍更，熹微曙色半窗明。蓬蓬一枕莊生夢，留戀南柯不盡情。

而〈夜寒微雨余在燈下觀書內子於燈前相對刺繡口占一律〉亦爲當時在豐州學堂期間所作，鄭家珍伉儷情深亦可見其一斑：

蠟炬流輝照晚粧，墨香醞釀雜衣香。瑟琴在御音都雅，刺繡添紋漏正長。

無限衷情憑意會，暗通眉語卻神藏。劇憐骨格梅花瘦，紙帳清虛不耐霜。

這一年年初（實舊曆壬子年歲末），鄭家珍曾大病一場，這也可能是思鄉病所引起，其兼作有〈臘月病中作〉二首，可見當時他的處境與心境的莫可奈何：

展眉時少蹙眉多，鎮日懨懨奈若何。無術送窮年又盡，病魔漸欲壓詩魔。

民國二年二月二日（1913.舊曆壬子年歲末；農曆十二月二十七日），鄭家珍感於臘鼓頻催作有〈除夕前三日偶成〉七言律詩二首：

其一

橘綠橙黃又一年，蒸糕炊黍萬家煙。迎春競結添花綵，貼戶爭裁染絳牋。

閨閣多情談卜鏡，兒童繞膝樂分錢。嗟余故我依然在，且倚南牕夢葛天。

〔註63〕陳瑞陔，官章濬芝，光緒二十年甲午進士，掌教艋舺明志書院。

其二

年來萬事等浮漚，芥蒂胸中不少留。那有柔懦趨勢利，忍將佳日負春秋。

諸天色相空中語，大地風光眼底收。隨分隨緣隨意過，茫茫身世復何求。

鄭家珍意猶未盡復於隔日，又作〈度歲吟〉並於其下註臘月念八日作：

枌榆里社魚鱗屋，鴉柏半紅楓葉禿。蒸梨炊黍幾家忙，綠螘新芻糕乍熟。

千門萬戶貼宜春，烈烈轟轟喧爆竹。舊從何往新何來，送舊迎新競馬逐。

嗟余故我尚依然，虛度光陰四十六；半世功名一夢中，神州桑海幾沉陸。

春風久別長安花，秋雨頻依彭澤菊。階前太白未揚眉，庭裏郝隆空曬腹。

安仁無事且居閒，阮籍窮途何用哭。居恒憂道不憂貧，詎羨高官與厚祿。

課讀課耕味有餘，渴飲黃花飢首蓿。衡門泌水自棲遲，獨寐寤歌賦槃谷。

吁嗟乎！人生行樂能幾時，利鎖名繮多僕僕。

青絲兩鬢半成霜，明鏡高堂羞寓目；且向自由空氣中，得閒吟咏時往復。

次日鄭家珍又作〈祭詩〉亦於其下註十二月二十九夜作：

香篆氤氳蠟炬紅，雙柑盞酒薦詩筒。人當老去才先盡，文到窮時句莫工。

獻賦有心悲杜子，請纓無志愧終童。十年嘔出心頭血，多付吟風寫月中。

民國二年二月七日（1913）農曆癸丑正月初二日，鄭家珍又作〈元月初二日偶成〉七言絕句四首：

霧裏看花老眼忙，忍教虛負好時光。人生隨處堪行樂，休待桑榆傍夕陽。

白日真如過隙駒，紛紛爭競一何愚。逍遙杖覆春常在，不受名繮利鎖拘。

卅五春光夢裏過，茫茫人世幾風渡。我才畢竟歸無用，老去難揮返日戈。

前宵送舊昨迎新，百八蒲牢又早晨。卯酒一杯香一炷，椒花續宴玉堂春。

到了二月二十日（是年元宵節），又賦作〈元夕微雨〉七絕二首：

燈紅酒綠豔歌新，人影衣香逐輭塵。偏是癡雲來阻興，不教素女現全身。

星斗無光細雨濛，姮娥偏有出塵風。廣寒故遣春雲閉，不鬭人間火樹紅。

二月二十六日，鄭家珍欲往九都山前鄉，遇雨不果，乃作〈正月廿一日要往都山前鄉遇雨不果〉五言律詩四首。其四云：

滑泥行不得，又聽鷓鴣鳴；孤燭樽前思，寒溪枕上聲。

故園雙蝶夢，舊雨七鯤情；莫種相思子，春芽怕再生。

此時，鄭家珍離臺內渡首尾已經十九年了，思鄉之情益加彌切。從其〈憶夢〉〔註64〕與〈寄臺地故人〉等詩作，不難看出鄭家珍對臺灣這塊出生地的思念。

〔註64〕 見鄭舉人日記在本年日記二月十八號內。

憶夢

廿年不聽七脅潮，水思雲情寄意遙；草草功名渾似夢，休論金屋舊藏嬌。

寄臺地故人　五律三首

香海前緣在，東瞻幾斷腸。春寒防作雨，夜夢不離鄉。

衣帶年來緩，更籌老去長；青衫愧淪落，贏得鬢邊霜。

故山何日返，一望海天蒼；廿載新城雨，千絲客鬢霜。

鄉心無久暫，世味幾炎涼；相見惟魂夢，重緘淚數行。

下筆幾思量，春寒指欲僵；離情煙水闊，舊夢海天長。

樂國非南土，佳人想北方；江東一樽酒，何日話衷腸。

鄭家珍又在其餞別五妹夫張順仁歸臺詩中，有「羨書游倦回枌里，累我情深賦水湄」之句，其羨慕之情已不言而喻。

二、一別臺山近廿年──近鄉情更怯

到了是年（1913）七月三十一日（農曆六月二十八日），鄭家珍終於如願，將東渡遊臺，船行至廈門遇上阻風，忐忑的心情化為〈癸丑六月念八日廈門阻風〉詩作：

黑風吹海浪掀天，又結思明信宿緣。南國梓桑縈客夢，東郵遊釣憶童年。

關心舊雨期多誤，攜手靈槎約屢愆。莫問潯陽近消息，重勞司馬感哀紅。

到了八月二日（農曆七月初一），鄭家珍船行至滬尾〔註65〕，再見臺山，重臨故土，其內心的悸動我們不難想像。由其〈七月一日舟至滬口見臺山有感〉七絕二首可見一斑：

一別臺山近廿年，本來面目尚依然，者番相見多情甚，不斷流青到眼前。

城郭人民半已非，夾江樹色尚霏微；有緣化作令威鶴，猶逐孤帆海上歸。

鄭家珍入臺北後，曾遊府前街，拜訪童年故舊，然所懷不遇感而賦詩，而作七律一首以記之。

遊臺北府前街訪所懷不遇

金堂夜靜憶窺簾，兩小無猜不避嫌。我已青絲成鶴髮，卿如紅拂別虬髯。

桃花人面今何處，楊柳臺城恨更添。惆悵多情遠相訪，屋樑尚有月痕纖。

大正二年（1913）八月三日鄭家珍返臺後的第二天，他懷著興奮忐忑的心情，重遊故地新竹，作〈孟秋二日重遊新竹書感〉七律二首以記之：

其一

客裏驚心又早秋，金山磺水足勾留，雪痕渺渺前鴻爪。雪氣依依古虎頭。
廿載園林空夢蝶，半生落拓等閒鷗。東邨桑梓重瞻拜，迴憶童年舊釣遊。

其二

采蕭漫自賦三秋，逝水年華去不留。十載南豐沉劍氣，五更東里夢刀頭。
有緣重作歸來鶴，浪跡今成已倦鷗。贏得星星絲兩鬢，樽前羞對舊交遊。

到了八月八日農曆的七夕，鄭家珍又作七絕二首：

七月七日客中作

簾外新涼一葉風，星河耿耿亙秋空。多情廿載南州月，猶自隨儂到海東。

其二

鵲橋雲散露華清，夢對孤檠坐到明。兩地相思一泓水，人天同感此時情。

隔了兩日，鄭家珍前往新竹城郊的十八尖山，祭拜先塋祖墳，此刻登高望遠緬懷先人，往事歷歷昨是今非，不免悲從中來，感慨萬千，遂作七絕四首：

孟秋九日登十八峰展拜先塋偶成　四首

曉日瞳瞳十八峰，煙荒草蔓望無蹤；自披榛莽尋殘碣，猶認尚年馬鬣封。
未拜先塋淚已流，女蘿風冷墓門秋。故鄉桑梓猶恭敬，況見瀧岡草一坏。
廿年浩劫換紅羊，春黍秋蔬祭久荒。芳草一坏留祖澤，溥溥零露濕衣裳。
瞥眼蓬蒿沒野田，山南山北草如煙。秋風重別鄉關去，待嶼椒觴又幾年。

這一年鄭家珍四十六歲，人生至此已過大半，乙未之後遊居內地十九年，其青年時期的凌雲壯志，早已盡付於年年的秋風，而今人事已非，夫復何言？在其生日的那一天他又寫下〈癸丑生日書懷〉來澆淋其心中的無奈！

癸丑生日書懷

四六秋風一剎那，青衫司馬愧蹉跎。桑弧已負童年志，金縷愁聞子夜歌。
送酒有人知靖節，散花無意遇維摩。白雲南國頻翹首，望裏思親感喟多。

八月二十三日，鄭家珍到金山寺相地〔註66〕，作〈七月念二日再到金山寺相地偶成一律〉。三十一日，他復遊新社莊，觀盂蘭會，夜宿於其表兄家，作七律一首。是月又作〈癸丑渡臺與諸同人讌集書此志感〉七律二首、〈秋夜登樓即事〉五律一首、〈弔鄭貞女慧修（小名玉釵，鄭擎甫之女。有小序附後）〉七絕二首、〈癸丑虛秋遊雙溪大崎晚宿鄉人阿榮家而上口占〉七絕二首。此易

〔註66〕鄭舉人不只工詩文，尚精通天文地理與勘輿，見黃玉成〈雪汀　鄭家珍先生墓誌銘〉及新竹市政府八十二年六月出版之《新竹市耆老訪談專輯》。

得見鄭家珍除雅好詩文外，復工於詩文，更以詩文寫日記，其文人善感的性格實流露無遺。

同年九月二日（農曆八月初二日），鄭家珍的諸多故友，款宴他於鄭霽光齋〔註67〕，並邀歌妓侑酒；作七律一首：

八月二日諸友人讌余於盧一齋並邀歌妓侑酒戲占一律

> 繁弦急轉佐清謳，逸逸賓筵快舉酬。飽德多君爲地主，銷魂累我作天遊。
> 漫愁纓向樽前絕，可許髯從夜半留。有分今宵聽仙樂，深情不讓白江州。

往後幾天，鄭家珍又繼續他的遊蹤，每到一地總是吟哦不輟，以詩來記錄他對故地鄉土的感情。九月十六日（農曆八月既望），鄭家珍與諸同人在新竹港載酒泛月，夜半言歸時，就在車上口占〈八月既望與諸同人在新竹港載酒泛月夜半言歸車上口占〉七言古詩一首如下：

> 人生有如波上舟，隨波來往秋江上。我身散作百東波，何處秋江無我相。
> 團圓良夜過三五，江水澄鮮月初吐。年年泛月知幾人？此江歲月長終古。
> 桐陰廿載夢香山，一劍秋風海上還。仙侶同舟遊鄂渚，多君置我畫圖間。
> 晚涼相對一樽酒，明月在空杯在手。江天一望碧迢迢，到此塵心更何有？
> 白蘋風起海門秋，樂譜新翻水調頭。柳老填詞工作態，周郎顧曲屢回眸。
> 歌管聲停宵欲半，復聽鳴箏寫研怨。秋聲瑟瑟入冰絃，根觸離人心歷亂。
> 從判袂各江海，舊雨淒涼幾人在？風流子野雪盈頭，十八尖山顏亦改。
> 俯仰江山不盡情，紅毛港畔夜潮生。繫船罷酒上輿去，輾輾雙輪輾月行。

這一年九月，鄭家珍的友人王松，持鄭如蘭《偏遠堂詩集》相示，先生睹物思人〔註68〕因作〈讀偏遠堂詩集題詞（有序附後）〉七絕二首，以誌欽佩之忱。

> 心遠有來地亦偏，柴桑風格想當年。詩人老去歸平淡，爛漫天眞自足傳。
> 才名幾輩播磺溪，文采風流費品題。我似看花喜清淡，一生首爲老梅低。

有序：

> 香谷先生家富能詩，每同人讌集，輒效石季倫金谷故事。歲乙未臺灣改隸，余避地渡泉，先生亦謝絕時事，以詩酒自娛。積之有年　然成帙顏曰：偏遠堂集。蓋隱然以陶靖節自待也。癸丑余東渡，先生已歸道山三載矣。王君友竹持先生遺集相示，讀其詩想見其爲，自愧不文一辭莫贊，勉成二絕，以誌藏寫之忱云。

〔註67〕鄭霽光字盧一，號錦帆、秋涵。工書善飲尤喜吟詠（西元一八八〇～一九三〇）
〔註68〕時鄭如蘭已去世兩年。

　　鄭家珍寓新竹期間，曾與附貢生李文樵〔註69〕剪燈話雨，暢談累日〔註70〕。十月八日（農曆九月初九日），鄭家珍與鄭以庠、鄭安傑〔註71〕、鄭世臣、鄭邦紀〔註72〕及李鴈秋等五人，與女校書寶仙挈榼提壺往金山頂，效法古人風雅作重九。車出東門，柳風拂面，雜以微雨，一行人遊興益豪。頃之到達金山寺，隨喜後即借吳氏草廬憩午。黃昏時分回寓。歸途中口占七律一首。這一夜，竹塹城諸故友朋，宴請先生於俱樂部，復作七律二首。那時鄭家珍已擇期內渡回泉，故有「計程掛席鷺門歸」、「聚首幾時旋判袂」、「惜別多情忘永夜」諸句。其後新竹的詩社同好，再宴舉人於鄭霽光之守默窩，又成七律二首，其二云：

東歸一劍屬秋風，雪上泥痕偶印鴻；自笑狂奴仍故態，敢爭險韻鬥群公。

北園話舊樽浮白，南國相思豆寄紅；漫向鯤濤揮別淚，廿年心血又翻空。

臨行依依，鄭家珍與友人於滬尾話別，並作七絕二首：

滬尾話別

不計山程與水程，遠將千里故人情。也知杯酒終須勸，猶冀陽關緩發聲。

嗚嗚汽笛促分襟，倚檣無言意轉深。落日滄江帆影盡，遙山一髮認觀音。

此乃不忍遽別，行不得也，亦莫可奈何！鄭家珍此次返臺停留期間約四個月。

　　大正三年（1914.民國三年，）一月三十日（農曆正月初五日），鄭家珍作〈甲寅元月初五夜即事〉七絕二首，那時他因事將再渡臺，故有「倚而無言別思深」、「為訂歸期好時節」之句。是年二月四日（農曆正月初十日）晨，鄭家珍復乘舟抵滬尾港中，作七絕一首。九日（元宵節），他到城隍廟觀燈，遂有七絕一首。十九日，在大崎鄉〔註73〕，又作七絕二首

正月念五日在大崎鄉即事

雙溪草色綠如煙，瞥眼東風又一年；自笑客中重作客，奇峰個宿亦奇緣。

其二

坐向苔磯濯冷泉，塵襟滌淨意陶然；山居有樂今方信，買得清風不用錢。

〔註69〕旌表孝子李錫金之孫。

〔註70〕見《新竹叢志》十二輯〈李君文樵廣文哀詞──鄭家珍撰〉（新竹市政府 1996 年 6 月）頁 414～415。

〔註71〕鄭安傑，一名以徵，字遜豪，號俊齋。軍功五品銜。以庠從第。

〔註72〕鄭邦紀，一名維經，字仲常。安傑侄。

〔註73〕今新竹縣新豐鄉。

是月新竹城鄭家的如蘭先生出殯，鄭家珍親往執紼〔註74〕，暮雨疎燈，得與故人老友王松續談未罄之積愫。由於鄭家珍早衰，時年未五十，而已「霜其鬢，花其眼，陽蔫其齒牙」；他看王松亦是「蒼然暮氣，非復曩時之水木清華」。兩人顧影自憐，百感交集〔註75〕。鄭家珍並代如蘭姻姪蔡占花撰〈祭香谷先生文〉又〈擬公弔香谷光生祭文〉，又有〈輓家香谷先生七律〉一首、〈代黃材凝輓香谷先生〉七絕四首，又登奇峰弔如蘭墓，作七古一首。可見鄭家珍對與竹塹大族鄭姓大家長鄭如蘭的感情深厚與感念。

大正三年（1914）春天，鄭家珍好友人張麟書先生拿其乙未之後，杜門著書之所得文稿相示；本其生平所聞見梓里事，輯爲列傳、表、志，及各體論說若干卷，思補淡水廳志之缺，而維持風化也。鄭家珍讀竟，撰序許爲：

> 「其筆意胎息龍門，間有蒼老奇倔之氣，流露行表。穨波靡靡，古
> 調獨彈，亦海外之廣陵散也。葳之名山歟？作者原無成見，後之君
> 子有風化之責者，得是編以補苴罅漏、闡發幽潛，其有裨於世道人
> 心豈淺尠哉！」〔註76〕

鄭家珍曾於新竹公學校訪張麟書時，得獲識故友廩生黃平三之弟黃戒三，麟書告以戒三才名不亞乃兄，而雄辯交談則過之。鄭家珍深器其爲人，「爰從舊雨聯爲新盟」，邀之同往合影，爲歲寒三友圖，並作〈與張麟書黃戒三同寫眞愴懷舊事書此志感有序附後〉〔註77〕七古一首：

> 嗚呼塵世事，有如花開落；浮生能幾何？古人不可作。
> 怒潮爭說去騎鯨，華表誰聞歸化鶴；我來訪舊城南隅，
> 苒苒車塵日色薄。傾蓋重逢管幼安，高談旋接王景略；
> 笠簑於昔來寒盟，意氣如今更聯絡。新雨聲菹舊雨通，
> 荊枝花向蘭枝著；憶從問字共師承，引領群材每服膺。
> 章甫立身何坦蕩，曲江風度自端凝。驚才絕艷黃山谷，
> 賦性多情杜少凌。三載聯床同話雨，盎然書味五更燈。

〔註74〕送喪時於棺木旁或靈車旁兩側，綁上兩條白長布，家屬手持白長布步行送葬，
　　　　以表依依不捨之情。

〔註75〕鄭家珍《雪蕉山館詩集》〈如此江山樓詩存序〉，臺北：中華民國傳統詩學會
　　　　1983年出版。頁216～217。

〔註76〕鄭家珍《雪蕉山館詩集》〈序張麟書文稿〉，臺北：中華民國傳統詩學會1983
　　　　年出版。頁203～204。

〔註77〕鄭家珍《雪蕉山館詩集》，臺北：中華民國傳統詩學會1983年出版。頁211
　　　　～213。

無端鯤海罡風冷，立雪寒梅散清影。伯勞東去燕西飛，
白首冬郎謝鄉井；嗟余媢世無長術，荏苒韶光四十七。
屬國銷魂出使年，延凌心愴歸吳日。人琴何處哭鍾期，
婦孺有誰識君實？落日青迷宿草墳，春波綠蘸生花筆。
撫今思昔不勝情，情緒如絲抽乙乙。楊柳臺城十里煙，
可憐張緒尚當年。百尺樓空黃鶴去，綠陰夢覺杜樊川。
因緣鴻雪原非偶，孟蔑猶存裘仲友。古鏡照神疇往參，
鼎足而三圖不朽。我聞東晳補笙詩，華黍三章音未沒。
又聞考工續周禮，冬官一部義無缺。何況黃家有季騧，
才同叔夏名齊忽。等閒添寫歲寒圖，爛熳天眞同不汩。吁嗟哉！
人事有代謝，眾芳易消歇。相思一寸灰，莫競春花發。諸天色相盡空虛，
石火駒光恍兮惚；與君同作鏡中人，隔千里兮共明月。

鄭家珍曾爲上年及本年之渡臺，撰就了長達一百六十二句之七言古風一首即〈東渡長歌行〉〔註 78〕，全詩如下：

余意欲東也久矣，決意東行從此始。破曉肩輿揭厲行，疎煙一曲藍溪水。
溥溥零露灑征衣，陰陰喬木映行李。娘子山莊溽暑消，梅花磴道暗香擬。
白雲古寺月雙峰，落日安平潮五里。南金東石接思明，五馬奔江帶怒聲。
天外黑風吹海立，鷺門七日滯行旌。封姨舞罷威猶壯，澎島雲開舟破浪。
海水文心共不平，興酣落筆尤豪放。汽笛鳴鳴警客心，大屯一髮認遙岑。
江天不改當年色，雞犬旋聞故國音。關吏臨江數行客，細檢衣裝詢户籍。
法嚴令肅眾無譁，曉日曈曈滄海碧。官廨聯班換證書，車場按刻馳星驛。
雷聲隱隱起江頭，過眼煙雲幾阡陌。一路看山抵稻江，市聲到耳語音尨。
館人情重輿迎道，舊雨談深燭照窗。翌日駕言下新竹，廿載風光重寓目。
故園回首不勝情，眼界翻新亦幸福。郭門落日晚來秋，偏遠堂深憶舊遊。
綠螘一樽同入座，元龍百尺更登樓。東歸瀛嶠塵方洗，西望星河火已流。
腸斷一泓衣帶水，鵲橋無路渡牽牛。紛紛戚友咸來集，話到離情群掩泣。
訪舊驚聞化鶴猿，尋盟幾見前車笠。已拚赤嵌歸無期，差幸黃龍飲猶及。
四十六年淪落人，江州司馬衫重濕。隙溪墨水風山霞，東里南莊路匪賒。
迴憶童年遊釣地，枌榆里社半人家。野行采葍姻求舊，室入聞蘭言有臭。
總角論交半白頭，樽前淚眼雙紅豆。葭莩蔦施各關情，蕭葛三秋百感生。
有約登山攜阮屐，振衣千仞當班荊。聳翠層巒峰十八，一望蓬蓬歌彼茁。

〔註 78〕 鄭家珍《雪蕉山館詩集》（臺北：中華民國傳統詩學會 1983 年出版）。頁 205～210。

自披宿草拜先塋，沒髁榛荊愁未拔。爲谷爲陵幾變遷，佳城無復似當年。
不辭宅兆更番卜，出粟湖中別有天。青鳥隊裏慚芋濫，指掌砂明與水暗。
北郭主人偏嗜痂，乃父樂坵勞校堪。迦迦三臨與雙溪，得地何拘時久暫。
福壞天留庇福人，崎峰墓槚巳生春。滕公果獲牛眠讖，居室還須待吉辰。
乘興南遊遇上蔡，程生途遇旋傾蓋。素車躬逐薤歌行，蒿里淒風吹白帗。
苃苃東西兩大墩，青燐入夜泣羈魂。草深碣斷無尋處，半線秋高日欲昏。
雨聲敢攬重陽近，落木蕭蕭愁隱隱。秋心一片逐雲飛，苦憶桐陰懷故郡。
簾捲西風菊正黃，離筵數次勸飛觴。臨行更訂看花約，淚灑鯤溟別恨長。
千里臺洋同尺咫，天臨海鏡流如砥。相隨琴鶴賦歸來，魂夢猶縈峰五指。
過隙駒光白日催，南枝先放隴頭梅。連番風信花前度，有腳陽春柳上回。
雙魚尺素貽重疊，瀧草關心封馬鬣。柳絮難維鄂渚舟，桃根重送秦淮檝。
馬當風力席孤懸，太乙星精蓮一葉。圓嶠青鸞爲探看，高樓黃鶴遙相接。
兩度臺山入眼蒼，者番如笑昔如粧。林容何解分生熟，畫意居然有見藏。
六街燈火黃昏候，草草勞人偏急就。下車未久又登車，楊柳風疎衣袂透。
冰輪碾月到城南，玉宇無塵漏轉三。車危隔花迎劍佩，琴童傍輦遞筇籃。
倒屣迎賓下徐榻，白駒維繫離還合。登樓王粲故依劉，更向何門朱履納。
上元過後又花朝，靁霖連旬長藥苗。穀旦于差筮初吉，天開爲放嫩陽驕。
弔客墓門哭相向，一坏香土詩魂奠。曼卿死後宰蓉城，淨理眞乘證無上。
窀穸功成我事完，觀機擬逐飛行團。歸來錦里仍烏角，肯受檀河誚素餐。
鷺嶼計程心愴惻，狐邱重展淚汎瀾。可憐三島溶溶月，帶去南州竟夕看。
走辭親舊和姻婭，臨別贈言數行下。此去鯨同采石騎，何年鶴再令威化。
郊祁異姓更相親，三奎圖成共寫眞。橋梓德門情亦摯，悽然掩袂拜車塵。
記余留別詩成誦，就中一語最傷神，送遠君心千尺水，相思濃夢再來人。

（一千一百三十四字。）

　　鄭家珍的〈東渡長歌行〉記錄了他的心境，句中娓娓道來，其兩度返臺之前因後果，有杜少陵「訪舊半爲鬼」的失落，亦有著白香山「同是天涯淪落人」與「江州司馬青衫濕」的感慨。此詩情感豐富，功力深厚，直可與〈孔雀東南飛〉、〈琵琶行〉媲美，實爲鄭家珍的代表作之一。此後鄭家珍仍在泉地教讀，唯返臺的心緒，並未消去，依舊是時時的魂縈舊夢。

　　大正六年（1917.民國六年），鄭家珍已經五十歲了，年華老去壯志難酬，這種無奈與無力，我們從這年春天他所作的〈感懷二首〉與九月間所作的〈五十初度〉，即可同理：

感懷 二首

閒來咄咄屢書空，話到傷心眼欲紅。年少風流多自誤，家貧菽水懼難供。
掃愁有帚奈瓶罄，避債無臺況路窮。卻累慈親腸百結，夜深老淚灑雙瞳。

其二

喚起窗前報好音，遊仙猶自夢沉沉。進言莫苦商君口，嘔血全無叔子心。
已見虬髯輸一局，敢誇駿骨尚千金。居閒讀罷安仁賦，稠帳霜華兩鬢侵。

五十初度

忽忽韶光感逝川，故園回首轉茫然。已逢伯玉知非日，願假尼山學易年。
蘭采陔南春似海，草生池北夢如煙。娛親未敢躬稱老，猶著萊衣傍舞筵。

大正七年（1918.民國七年）二月十日鄭家珍復作〈歲暮感懷〉五絕七首，頗
有道出其貧病交逼的心中之苦：

逢春歲又新，思遠人維故；盈盈一水間，夢魂飛不渡。
貌瘦神難旺，思多病恐加；南州風雪夜，獨自望梅花。
送窮悲寡術，避債苦無臺；轉羨樑間燕，雙雙自去來。
貧病交相逼，蹉跎欲補難；槍林彈雨裏，未許臥袁安。
欲寫桃符字，持毫意轉慵；癡兒不解事，屢報墨磨濃。
歲已逢除夕，身猶病未除；欲寬慈母意，且讀古人書。
畢竟思無益，如何念不平；攻心兵力薄，莫望破愁城。

就在這一年，鄭家珍的故交好友附貢生李文樵先生去世了。其心情可想而之；
越明年臺地同人請囑鄭家珍為學界代表撰〈李君文樵廣文哀詞〉如下：

李君文樵廣文哀詞〔註79〕

　　故附貢生李文樵先生，沒於戊午之十月，越明年其哲嗣，為卜
兆於城西南，香山坑之麓，葬有日矣，諸同人先期臨吊，開追悼式，
囑余為學界代表，敬至哀辭，余於二十年前，與先生為文字交，賞
奇折疑，頗稱莫逆，嗣余以避地桐陰，不獲朝夕承教。而先生亦淡
忘世味，拓三弓地作小園以自娛，六年前，余東渡省墳，復得與先
生剪燈話雨，暢談積忱者累日，未幾又告別，私心竊冀，以為後會
有期也。曾日月之幾何，余重返北郭，而先生已歸道山矣，悵舊雨
之消聲，愴悽風之過耳，魂兮歸來，徒想像楓林以外，故人入夢，

〔註79〕見《新竹叢志》十二輯〈李君文樵廣文哀詞——鄭家珍撰〉，新竹市政府 1996
年 6 月，頁 414～415。

尚依稀梁月之間，控玉樓之鶴，長吉何之，騎采石之鯨，謫仙竟去，
豈才人類多奇數，何一老不肯憖遺也，嗚呼！傷哉，爰繫辭以哀之
曰，世衰道微、冠裳倒置，瓦釜雷鳴，黃鍾毀棄。懿維先生，翹然
獨異，一薰一蕕，羞與同器，樓築元龍，身閒傲吏，優哉游哉，海
東衡泌，胡天不弔，厄及才人，亭亭玉樹，乃隕陽春，臨風洒淚，
歌薤傷神，蓉城作主，香國談因，遺世獨立，返樸歸真。哲人已遠，
明月前身，惟公懿德，淑慎爾止，不忮不求，如臨如履，惠溥鄉閭，
潭周鄰里，繩武有孫，式穀有子，藹藹吉人，峨峨髦士，聞望圭璋，
公何曾死。

三、文名遠播應聘回竹寄寓八載

　　大正八年（1919.民國八年），中原內陸不靜，戰事連連，生計益加不易，
鄭家珍本已文名在外，遂應鄉人〔註80〕禮聘而避地渡臺，時年已五十二歲，
自此寓居新竹凡八載，以就當地詩社之聘，每年歲末均會歸泉省親〔註81〕，
人咸稱其孝友。鄭家珍來臺後，最初係應竹塹鄭家之聘（勘輿、爲西席），不
久便辭退，教讀於寓所。此時慕其名來學詩文者爭相趨從。而鄭家珍最鍾愛
的三女兒榮慰，也在這一年出生。

　　大正九年（1920.民國九年）五月，鄭家珍夫人蘇氏之叔父蘇成家先生，
忽顧謂先生曰：「老夫耄矣，生平行事尚能記憶，暇時當告子，可爲作一行
述，書屏風上，以遺我後人。」鄭家珍以蘇先生爲長輩，未敢率爾操觚〔註
82〕，擬俟歲晚務閒時爲之〔註83〕。九月二十八日（農曆八月十七日），友
人周維金〔註84〕訪舉人於鄭樹南〔註85〕之述穀堂，出其所撰大陸記遊相
示；維金於本年六月往朝南海、四明〔註86〕，是時樹南夫婦亦與偕行，維
金順途歷覽西湖、金山、焦山、金凌、常州、春申浦、虎邱諸勝，凡兩月

〔註80〕塹城鄭家與諸文友。
〔註81〕據〈鄭家珍先生墓誌銘〉及《臺灣省新竹縣志稿卷九人物志》本傳。
〔註82〕晉・陸機《文賦》："或操觚以率爾，或含毫而邈然。操觚：指作文。原形容
　　　　文思敏捷，後指沒有愼重考慮，輕率地寫。
〔註83〕據鄭家珍〈蘇肯堂先生墓誌銘〉。
〔註84〕日據時期新竹地區士紳（1882～？）周氏與鄭香圃（1892～1963）范耀庚（1877
　　　　～1950）相友。
〔註85〕即鄭拱辰（安柱）水田逸叟。
〔註86〕古代的地名 即現在的四明山，地處浙東沿海浙江省余姚市四明山鎮。

而歸，因記其所歷程途、所瞻風景、所考察之人物政俗以成是稿。先生披覽之下，「覺洛伽、紫竹之風濤，三竺、六橋之煙雨，生平所心慕而莫能至者，歷歷如在目前，其文字之質直，又隱然有霞客風味。使牧齋生於今日，安知不以奇霞客者奇周君哉〔註87〕？」後為其撰《大陸記游·序》有云：「於戲！真文字耶，而顧出於質直耶！則吾友周維金之大陸記游可以千古矣。君少耽內典，稍長涉獵經史，慨然慕司馬子長之為人，欲借助於山水以發為奇文。」又云：「周君生平著述甚富，此特其一班耳，暇時當請其全豹觀之。」〔註88〕十二月十七日，鄭家珍為好友王松著《如此江山樓詩存》撰序，盛稱松之才華與品節云：

> 「風騷之士，每借詩灑以自豪；遺佚之民，亦假詩酒以自晦。其耽詩酒則同，其所以用詩酒則異；志之所在，不可得而強也。吾友王君友竹，耽詩酒而善用詩酒者也。二十年前之友竹，則用詩酒以自豪；二十年後之友竹，復用詩酒以自晦。自豪，見友竹之才華；自晦，見友竹之品節。」

又云：

> 「數年來南北爭鋒，影響於學界者不尠；除得乘學校停辦之際，挈眷東渡，暫作寓公於島國。梧松風鶴，偶寄行蹤；間或託詩酒以自遣。暇時，友竹出所著如此江山樓詩存相示，謂：『交情之厚，無逾我兩人；請及余未死，為識數語於端，以作垂老之蠟淚。』余讀其詩，並閱邱（煒萲）、連（橫）二君所作序，類能道其要著；人云亦云，未免貽譏拾慧，余於此又將何言？繼念余與友竹為三十餘年摯交，嘿而息焉，既有所不安；率然言之，又有所不可。況友竹之學問文章與夫生平之隱德，其嘖嘖可言者更僕難數；固不特是集之膾炙人口也。即以是集而論，其興高采烈、華若春榮者，即前二十年自豪之友竹也；其思遠憂深、淒如秋日者，即後二十年自晦之友竹也。友竹之不污本真，是集不啻為之寫照矣！讀是集者，呼友竹為風騷之士也可，呼友竹為遺佚之民亦可。」〔註89〕

〔註87〕 按錢牧齋謙益，讀徐霞客遊記而異之，謂霞客為千古奇人，遊記為千古奇書，囑徐仲昭刻霞客遊記。
〔註88〕 據周維金著《大陸記遊》。
〔註89〕 鄭家珍《雪蕉山館詩集》〈如此江山樓詩存序〉，臺北：中華民國傳統詩學會1983 年出版，頁 224～228。

　　大正十年（1921）歲末，最照顧鄭家珍的姻親長輩，蘇成家先生去世了，享年六十八。鄭家珍哀痛之餘作〈蘇肯堂先生墓誌銘〉〔註90〕：

　　　　先生諱成家，字肯堂，余內子之叔父也。沒於庚申冬季，其哲嗣水錦，為卜兆於奎峯之麓，葬有日矣，先期泣請於余曰，先君之生平，惟子知之最悉，請誌其墓，並繫以銘，嗚呼，余少賤，凤取眷於先生，先生不以余為不才，每侍坐時，不憚諄諄教誨，余心感焉，今年夏五，忽顧余曰，老夫耄矣，生平行事，尚能記憶，暇時當告子，可為作一行述。書屏風上，以遺我後人，余以先生為尊輩，未敢率爾操瓢，擬俟歲晚務閒時為之，而不虞其遽歸道山也，嗚呼痛哉，先生少穎悟，讀書明大略，以家貧親老，為人司會計，博升斗以供菽水，既受室，孝弗衰，佳兒佳婦，朝夕承歡，門以內雍雍如也。父盛雙公，母李太孺人，皆以壽終，先生孺慕之忱。老而彌篤，每當歲時伏臘，明發有懷，猶淚涔涔作皋魚泣，性俠烈，待人掬肝膽相示，然剛正不阿，人有過，輒面斥之，不稍假辭色，以故鄉人之善者好之，其不善者惡之，孔子曰，斯民也，三代之所以直道而行也，先生殆無愧色歟，德配林孺人，婉嫕不競，襄先生內政，條理甚設，有丈夫子三，長砥卿，次水錦，次青雲，砥卿與余少同學，祁寒暑雨，輒留余宿其家，孺人視余如子，拊循備至，內子每歸寧，亦依依孺人膝下，如其所生焉，歲甲午，余賦鹿鳴歸，孺人適抱病，力疾見余曰，子成名，我心慰矣，未幾竟不起，余哭之慟，其事距今二十六年，追惟音容，髣髴如昨，彼時先生猶健康也，今哭先生，益思孺人不置矣，砥卿學禮趨庭，敬承嚴訓惜天不假年，三十三歲而卒，娶楊氏生子一女二，繼娶蕭氏，遺腹子一砥卿卒後五月始生，水錦奉公官廨，朝夕恪勤，性尤孝友，事父撫姪，心力交瘁，砥卿二子，皆賴其提挈，得以成立，娶蔡氏，生子女各二，青雲年十七長殤未娶，女一適鄭早卒，孫男四，元深，坤（紹文）砥卿出，南喬，騰龍，水錦出，孫女四，一適鄧、一適楊，二未字，曾孫女一，椒衍瓜綿，寖昌寖熾，知天祚明德，正未有艾也。先生以清咸豐三年十一月初八日寅時生，辛酉一月二十四日巳時卒，享

〔註90〕見《新竹叢志》十二輯〈蘇肯堂先生墓誌銘——鄭家珍撰〉，新竹市政府 1996年 6 月，頁 416～417。

壽六十有八齡，將以一月一十八日，行安厝之禮，穴坐子向午，兼
癸丁，分金庚子庚午，爰爲之銘曰：「珠樹三株中尤挺，孝思不匱錫
類永。薺甘茶苦味親嘗，老而漸佳入蔗境。佳城鬱鬱天昺公，曰止
曰時靈秀秉。生寄死歸土一坯，滄海桑田皆泡影。青山埋骨不埋名，
古道照人常耿耿。」

大正十年（1921），鄭家珍參加「瀛社」、「桃社」、「竹社」聯合在臺北「春
風得意樓」〔註91〕、東門官邸舉行的全島詩人大會。次年三月，臺北「天賴
吟社」爲慶祝成立周年，舉辦盛大詩會。按該社係林述三及門子弟所創，共
推述三爲社長，每星期六在「礪心齋」書房（即述三設教處）舉行擊鉢吟會，
由社員分期輪東，分贈獎品；並定每月二次課題，向社內外徵詩，對外連絡
聲氣。其周年大會，鄭家珍應邀參加，並有七律一首紀盛：

天賴吟社成立周年紀盛

霓裳記這大羅天，彈指星霜又一年。有興重揮搖嶽筆，餘情更敞坐花筵。
海東詩卷留巢父，亭北歌詞譜謫仙。險韻尖叉旋鬥罷，醉看青素鬬嬋娟。

一九二三年（民國十二年、大正十二年）二月十日（農曆壬戌十二月二
十五日），鄭家珍夫人孿生兩男，父爾質公甚喜，林太夫人時方有心疾，聞悉
之餘，亦大感欣慰，時疾漸瘳。鄭家珍爰賦七律一首以誌喜：

壬戌十二月二十五日內子孿生兩男賦此志喜

舐犢多慚作孺牛，驪珠何意兩歸劉；對挑錦褓絪休倒，分繫絲繩臂尚柔。
賀客書麐防再錯，閨人夢燕憶雙投。二難未敢希元季，聊博顏開老太邱。

鄭家珍夙有讀書人的風骨，雖然此時日本統治臺地已經廿八年了，鄭家
珍依然是一介書生本色，從不與日本官方打交道；但日人對其卻十分敬重，
大正十二年（1923）日本裕仁太子來臺巡視時，地方爲表發迎與慎重，特央
某位鄭家珍的故友仕紳爲文歡迎，鄭家珍不得以遂作〈癸亥三月日皇太子蒞
臺代友人撰頌〉七律一首。

天風吹下朵雲紅，捧出黃離若木東。千里婆娑開博望，五州民物繫深衷。
隨車合晉甘霖頌，補袞咸思贊日功。不獨罩恩歌小海，寰遊樂事眾心同。

同年五月一日（農曆三月十六日）先生臥病，作七律二首。有註云：「夜
夢隨人沙水，余手抱一神像如俗所塑章元帥狀，鬚眉欲動，心悸遂覺。」十

〔註91〕 大正六年（1917）蔣渭水在此開設有 3 間店面的大型酒樓「春風得意樓」，做
爲文人志士交流的場域。

二日，再請國川醫治，作七律一首。國川鄭姓〔註92〕，先生設帳東邨時，國川曾執經請業，故詩之未句云：「起予原是學詩人」。二十三日晚，有感地震，作七絕一首。二十六日夜，復有〈紀夢〉七絕一首云：

> 夢中老態強支持，秋水橫腰作健兒。難得周郎好身手，望風下拜豎降旗。

六月四日（農曆四月二十日），先生復為二豎所苦，作〈病中感懷〉七絕四首。十四日（農曆五月初一日）夜，有「夢題丈人石詩」七絕一首。先生表姪女鄭藥珠生有夙慧，幼通禪理，以易義進質，先生略為招點，輒能了悟；為喜賦七律一首：

> 瓊枝立雪見精神，問字觥觥自率眞。丹篆夢中開夙慧，白蓮香裡悟前因。
>
> 掃眉才子通經士，束髮儒童幻相身。我擁皐比為講易，天根月窟有餘春。

二十四日夜，又有〈紀夢〉七絕一首下註五月十一夜：

> 垣厚閒高人雜沓，山重水複路依稀。藤床好作輕舟渡，贏得滄浪濯足歸。

這一年鄭家珍的好友鄭樹南、高戀卿，蘇瑞堂先後去世，他相當的傷心與難過；曾作有〈哭家擎甫先生〉七律一首，與〈哭故人高戀卿君〉七古一首。其詩云：

> **哭家擎甫先生**　題下註：擎甫以舊曆癸亥五月十三日下午　四時逝世壽六十四。
>
> 槐陰慘淡欲黃昏，怕過西州舊日門；知己相噢餘老淚，故人入夢識歸魂。
>
> 傷心最是聞魚泣，在耳猶存訓鯉言。華屋山邱何限感，憑棺我亦哭聲吞。
>
> **哭故人高戀卿君**　題下註：君以舊曆五月三十晚謝世
>
> 我始訪君君遠出，迨君歸時我又疾。我今疾愈君移家，金山咫尺遠天涯。
>
> 渡臺匆匆四閱月，惆悵故人忽焉沒。知己偏慳一面緣，靈耗何來恍兮惚。
>
> 憶我病中血氣枯，感君珍重贈雙鑪。君病愧余未一省，猝聞君死徒驚呼。
>
> 千呼無計回君首，哭望臨風　濁酒。五更落月屋梁寒，可有故人入夢否。
>
> 若夢浮生能幾時，晨風權借北林枝。冷泉嗚咽無情水，片石蒼涼有道杯。
>
> 我束生芻來致奠，憑棺一似見君面。天竟何如命何如，人生泡影與露電。

大正十二年（1923）十月十八日（農曆九月初九日），先生登金山，順訪友人鄭以庠，作七律一首；過亡友高戀卿故宅，又賦有七絕一首，此益得見其對高戀卿的感情與思念。

〔註92〕鄭國川時在北門街尾執業。

九日登金山過高懋卿宅

霜風漸欲釀高秋，有分同爲訪戴遊。小犬隔籬還吠影，傷心不見老青邱。

不久，鄭家珍遊大甲，登鐵砧山，訪劍井，宿友人鄭子香處，並秉燭談往事，作〈遊大甲寓家子香處感賦〉七律一首：

遊大甲寓家子香處感賦

砧山有分約同遊，劍井無光霸氣留。愧我心中如寄鶴，感君家至類浮鷗。論文苑裡俄卅載，話雨溪南又九秋。秉燭夜闌談往事，蕭蕭白髮各盈頭。

接著鄭家珍在同年十一月四日（農曆九月二十六日）回到童年舊居東勢庄〔註93〕重遊，頗有唐朝詩人賀知章〈回鄉偶書〉之情，感慨之餘遂賦七律一首：

過東村故居

綠陰遠近畝東西，林鳥驚秋不斷啼。室已盡禾忘故址，徑多沒水長新泥。株松半老濤聲寂，衰柳無情尉照低。莫問童年遊釣地，重來我亦阮途迷。

大正十二年（1923.民國十二年.）十二月二日（農曆十月二十五日），鄭家珍重遊新竹廿張犁莊〔註94〕，其長子榮俊、表姪女藥珠同行。鄭家珍童年時，曾隨母親往觀廿張犁莊元宵夜打軮轇祈平安之民俗活動，今舊地重遊往事如煙，爲之低回流連久久不能自已；並順道至新公園一遊。有七律一首。稍後又作七絕〈新曆年除夕書懷〉一首：

癸亥十月廿五日遊廿張犁莊書事

村前村後碧溪流，猶記童年此地遊。晚穀登場剛十月，垂楊絡架憶千秋。故人有約敲詩缽，歸路無心看野球。餘興卻隨兒女輩，公園暫作小勾留。

新曆年除夕書懷

微雨疎燈過歲除，祭詩賈島愧無魚。客中未作圍爐飲，且向窗前讀道書。

就在這一年（1923），鄭家珍接受弟子們的請求，設帳於新竹水田吳家耕心齋〔註95〕。並集門下弟子，設立「耕心吟社」，宏揚國學。大正十三年一月一日（癸亥年農曆十一月二十五日），鄭家珍已五十七歲，作〈新曆元旦紀事〉七絕一首：

〔註93〕今新竹市東區光復路旁新光、東勢、光復三里之間。
〔註94〕今新竹市東區水源里與千甲里地帶。
〔註95〕據《雪蕉山館詩集》中〈丁卯四月十六夜觀吳家壽堂活體寫眞〉。

新曆元旦紀事

初日瞳瞳映草蝦，千門插竹紀年華。朝來隨例新禧祝，招飲屠蘇又幾家。

由於舊曆年已近，鄭家珍將歸省返泉過年，莊仁閣先生以七律一首送別，因有和韻之作，兼呈蘭社諸人，又有留別諸生及居停主人之作如下：

和莊仁閣先生送別原韻兼呈蘭社諸子

霏霏蘭雨浥輕塵，攜手臨歧共愴神。送遠汪倫情繾綣，高吟開府思清新。
群花索句箋重疊，仙樂娛賓酒幾巡。添得壓裝詩卷重，吉光片羽儻珍。

癸亥臘月歸省留別諸生及居停主人

鷦鷯權借一枝安，尚有程門立雪寒。攻玉他山慚匪石，談心入室羨如蘭。
延賓侃母垂青眼，寄食王孫賦素餐。聚首無多旋話別，驪駒未唱淚先彈。

等到歸省之日，鄭家珍的表弟有象、同學金水、表姪女藥珠猶依依不捨聯袂送他至紅毛田站〔註96〕，始告別下車，鄭家珍曾有〈余歸省之日表弟有象金水同學藥珠表姪女送余至紅毛田驛始告別下車感賦二首〉：

同車攜手兩依依，說到將離未忍離。十里紅毛田畔路，最銷魂時是駐輪時。
也知遠送終當別，小住須臾亦慰情。珍重一言猶未畢，輕車又聽走雷聲。

大正十三年（1924）二月九日，臺北星社同人創辦臺灣詩報，月出一期，詩文並載，廣收各地吟稿。鄭家珍有〈祝星社詩報發展〉七律一首云：

溫文言論氣如春，鼓吹詩腸筆有神。族錦團花非俗艷，吉光片羽亦時珍。
傾心久向陳芳國，隻手思扶大雅輪。更遣閒情到金石，醉中眼界又翻新。

同年六月七日，鄭家珍作七律一首。蓋咏其表姪女藥珠者，詩云：

絳帷立雪度翩翩，一朵能行出水蓮；妙悟通靈由夙慧，長齋繡佛尚雛年。
說詩匡案頤能解，講易橫渠道可傳，雨盡天花渾不著，此身合是女金仙。

（並書贈之）

大正十四年一月八日（農曆甲子十二月十四日），鄭家珍將離臺歸泉返鄉過年，他作了〈留別〉七絕一首，及步魏清德〔註97〕〈元日感懷〉原韻之「前題」七律一首；來抒發他自己當時複雜的心境；年華老去壯志無酬，漂泊生涯年復一年，是月又有〈留別〉七絕一首，其後攜眷屬渡臺，同作客於新竹水田紫霞齋堂。

〔註96〕今竹北火車站。

〔註97〕魏清德（1887～1964），字潤庵，號佁儗子、尺寸園，新竹邑庠生，性誠樸，敦孝友。力學嗜古，朝夕誦吟不輟，壯年時移居台北，操觚於台日新報，曾為瀛社第三任社長，記者、作家、翻譯家、收藏家。

留別

才盡江郎愧不文，有緣筆硯共諸生。蘷蘷臘鼓催人別，無限深情寄樹雲。

前題

六旬已近猶為客，西望頻賡陟屺詩。浪跡半生蓬自轉，霜華兩鬢鏡先知。

情深舊雨懸徐榻，夢入春風感謝池。一曲驪歌群惜別，替人書恨有毛錐。

大正十四年（1925）三月二十八日（農曆三月五日），清明將屆，鄭家珍的二弟，即要離臺返鄉，兄弟兩人回想前塵不勝晞歔，就在客中鄭家珍作了〈送別二弟〉七絕二首；下註有乙丑三月初五：

同車攜手不勝情，臨別依依百感生。弟自歸家兄作客，那堪時節近清明。

客中送別雨霏霏，避亂徂東骨肉違。恨殺稻江衣帶水，弟兄同渡不同歸。

其後鄭家珍又作〈清明節近客中有懷偶成一律〉。

未能與世共浮沉，猶自兢兢慎影衾。作客怕逢多雨節，思家倍切望雲心。

依依膝下惟雛女，寂寂燈前伴苦吟。還欲去為釣鼇客，歸東巢父遠相尋。

大正十四年（1925）是年八月三日，甲子會致奠黃戒三，其文出自先生之手。戒三時為新竹街議員，卒年僅四十六。此文收入《雪蕉山館詩集》，二十五日（農曆七月七日），先生又作〈乙丑七夕偶成〉七絕四首，九月二十八日（農曆八月十一日），鄭家珍遊觀音山凌雲寺，為該寺定正殿坐向，途中即事賦七律一首。十月十日（農曆八月二十三日），為武鄉侯誕辰，青草湖感化堂祀侯，即於是日舉行小落成式，少長至者甚夥，先生亦挈兒輩往遊。三女榮慰時方學作詩，成即事五律，結句云：「青青湖畔草，煙景似南陽。」先生久有布衣躬耕之志，登堂拜謁侯之遺像，恍然想見當日君臣際遇、隆中對晤情影。將歸，遊興猶未闌，回首白雲深處，不勝卻顧依戀。歸而作〈乙丑八月二十三日遊青草湖感化堂記〉〔註98〕一文。

遊青草湖感化堂記

周顒學遯，愧澗蘩林，靈運好遊，緪幽鑿險，此不足與言山水之樂也。蓋樂山水者，得靜中之趣，作物外之觀，不必說空談玄，侈言夫乾坤一壺世界一粟也。即此負郭近齊之區域，樵夫牧豎之居遊，而遠公結廬。於是乎在石門精舍，偶現其間，吾輩賞心樂事，又何必而之他耶。

〔註98〕鄭家珍《雪蕉山館詩集》〈遊青草湖感化堂記〉，臺北：中華民國傳統詩學會1983年，頁213～216。

青草湖距城南六里，山不高而名，水不深而靈，非有巫峽走雲，
扶桑浴日之勢，而彌勒一島，趺坐其南，墨溪諸源，瀠洄其下，藩
之以五指，屏之以鐘峯，箕潁之風，恍惚於心目間遇之。甲子夏五，
邑善信人等因神示兆，建感化堂於山麓，中祀漢武鄉侯，而以西方
聖人附之，方位既正，靈秀斯鍾，歲時伏臘，村農晴雨之祈禱，秋
菊寒泉，騷客馨香之尸祝，后摩轂擊，奔走偕來，神之靈爽，將與
山色湖光，長此終古矣。夫然則是堂也，豈徒一邱一壑一觀歟，一
觴一詠之趣歟，將使瞻道範欽英風者，肅然起敬，翻然覺悟，有以
生其忠愛之忱，篤其經程之念，非聖非孝之流毒，庶其小熄乎，此
即聖人神道設教之意也；區區尋常之齋堂云乎哉。乙丑八日既望之
七日，恭逢武鄉侯誕辰，司事者於是日舉落成式，羣賢畢至，少長
咸集，余亦絜兒輩來遊，三女慰方學吟，勉成即事五律，其結句云：
青青湖畔草，煙景似南陽。余以風塵靡聘，久有布衣躬耕之志，登
堂隨喜間，肅遺像之清高，亦恍然想見當日君臣際遇，隆中晤對時
也夕陽在山，詠歸有侶，余時遊與猶未闌也。爰躡謝公屐，過御史
橋，回首白雲深處，有不勝卻顧依戀，望望而不忍去淹，既歸而爲
之記。

　　鄭家珍此時正寄寓於新竹北門外水田街紫霞齋堂，即於紫霞書室設寄
齋，並自撰短文〈寄齋〉且親自書寫〈寄齋〉二字刻爲橫匾，高掛其上，後
歸先生表姪女鄭藥珠所藏，現置於遷建後的紫霞堂內〔註99〕。是年十一、二
月（農曆十月），橫跨軟陂溪，爲竹東、新竹往來間孔道，東寧橋改建落成，
日本當局特於全島徵詩，並擇優者勒石，先生膺選，遂擬七絕三首，以祝永
固。

　　大正十五年（1926）鄭家珍友人周維金，以所編輯《臺灣通志略》第二
集出示；是書乃維金以五載心力，仰歷代紀事本末例所爲，共十二集。此集
記載海桑以後事，鄭家珍謂：

　　　　披讀之下，聊之擊諸目而印諸腦者，復如海市蜃樓空中重見，
　　不禁爲之流涕太息，腸一日而九迴。情生文耶？文生情耶？非惟讀
　　者不能知。即作者亦不自知矣。嗟乎！故關衰草，收英雄血戰之場；
　　殘壘商飆，灑父老心酸之淚。周君此集，其師曠之歌南風耶？荊卿

────────────

〔註99〕今新竹市紫霞堂謂於高翠路上。

之和易水耶？何其颯颯動人若是。余於是有以悲周君之志矣。周
君……著有大陸遊記一卷，膾炙人口，今又暉五載心力，成此巨編，
其亦得山水之助者耶？雖其體裁義例未知有合於龍門否？然文言一
致，周君固自言之；蓋欲其書之雅俗共賞，而不肯爲戞戞獨造，使
讀者病其艱深也〔註100〕。

並爲其撰〈臺灣通志略序〉，文末云：

> 昔虞卿以不忍其友事，困於大梁，乃發憤著書八篇。讀虞氏春
> 秋，知古之傷心人別有懷抱也；周君殆心虞卿之心也乎？太史公謂
> 虞卿非窮愁亦不能著書以自見於後世，余於周君亦云。〔註101〕

大正十五年（1926）六月十三日（農曆五月四日）晚，大同吟社開擊鉢
會於新竹城南鄭香圃家，題爲「五月渡瀘」，限歌韻。鄭家珍與葉文猷、文樞
皆與會，至午夜十二時始散。文猷歸家，未三時宿疾猝發，於十四日晨逝世。
後安葬於金山冷水坑南畔，距鄭兆璜、鄭幼佩兩詩人墓不遠。鄭家珍有〈丙
寅五月五日聞葉君文猷赴修文之名感賦〉七絕一首及〈輓故詩人葉文猷先生
一律〉之作。

丙寅五月五日聞葉君文猷赴修文之召感賦

晚涼猶共上吟壇，刻燭催詩到夜闌。何意渡瀘留絕句，翻當臨別贈言看。

輓故詩人葉文猷先生一律

不信才奇數亦奇，居然絕筆渡瀘詩。抗懷七子餘風骨，憑弔中郎憶月眉。
長使吟魂歸黑塞，漫云續命有朱絲。冷泉山寺鐘聲晚，淚灑陶潛處士碑。

由於鄭家珍的學生表姪女鄭藻珠，冰雪聰明秀外慧中，且於功課上日益
精進，他曾於紫霞書室之寄齋作七絕三首，書贈表姪女鄭藻珠。其詩中皆嵌
有「藻」、「珠」二字。亦見其得英才而教之的喜樂。

丙寅夏五月在紫霞書室之寄齋偶成三絕以爲藻珠女士清玩

祇林風月自清秋，藻闕珠宮瑞靄浮。天女散花一偶著，拈來一笑證眞修。
林風湖月並清時，冰雪聰明意藻披。珠玉毫端飛麗藻，維摩天女亦工詩。
蓮藻出淤能不染，露珠濕桂自輕圓。石林高築藏修地，靜裏常參繡佛禪。

〔註100〕鄭家珍《雪蕉山館詩集》〈臺灣通志略序〉，臺北：中華民國傳統詩學會1983
年，頁217～219。

〔註101〕鄭家珍《雪蕉山館詩集》〈臺灣通志略序〉，臺北：中華民國傳統詩學會1983
年，頁217～219。

同年十一月日本臺灣總督上山滿之進，招邀其本國詩壇名士國分青崖、勝島仙坡等來臺遊覽。二十八日，上山於東門官邸以盛宴歡迎之，並柬全島名詩人作陪，鄭家珍應邀與會，曾作詩三題各一首。其後與勝島仙坡相談甚歡又有〈次仙坡博士後里庄觀梅韵〉七絕一首。

　　　　幾世清修得到梅，耐寒自向雪中開。跫音空谷來知己，折取天心數點回。

　　至十二月（農曆十一月），新竹城隍廟修建落成，鄭家珍代重修委員長鄭肇基先生撰了〈重修新竹州城隍廟碑記〉文，之後又撰該廟慶成醮典之「牒文」〔註102〕。

　　是年，先生又有〈步蔡乃庚六十感懷原韻〉七律六首。

　　昭和二年（1927.民國十六）一月二日（農曆丙寅十一月二十九日）夜，鄭家珍於餞別席上作了〈歸帆〉七絕四首，此時的鄭家珍已六十歲了。農曆丙寅十二月舊曆歲暮，鄭家珍離臺返泉過年，另賦有七律一首〈留別諸同人〉，及〈買舟歸省〉七絕一首、〈旅夜懷人〉五律一首諸詩；足見其對竹塹地區生徒、友人、鄉土的深厚感情與期許。此時的鄭家珍健康狀況並不好，經濟情形也欠佳，但一股讀書人的傲氣與尊嚴，讓他益加難以啟齒；也只能賦詩自遣了。

　　昭和二年（1927）四月二十三日（農曆三月二十二日），鄭家珍重抵新竹，蓋本年開春多雨，故其歸臺較歷年為遲；這也是他來臺的最後一次。五月十六日鄭家珍在水田吳家，觀吳家壽堂活動照片曾賦〈丁卯四月十六夜觀吳家壽堂活動寫真〉七律一首；並另賦有〈渡臺呈諸故人〉七絕一首

丁卯四月十六夜觀吳家壽堂活動寫眞

百城坐擁列縹緗，記向耕心把古香。東渡舟偏遲一月，南飛笛未奏三章。
椒花句麗揮珠玉，桐葉春生翩鳳凰。槐火光中閒寫照，諸公有分共躋堂。

渡臺呈諸故人

思君一日如三月，況乃相違三月餘。曉策六鼇渡東海，得瞻顏色樂何如？

同年六月（農曆五月），鄭家珍錄其近作七律二首贈表姪女鄭藥珠如下：

丁卯仲夏之月錄其近作二律以爲藥珠女士清玩

香火靈山舊締盟，法華經記誦前生；學書雅慕夫人格，稽古無慚博士名。
竹外寒梅橫水淡，天中皓月照池清；集虛更守心齋訓，福不唐捐道可明。

〔註102〕見鄭家珍《雪蕉山館詩集》，臺北：中華民國傳統詩學會 1983 年，頁 232～
　　　　233。

三淺蓬萊歎海桑，傳薪尚有杜蘭香；交逢知已心如水，修到忘情鬢已霜。

假我還思讀周易，餘生且自禮空王；子眞谷口能高臥，世外雲山日月長。

鄭家珍另有〈寄齋偶成書示藥珠〉七律一首。

紫陌塵紅不染衣，霞標曉向赤城飛。齋莊恪守中庸敬，堂奧能窺易道微。

藥締菊叢霜許傲，珠凝荷葉露常輝。女貞花是菩提樹，生意盎然悟化機。

由多首寫給他的表姪女鄭藥珠的讚美與勉勵的詩來看，鄭家珍是多麼的器重在眾多男生徒中，惟一的夙有慧根齋教先天教派〔註103〕的傳人女史。

本年七月（農曆六月），鄭家珍南遊潮州郡枋寮庄，當地詩友開會歡迎他，盛情款接，賦有七律二首，又有席中贈妓七絕二首。八月三十一日（農曆八月五日），先生同門人曾秋濤、許炯軒二人遊山脚海水浴場，順途至秋濤家小憩，亦曾作七律二首。九月（農曆八月），先生重遊枋寮，作七律一首。九、十月（農曆九月），先生往訪友人張麟書，與之促膝談心，自傷年華纔花甲，老病日侵，蒲柳先衰，嘗謂曰：

「爾我能得幾回相見？雖然自其變者觀之，古今曾不能以一瞬；自其不變者觀之，則彭殤可齊、死生可一，而又何悲乎？惟八旬慈母、六歲孿兒仰事俯畜，中途捐棄，甚可哀也！」麟書聞其言，回思黃戒三年未五十，以養生不善，追隨乃兄平三於泉臺，而先生精神無復向日之煥發，已亦暮氣蒼然，生意將盡，後顧茫茫，不禁相與感慨，欷歔泣數行下」〔註104〕。

這一年十二月二十四日（農曆十二月初一日），鄭家珍提早束裝歸省，實緣於老病思鄉，臨行前感慨萬千，賦成七言古風一首，似乎是爲他在臺作一個總結：

丁卯歲暮歸省感賦

人生何處不消魂，最黯然者別而已。翹余本是竹州人，歌哭聚族咸於此。

無端臺海起罡風，倉皇挈眷辭桑梓。避地桐陰十九年，省墳有日帆東指。

東來省識舊山河，人未全非城郭毀。相逢舊雨又重違，如醉如癡如夢裏。

南北紛紛起陣雲，在沼魚寧安沸水。歸不多時復遠遊，設帳馬生聊爾爾。

往來白社舊詩人，一詠一觴消塊壘。秋月春風度等柔，臘鼓聲喧旋到耳。

〔註103〕 齋教，清代傳入臺灣，一般分爲先天派、龍華派、及金幢派；先天派乃是出家，不有婚姻。而其他兩派則有婚姻。

〔註104〕 據張麟書〈鄭雪汀先生弔文〉。

哀時詞客感頹波，望國行人歌陟岵。歲歲言歸臘月中，今歲束裝臘月始。
豈因利重輕別離，祇爲病多憶田里。壯不如人老何爲，緣木終窮鼯鼠技。
六十韶華過隙駒，險阻艱難備嘗矣。自搔白首羨青雲，欲行不行心悲止。
諸公爲我速吟朋，獨吐青煙筵敞綺。

鄭家珍曾爲其友人蘇維德撰《金剛經解》作序。此篇爲鄭家珍重要之文
字，茲錄於下：

日在天上，心在人中。此關壯繆明聖經中語也，而實與虞書十
六字心傳之旨合。蓋人中之心即道心也，求道者常使道心爲一身之
主，而人心每聽命焉。正如紅日當空，群邪退伏，詩所謂：『雨雪瀌
瀌，見晛日消。』者。

金剛經一書，佛教中之秋陽也。佛告須菩提：應如是住，應如
是降伏其心。

阿難於法會因由第一分，即以『如是我聞』四字發其端，歷來
註家罕能詳其奧窔，吾友蘇君維德解是經，以如爲不動，是爲迴光
下照，蓋以『是』字上有日下有人，日即心之神光，人即坤宮人情
發動之處。旨哉！斯言非特隱合於關壯繆語意，抑亦得佛家之三昧
矣。佛言若菩薩心住於法而行布施，如人入闇即無所見；若菩薩心
住於法而行布施，如人有目，日光明照，見種種色。所謂入闇，即
是字下之人，書所云人心也；所謂日光，即是字上之日，書所之道
心也。人心雖受制伏於道心，而常潛滋暗長於道心之下；

人能收吾心上之神光，迴而下照，俾微者著，危者安，去外誘
之私，而充其本然之善，則天上之日長懸，人中之心不死矣。即此
發端四字，已括全經之義。其餘各分中，如以須彌山爲人之元首，
恒河沙爲人玉池中之眞精南罕譬曲當，尤爲發前人所未發，能令讀
是經者如夜行得燈，更盡見日，顯昭昭之象，而掃曈曈之陰，其有
功於後學豈淺尠哉！余生平喜讀是經而不求甚解，今繹蘇君之註，
有不覺憮然自失，憬然有悟焉。白髮催人，聞道日淺，行且掬指頭
月，拂衣上花，躬造蘇君之廬，相與談空空之妙諦〔註105〕。

〔註105〕鄭家珍《雪蕉山館詩集》〈蘇維德先生撰金剛經解序〉，臺北：中華民國傳統
　　　　詩學會 1983 年，頁 219～221。

　　昭和三年（1928、民國十七年）二月，鄭家珍上年所約歸臺之期已屆，門生故舊咸望眼欲穿，時有傳言說鄭家珍病劇者，友人張麟書則戚然以憂。未幾，得先生雲箋，「云在本鄉；長通德學校，兼主別校講席」〔註106〕。麟書乃欣以喜。到了四月二十六日，鄭家珍病情已加重，然以天性孝友，猶勉強往慰老母，詭言已身無恙。越三日，即二十九日（農曆三月初十日）辰時，遂不起，卒於家，享年六十一歲。據〈鄭家珍先生墓誌銘〉鄭家珍曾有絕筆之作題〈紀夢〉，其詩云：

　　　　偶現曇花詎久留，前因後果悟從頭；禍根未必胎情種，多病非關積舊愁。
　　　　畢竟刈蘭歸一夢，不勞采葛賦三秋。他生莫卜成生已，天竺何人訪牧牛？

小結

　　「竹社」於日據時期復名（1897）以來，為延一脈斯文不斷，而默默入世耕耘；當時新竹地區在「竹社風華」的引領之下，亦不落全臺各詩社之後，分由「竹社」社員與社友出面主持或創立的詩社，陸續出現，至少有十九個（若含竹社）之多，其中「柏社」的張純甫為生計與傳承幾經他鄉，前後遷移館址於新竹、松山、臺北、基隆、等地，萬里長途奔波各地；而「讀我書社」的葉文樞也是為生計與傳承，新竹、頭圍、泉州等轉換了好幾個地方，難得安定，真是同病相憐。此時與葉、張兩人亦師亦友，亦父亦子關係的「耕心吟社」一代塾師鄭家珍舉人，同樣的也是生逢亂世有志難伸，在其有限的生命週期中，只有全力投諸於培育下一代，時不我予的奔波於臺海兩岸之間；鄭家珍應聘設館於新竹北門及水田各大家族間，其對於新竹地方漢文教育之貢獻，不言可喻，尤其是鄭家珍透過漢文教學，以及對詩社活動的指導及參與，就新竹而言，其於地方文教之影響真的很大。行行復行行至死不逾的鄭家珍，他以詩文寫日記，來記錄自己的生旅點滴，也為我們留下彌足珍貴的故鄉史料。限於篇幅及精力，本章節僅僅先行關注日據當時的新竹地區詩社，與鄭家珍生平來往臺閩授徒、行吟等，至於其一生詩作的闡述與剖如思想、內涵、美學等，將會是日後所要努力之處。

〔註106〕見張麟書〈鄭雪汀先生弔文〉。